デジタルが実現する
新時代の価値創造

藤井直毅 電通マクギャリーボウエン・
チャイナ Group Account Director

プレジデント社

はじめに　〜 DX なき国から学ぶ〜

　本書のタイトルである「新消費」は、中国で消費の最新トレンドを指すビジネス用語だ。それは消費に対する価値観とその手段の２つの側面における変化をまとめた言葉で、中国メディアや SNS などで近年よく目にするようになった。

　これは中国国内で使われている言葉ではあるが、よく考えてみると、この変化は中国特有の現象でもなんでもなく、世界中で起こっていることでもある。だから数年経てば、同じ意味を持つ言葉が英語や日本語で生まれてくるかもしれない。

　最近では"デジタル先進国"だと認識されていることもある中国だが、実は「DX（デジタルトランスフォーメーション）」という言葉はほとんど流通していない、と言ったら意外に思われるだろうか。海外経験があればともかく、有名なネット企業で働くようないわゆるエリートやメディアの記者の中にも、この言葉を聞いたことがないという人は多い。中国で最も主流の検索エンジン百度で「DX」と検索しても、結果の１ページ目に我々が想像する DX の説明は出てこない。

　その理由は簡単だ。言葉の意味からして、「トランスフォーメーション（変化・変容）」とは、ある時点の前後を比べた変化に焦点を当てた言葉だ。しかし、中国にはそもそも「DX 前」が存在しない……と言うと少し極端だが、世界的なインターネット普及・発達と同じタイミングで一気に経済成長を果たした中国の新しいビジネスの多くは元々、初めから「DX 後」として生まれたものが多い。それらは当事者に「変化」としては認識されないのだ。

　本書『新消費』で紹介している事例には、結果として「生まれながらにして DX 後」である中国のものが多い。しかし同時に、この本は中国

について理解いただくことを目的としたものでは必ずしもない。だから適宜日本やアメリカの例も用いながら、DXという変化が終わった後のデジタル化社会で新しく生まれる価値観と消費の手段について紹介している。

———————

「新消費」という言葉は、消費への価値観と手段という2つの変化による新しさである、と書いた。では、その変化とは具体的に何なのだろう。

人は何かに価値を感じるからこそ、金を出して買いたいと思う。だからモノやサービスをうまく売る上で、価値について知ることは重要だ。

過去において価値とは、モノのもたらす機能に基づくものが大半だった。それらが提供する価値は、自分が対象でないとしてもわかりやすいものが多かった。値段が高いもの、機能が多いものは良いものだ、という考え方もあった。

しかし、現代のビジネスでやりとりされる価値の多くは、人それぞれの「欲しい」という主観的な欲望をもとにしている。だから「あなたが100万円の価値を感じたものが、私にとっては100円も出したくないもの」といったこともある。そして「今日は100万円出してもよい」と思っても、何かが起これば次の日には「10万円でも高い」と感じるようになることもある。主観的なものだからこそ、一層わかりにくくなってきている。

そうした消費への価値観をかたちづくるのは「情報」という目に見えない存在で、インターネットの高速化と普及によって流通量がどんどん増え、影響力も高まっている。我々一人ひとりが毎分毎秒接触する情報はいまだかつてなくバラバラで、私の周囲では誰でも知っているニュースだと感じていても、隣人は聞いたこともないといったことが起こる。バラバラの情報に基づくバラバラの需要と消費が生まれるのが、良いか

悪いかは別にして現代社会の実際だろう。

　我々日本人にとって、この変化の方向性自体は決して新しいものではないが、情報そのものの特性も相まって、変化のスピードは日増しに加速している。

　消費の手段の変化については、わざわざ説明するまでもないかもしれない。わずか30年にも満たない歴史しか持たないECというプラットフォームでの買い物は、いつの間にか生活の中で欠かせないものとなり、QRコードや交通カードなどを使ったキャッシュレスペイも最早珍しいものではない。我々の買い物方法は明らかに大きく変わった。

　消費者側の価値観とそれに基づく需要の変化、販売者が新しい技術に基づいて提供する供給（＝売り方）の変化。見方を変えれば、本書で紹介されているのは「売り」「買い」の両面で起こっている変化である、とも言えるだろう。

　デジタル技術やインターネットは、そのプロセスを速く・安く・便利にしただけでなく、生産や宣伝、販売といった従来それぞれ個別に最適化されていたバリューチェーンのプロセスを統合した。

　中国のマーケティング業界でここ数年よく使われる言葉のひとつに「品効合一」というものがある。これは「品牌（ブランド）」と「効果（≒売上）」を両立させるという意味だ。当たり前のようで簡単ではない、この二者の両立が最近特によく言われるようになった背景にも、ビジネスのプロセス全般がデジタル化によってシームレスにつながり、その因果関係とそれぞれの貢献がより明確になったことがある。

　それは、ブランドのことを宣伝担当者だけが考えるといった分業の時代は完全に終わり、ビジネスのプロセスに関わるすべての人が否応なく、「売ること、それにつながる価値をつくること」を自分ごととして捉えていくことが求められる時代になったということでもある。

　DX（デジタルトランスフォーメーション）というと、「何かかっこいいシステムやAI（人工知能）が導入され、業務が効率化・高速化される」というイメージをお持ちの方も多い。しかし、本当に考えなければならないのは、「システム導入（デジタル化）の後に、どのような変化（トランスフォーメーション）が起こるか」「その中で自分には何が求められ、何ができるのか」ではないだろうか。そして、それが実現する日は徐々に近づいている。

——— 中国で起こっていることは特殊ではない

　ここ20年ほどで急速に発展した中国は、他国と比べてレガシー（過去の遺産）が少なく、デジタルによるこうした全プロセスの統合が元々前提となった、我々からすれば「トランスフォーメーション後」に見えるビジネスモデルが数多く存在する。

　そのすべてが成功しているとは言い難い（本書では失敗例や解決されていない課題についても紹介している）のも事実だが、机上の空論や掛け声ではなく、実際にかたちになったものから学ぶことは多いはずだ。

　その一方で、「中国の事情は、色々な意味で日本や米国と違うのではないか」と思われる方もいるはずだ。確かに政治的にはいまだ社会主義を標榜する中国は、日本のすぐ隣に位置し長い交流の歴史を持つにもかかわらず、長い間、様々な面で大きく異なる「近くて遠い国」だった。

　昨今も「政府や党から民間企業へのプレッシャーが強まっている」とする報道があり、「そのような特殊な環境で生まれたビジネスモデルが我々にとってどれだけの参考価値があるのか？」という疑問をお持ちの読者もいるに違いない。

　しかし、改革開放からすでにかなりの年月が経ち、中国がかなり「普通の外国」になっているのも事実だ。

　外国である以上、言葉だけでなく文化も習慣も異なることは間違いな

い。しかし、少なくとも大都市圏であれば、「それ以上でも以下でもない」というのが、私が実際に暮らした率直な感想だ。

　もし中国でビジネスをしようと考えるならば、確かに我々外国人が一般的に「ビジネス」だと考える範囲を超える思考や行動が必要となることもある。しかし、それはビジネスモデルそのものと直接の関係はない。だからきちんと切り分けさえできれば、そこから得られる知識や経験にも一定以上の普遍的な参照価値はあるに違いないと信じ、本書は書かれている。

　私自身、近年は「中国専門家」を名乗ってはいるものの、元々は日本国内で国内向けのブランディング・マーケティング支援を主に行っていた。海外と言えば、米国系 PR 代理店に所属していた経験などから、むしろ欧米のクライアントとの仕事のほうが多かった。だから、自分が生粋の中国屋だとは思っていない。

　よって本書は、中国での取材に基づく事例を中心に紹介しながらも、そこからできるだけ普遍性のある事例を選んだ上で、「どう日本におけるビジネスで使うか」を常に考えながら書かれている。

─── 本書の構成

　全5章からなる本書は、「価値観の変化に伴う消費の変化」という、どの国にも共通する大きな時代背景と、技術発展・情報化によって生まれた EC プラットフォーマーがビジネスの各プロセスに与える変化と影響を紹介している。

　第1章では、EC プラットフォームそのもの、特に世界で最も EC 化率が高く成熟している中国 EC 業界のプレイヤーと最新のトレンドを紹介している。アリババや京東（JD.com）といった超大手総合系から、日本でまだあまり知られていない新興の一点突破型まで、彼らが何を訴求し、どのように発展し、そしてどこへ向かいつつあるかを紹介する。

章の後半では、近年新しいビジネスモデルとして急速に普及した「ライブコマース」について、そもそもどのような経緯で生まれ、そしてどこに向かおうとしているかにも触れる。

　第2章では、そうしたECの発展に押されて難しい立場に置かれた店舗の現状を紹介する。「モノを買いたければ店舗に行かなければならない」という時代はECの出現により終わりを告げ、売り場としての独占的な地位を失った店舗は改めて「顧客が"わざわざ"店に足を運ぶ理由」を明確にする必要に迫られている。

　しかし、圧倒的な規模に基づく在庫や安値といったわかりやすい利点がある一方、PCやスマートフォンの画面越しにしか訴えかけることができないECの与える顧客体験には一定の限界もある。共存するのか競争するのか、ECと一体になるのか、それともそれが提供できない価値を提供するのか。様々に変化する店舗の最新の状況を紹介する。

　第3章では、コンテンツクリエイターであり情報の伝達者でもある「KOL＝インフルエンサー」を紹介する。

　「インフルエンサーマーケティング」という言葉は日本でもすでに一般的になって久しいが、中国におけるKOLは単に宣伝に協力するだけでなく、自ら商品企画を行い、ECやライブコマースを通じて販売も手がける。これもまた前述した「品効合一」の具体化のひとつだ。広告やプラットフォームからの収益還元に加えて、ECという新たな安定的収益源の獲得はKOLビジネスそのもの、そして彼らが発信するコンテンツにも大きな影響を与えた。

　KOLという存在自体も、一般的に想像される美男美女や何かに詳しい「ヒト」だけでなく、そうしたナビゲーターの登場しない番組型や、アバターと呼ばれる架空のキャラクターなど、様々なバリエーションが生まれている。それらKOLは技術発展により表現の幅を広げるとともに、その表現力によって企業や商品のブランドイメージづくりの重要な担い手となりつつある。

第4章では、そうしたKOLを育て、支える「MCN」と呼ばれる組織について触れる。

　芸能事務所同様、才能あるKOLを育て協力することでともに利益を得ていたMCNは、一定規模に至ると、どの国でも共通した壁に直面する。

　しかし、ECというマネタイズ手段が普及している中国では、KOLの本業であるコンテンツ制作・拡散とは異なる、しかし収益化にとっては重要な生産や流通、販売などの業務を担うことで、単なるマネージャーではなく対等なパートナー、あるいはさらに立場を強め、KOLを管理する存在にまでなろうとしている。

　具体的な収益構造などをもとに、あまり知られていないMCNの実態について紹介する。

　最終章である第5章は、生産についてだ。「情報＝コンテンツ」が価値源泉の中心を占めるようになった時代ではあるが、その媒介としてのモノは不可欠な存在であり続けている。「情報の乗り物としてのモノ」を生産する立場を貫き、ひたすら規模の拡大を図るのか、それともブランドを自ら築き、消費者に直接売ることを考えるのか。

　「世界の工場」でもある中国の巨大OEM産業、デジタル化によって廉価な受注生産を実現するC2M、「国風」と呼ばれる愛国心をベースにした既存の世界観を活用するブランディング、自社EC直販による中間コスト削減を前提にコミュニティへの巻き込みやサブスクリプションなどで顧客との長期的な関係づくりを目指すD2Cなど、生産、テクノロジー、ブランディングといった様々な分野を俯瞰しながら紹介する。

Contents

第1章

EC：「情報の時代」に おける価値の転換

第2章

店舗：ECと共存するのか、 競争か

第3章

KOL：1,000万人インフルエンサーが 狙う巨大消費市場

第4章

MCN：EC 関与で地位を高める
新世代芸能事務所

第5章

メーカー：価値を生み出す
新時代のモノづくり

〈中国企業とそのサービス名、人名の表記方法について〉

1. 日本でもよく知られている中国企業・サービス名についてはカタカナ表記で記した。
   （例：アリババ、テンセント、タオバオ、フーマー）
2. それ以外の中国企業・サービス名については、項の初出ごとに漢字に中国語読みのルビをふるとともに、英語名がある場合はその後にカッコ書きで併記した。
   ① 英語名がある場合（例：「天猫(Tmall)」「京東(JD.com)」）
   ② 英語名がない場合（例：「拼多多」「快手」「抖音」）
3. 人名については、漢字に中国語読みのルビをふった。ただし、歴史上の人物については、日本語読みのルビを使用している。
   （例：李子柒、乾隆帝）
4. 中国では簡体字が用いられているが、本書ではすべて日本の常用漢字に変換している。

〈本書で頻出する用語の意味〉

UI（User Interface）
ウェブサイトやアプリの画面デザインのことで、優れたUIはデザインとして美しいだけでなく、「このボタンを押すと何が起こるかが予想できる」「視線の動きと受け取る情報の順番が合致している」などの特徴を持つ。

GMV（Gross Merchandise Value）
日本語では「流通取引総額」。そのプラットフォームを通して消費者が購入した商品の売上合計額を指す。マーケットプレイス型ECモールやフリマアプリなどのビジネスで用いられることが多い。プラットフォーム企業はGMVの一定割合を手数料として徴収することで自社売上とするので、プラットフォームの売上とGMVは一致しない。

DAU（Daily Active Users）
ウェブサービスやアプリにおいて1日に1回以上利用や活動があったユーザの数。ダウンロード数やアクセス数だけではわからない実際の利用実態を把握するために使われる指標。類語として、1か月に1回以上であれば「MAU」。

第1章

EC：「情報の時代」における
価値の転換

「私たちは最も幸福な世代だ。第二次世界大戦の後、人類史上最も長い平和の時を享受し、文革（文化大革命）も経験したが、壮大な改革の末に工業時代の輝きを見た。我々はこれからデータ時代という新しい挑戦に足を踏み出さなければならない」

　これは中国を代表するECを核としたコングロマリット、アリババ集団を一代で築き上げたジャック・マー（馬雲）が、2019年の引退スピーチで語った中の一節だ。

　彼が率いたアリババの飛躍に象徴されるように、中国は確かにここ数年で「データ（情報）の時代」に大きく踏み出し、世界をリードしつつある。

　しかし、これは中国だけの話ではない。そして、実は最近言われはじめたことでもない。

　本書第1章ではまず、半世紀以上前の日本で語られていた、まるで「データの時代」を予言したかのような「情報化社会」論とその提唱者を振り返り、その実現とさらにインターネットの発展によって加速した価値の世界的な変化について触れる。

　次に、社会がいち早く本格的なデータの時代に突入している中国で切磋琢磨する、様々なECサービスをジャンルに分けて紹介する。新しい消費の価値の主役の座を勝ち取った「情報」を取り扱うことで急速に成長したECプラットフォーマー。それらはかつてない規模と速度で価値の源泉（＝情報）を集約し、あるいは分散させることで勢力を伸ばす。

　アリババ系の淘宝や天猫（Tmall）、そのライバルの京東（JD.com）など比較的日本でも知られたサービスだけでなく、書籍やアパレル、家電などのジャンル特化型から、とにかく安値を追求し淘宝や京東に勝るスピードで上場を果たした拼多多、生鮮や越境ECなどの少し特殊なECまで、中国で生活していれば毎日のように耳にするサービスの概要をつかんでいただければと思う。

　第1章最後の大きなテーマが、EC の発展形としての「ライブコマース」だ。「生配信の中でモノを売る」という大まかな姿は日本でも知られるようになってきたかもしれない。しかし、それがどのような歴史の上に現れ、今どのようなプレイヤーがいて、どんな課題に苦しみ、今後どのような姿を描いているのか。日本で紹介される機会は実は非常に少ないのではないだろうか。

　従来型の EC は、安値や配送の速さといった効率を追い求めてきた。しかし、ライブコマースはそうしたインフラを活用しつつも、「楽しさ」という新しい、しかし実はとてもアナログな要素を付け加えることで急速に普及した。中国ではすでに単なる一過性のキャンペーンではなく、常設の販売チャネルとしての地位を獲得したライブコマースの実態を紹介したい。

　世界に先駆けて成熟期に入った中国 EC 市場の業界模様とビジネスモデルは、日本を含む他国のこの先の EC の姿を考える上で、大きな示唆を与えてくれるのではないだろうか。

1−1　予言された「情報の時代」の真の到来

　1963年1月に発表された『情報産業論』という論文がある。著者は後に国立民族学博物館を設立し、京都大学の名誉教授も務めた梅棹忠夫という人物だ（余談だが、今年2021年は彼の生誕100周年でもある）。

　そこでは人類の産業史発展の3段階として、「農業の時代」「工業の時代」、そして最後に「情報産業の時代」が訪れ、経済の中心になると説かれている。この考え方は、後に経済企画庁（当時）に勤務していた林雄二郎によって「情報化社会」と命名され、広まっていった。そこで語られていることがようやく実現しつつあるのが、現在の社会だと言っていいだろう。

　本書ではその「情報の時代」に勃興するビジネスを取り上げていくわけだが、まずはその前段階である「工業の時代」について簡単におさらいしておこう。

　「工業の時代」とは、言葉を換えれば生産がカギを握る時代であったと言ってもよい。だからそれは生産の場と手段によって、「家庭内手工業」から「工場制手工業」、そしてそこからつながる「工場制機械工業」への発展という3段階に分けられる。これはまた、人々の生活様式にも大きな影響を与えた。

　生産の効率化・規模化需要に対応するかたちで、家庭ではなく工場や職場といった場所に集まって労働し、その報酬を賃金というかたちで受け取る人が増えた。裏を返せば、それまで家庭内で行われていた様々な雑事が、たとえばレストランでの外食やクリーニング店、ショップで買うものとしての洋服（日本で既製服に対する需要が自家裁縫を上回ったのは1970年代とされる）といったかたちに変わり、貨幣によって取引される「商品」となったということでもあった。

　様々なものが工場で量産され、輸送手段の発達によってそれらが各地

の小売店に行き渡るようになると、買い手（消費者）には選択肢が生まれる。そして、それは同時に売り手の間で競争が生まれることを意味した。

「情報の時代」にも連綿と続く、「量の増加と流通の発達・円滑化により選択肢が増えて競争が発生し、売り手から買い手へ主導権が移る」ことの始まりである。選択する側と選択される側の間には、いつでもヒエラルキー（序列）が存在するのだ。

こうして発生する競争に勝ち抜くためには、売り手は自分の商品を目立たせ、他より優れていると「アピールして」「お客様に選んでいただく」必要が出てくる。それが宣伝、そしてブランディングの始まりだ。

このときアピールされるのは、商品そのものの特質（他とどう違うのか）を端的にまとめた「情報」だ。それは店頭だけでなく、チラシや口コミといったかたちで、モノそのものから次第に分離・独立し、メディアに乗って店の外へ流通していく。そして、人々はモノより先にその情報に触れ、「何を買うか」を決める際に影響を受けるようになった。

つまり、「工業の時代」の成熟によって生まれた競争こそが後に続く「情報の時代」を生み出している、ということになる。

「情報の時代」の訪れは、農業や工業の時代の否定を意味するわけでも、消失を意味するわけでもない。前出の梅棹忠夫も「工業の発達が農業の発展にも寄与した」と書いている。取って代わるのではなく、前の時代の主役の相対的な重要性が下がるが、それを基盤に新しい時代が築かれる、と。

では、梅棹は工業と情報の時代の転換の意味をどう捉えていたのだろう。

「『工業の時代』においては、ものがうごき、それに情報がのっていた。

ものが情報を動かしていたのである。いまやそれとはちがった様相を呈し始めている。うごくのは情報である。ものはそれにひきずられている。需要は情報にあり、ものそれ自体は、情報をのせる台にすぎないとさえいえるであろう」(『情報の文明学』中公文庫)

　近年よく語られる「DX（デジタルトランスフォーメーション）」の多くは、実態としてはITシステムの導入により手作業を減らすことに代表される、言ってみれば「デジタル的な手段を用いたプロセスの効率化」であることが多い。これは結局、効率・高速化している "だけ" と言うこともできる。
　これは本来「Digitalization ＝デジタル化」と呼ぶのが正確で、デジタルを便利な道具として使ってはいるが、発想としては工業の時代の延長線上でしかない。梅棹が述べたような「モノと情報の主従の逆転」にまでは至っていない。

　確かにこうした「デジタル化」も、限られたリソースの有効活用として必須であることは間違いない。
　しかし、粛々と行うべきこうした効率化だけでなく、我々はデジタルを使った非連続的な「トランスフォーメーション（変革）」を起こす必要がある。その概念はとっくの昔に示され、隣の中国では試行錯誤の末にかたちになりつつあるのだ。

　では、情報が主となる時代は、工業が主だった時代とどう変わるのだろうか。
　それはひとことで言えば、「集中（＝規模化）」が唯一の正解ではなくなったことだろう。「工業の時代」は、流動性の低い（変化や移動のためのコストが高い）モノを基準にすべてが決まっていた。規模化のコストも高かったが、それは高い参入障壁と競争優位を生んだ。
　しかし、情報は流動性が極めて高く、必要なときに必要な分量だけ利用することができる非常に効率的な存在だ。だから、集中したほうが有

利な場合には極度かつ超高速で集中するし、成立するために必要な最小単位が小さいので同時に分散も起こる。集中することのみが価値だった「工業の時代」から、単一さを必要とする集中と多様さを許容する分散の二極性へ切り替わったことが、「情報の時代」の特徴だと言える。

────────

　前述の『情報産業論』を記した梅棹忠夫は、1970年代末に時の首相・大平正芳のブレーンとして、国家論としての「田園都市国家構想」をまとめた人物でもある。「田園都市国家構想」は、田中角栄が「日本列島改造論」をぶち上げたような都市への集中と経済成長重視の時代にあって、「都市に田園のゆとりを、田園に都市の活力を」というスローガンを掲げ、地方ごとに自立した「田園都市圏」をつくり、それぞれが有機的に連携し合って国を構成するという非常に先進的な思想だった。

　都市の工業生産と豊かな自然資源を持つ農村を高次に結合させた社会を目指したこの思想は、情報の時代における集中と分散の両立の考え方をいち早く取り入れたものだったと言えるだろう。

　しかし、大平が首相在任中の1980年6月に死去したこと、そして当時の日本社会にとってこの構想は早すぎた感もあり、実現には至らず、一時忘れられていた。

　実はこの構想は、近年、地方創生ブームなどに関連して一部では注目されていた。それがさらに脚光を浴びることになったのは、新型コロナによるリモートワークなどに代表される「密」回避の流れによってだろう。

　2020年6月に自民党のデジタル社会推進特別委員会が発表した「デジタル・ニッポン2020」と名づけられた提言の副題が「コロナ時代のデジタル田園都市国家構想」だったことが象徴的だ。

　元祖・田園都市国家構想は、その時代性もあり、また国家論という視

座の高さからしても「デジタル」という一要素を主役に据えたものではなかった。逆にこの自民党の提言は、表紙左上に書かれているように、デジタライゼーション[*1]の政策的利活用を掲げ、それを結果として地方分権や創生につなげようという内容だった。

　そうした違いはあれど、「田園都市国家構想」は頭に「デジタル」の名前を冠して大々的に復活し、結果としてデジタル庁として結実することになる。梅棹忠夫という先見の明を持った偉大な人物の描いた時代と国家、2つの大きなビジョンが60年以上の時を経て、再び日本の政策の中心で交差し、DXを推進する役割を担うということは非常に興味深い。

デジタル庁設置のきっかけになった自民党による提言

---

*1　ここでより一般的な「DX（デジタルトランスフォーメーション）」ではなく、あえて意味する範囲が狭い「デジタライゼーション（＝デジタル化）」という言葉を使っているのは、意図的なものだろう。

1−2　「ほしいものが、ほしい」人々

　「田園都市国家構想」より遡ること少し、1970年に放送された富士ゼロックスの「モーレツからビューティフルへ」というCMもまた、別の角度から社会の変化の兆しを表していた。

　「モーレツとは、高度成長時代の進軍ラッパ。ビューティフルとは、豊かさと引き換えに人間性を犠牲にしてはならないという主張」という言葉どおり、働いて稼ぎ、その金でモノを買うという生活には、早くも疑問符がついていた。

　モノが消費を牽引していた時代には、常に目指すべき理想の姿（ゴール）が共有されており、人々は稼いだ金でモノを買ってその不足を埋めていくだけでよかった。このCMではそうした社会への問題提起は行われたものの、具体的に何をすれば「ビューティフル」になれるのかまでは教えてはくれなかった。

糸井重里による西武百貨店の広告「ほしいものが、ほしいわ」

　日本における工業の時代から情報の時代への決定的な転換は、バブル絶頂期だろうか。コピーライター糸井重里が西武百貨店のために書いた「ほしいものが、ほしいわ」（1988年）とい

うコピーに象徴されるように、不便・不満を解消するためのモノはすでに街に溢れていたが、人々は次に何を目指せばいいのかに迷っていた。

　世の中からわかりやすく皆が共有するゴールがなくなり、それぞれが「自分らしさ」、つまり自分だけのゴールを見つけてそこに至ることが正しい人生とされるようになった。とはいえ、全員が確固たる自分らしさを持てるわけではない。

　バブル崩壊とともにこうした転換が決定的になった1990年代初頭は、エコロジーや清貧といった見るからに正しそうな言葉が流行る一方、新新宗教、UFOや人面犬、口裂け女といった都市伝説が流行した薄暮の時代でもあった。これらは人々の心の動揺・拠り所のなさに入り込み、一時の繁栄を見た。

─────「情報の時代」に出現した消費社会

　高度成長の終わりとともに、大量生産・大量消費の工業の時代が終わり、情報（＝ライフスタイル消費）時代が始まるのは、日本だけのことではない。少し乱暴な分析だが、ここで日米中の大量消費時代の寿命が徐々に短くなってきていることを指摘しておこう。

　最も早かったアメリカが大量消費時代に突入したのは1920年代、そうしたマテリアリズムへの反動が大きな波になったのは1960年代のヒッピームーブメントであると考えると、その間に約40〜50年経っていることになる。

　日本のそれは1960年代後半に始まり、1980年代後半に次の波がやってきている。大体20年強程度だろうか。

　中国の切り替わりはもっと速い。2000年頃から2015年頃までの15年ほどで、少なくとも都市部の「モノがない時代」は一息つき、逆に物質主義・拝金主義への反発から宗教に入信する人が増えたり、エコやス

ローライフ（中国語で「慢生活」）といった言葉が流行ったりといった、他国同様のバックラッシュが大都市部を中心に起こりはじめる。

　アメリカ、日本、中国と時代が下るにつれ変化が加速している背景には、紙やテレビからインターネットへと情報の媒介が変わり、量と伝達速度がかつてなく大きく、速くなっていることが大きく関係している。

　マスメディア全盛の時代に価値感およびそれに紐づく消費の意味の転換期を迎えた日米では、ファッション、旅、食、趣味などを紹介する「ライフスタイル」雑誌が多く創刊された。

　そのライフスタイルとは、世に溢れるモノを各々の「世界観」に合わせて選び、意味づけして組み合わせたコラージュだった。そして、「選ぶ側」である雑誌編集部と名物編集長、あるいはそこに登場する文化人たちは、その権力を駆使してスターとなっていく。

　対して中国にライフスタイルの時代が訪れたのは、多くの情報がインターネットを経由して伝わるようになって以降のことだ。だから現在流

抖音、快手、小紅書（RED）など、現在流行する多くのアプリが「生活」をブランドとしてのキーワードに位置づける

行するアプリやウェブサービス、プラットフォームといったものの多く
が「生活」をブランドとしてのコピーに取り入れていることは、そうし
た社会の雰囲気の反映と言えるだろう。

　ただ、こうした切り替わりは徐々に起こっていくもので、人々が皆す
ぐに同じ方向を向くわけではない。特に様々な意味で幅広い中国におい
ては、物質主義的な考えをいまだに色濃く引きずる人たちも多い。また
「面子消費」とも言われる、「周囲にいい顔をしたい」「自慢したい」「う
らやましいと思われたい」などの理由による消費がいまだ根強いことも
事実だ。

————————

　日米中がそれぞれのかたちで大量消費時代を終えた後に現れたのが、
機能ではなく情緒や意味、つまり情報を消費する「象徴的消費」の比重
の高まりだった。これは外向きな、他者に対する見せびらかし（顕示的
消費）の場合と、より内面的な他者との差異や相似、自らのアイデンティ
ティの確認のために行われる場合がある。
　このように消費の意味にまつわる価値（＝情緒的価値）がモノ自体が
持つ機能に立脚した価値を越える社会を、フランスの哲学者ジャン・ボー
ドリヤールは「消費社会」と呼んだ。

　こうした新しい消費の動機の出現は、売り手にとっても好都合だった。
資本主義経済の参加者は絶えざる成長と拡大によってしか自己を維持す
ることができない。貧困を克服し不便を解消するための切実な消費が一
巡したとしても、余剰生産力を消費に差し向けるための新たな理由が必
要とされていた。
　そして何より、機能の向上による差別化にはすでに限界が見えてきて
いた。
　供給側にそうした「事情」があったことも確かだが、いちいち自分で

探さずとも消費の意味が「ライフスタイル」というパッケージで提供されることは、理想的で自分らしく豊かな生活への欲求の向かい先を自分では見出せない怠惰な「迷える子羊」たちの待ち望むものでもあった。

　ところで、無印良品は 2013 年頃から中国で非常に高い人気を誇っている。中国での「MUJI」は日本のそれよりも高い価格帯で売られる、れっきとした（日本語の意味での）「ブランド」だ。
　無印良品は、西武グループ創業者・堤康次郎の息子であり、海外有名ブランドの積極的導入などにより西武百貨店を一時期三越を抜くほどにまで成功させた堤清二によってつくられた。そのきっかけは前述のボードリヤールによる消費社会批判だったという。
　「ブランド（印・ロゴ）を持たないかわりにデザインやコンセプトを統一して識別性を高め、素材や工程、包装の見直しによって価格を抑える」としてつくられた無印良品が、消費社会に移行しつつある中国でまさに「ブランド」として流行するということに、ある種の皮肉を感じざるを得ない。

2014年に成都に開店した無印良品の世界旗艦店

1-3　「価値」とはなんなのか

　ここから先に進む前に、本書で繰り返し出てくる「価値」という言葉について補足しておきたい。少し込み入っているが、これがすべての根幹でもある。

　価値は経済学の言葉を使えば「使用価値（それを使って何が得られる／どんな問題が解決されるか）」と「交換価値（市場でいくらの値段がつくか）」の2つに分類される。
　その合計が使用価値であり、そこに需給バランスや競合の存在など外部要因が加われば、交換価値となる（図表1-1）。

図表1-1　使用価値と交換価値の関係

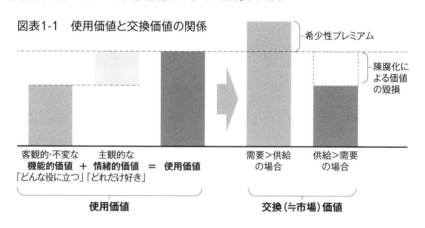

　使用価値は、さらに客観的な「機能的価値」と主観的な「情緒的価値」に分けられる。
　機能的価値は使用価値の根幹で、機能によって直接得られる便益を指す。モノで言えば、何かの症状を治すことができる薬、部屋の気温を下げるクーラーなどの価値だ。
　この価値は経年劣化や破損などを除けば、あまり変動しない。「北極のエスキモーに冷蔵庫を売る方法」という有名な話（一見必要なさそう

28

だが、常に氷点下の北極では冷蔵庫は逆に「凍らせない装置」として役に立つ）があるが、こうした大胆な発想の転換を除けば、後から新しい機能的価値が発見されて価値が上がるということは珍しい。

それに対して情緒的価値は、「自分がそれを所有しているとうれしい」といった感情と結びつく価値だ。しかし、必ずしも機能に由来するわけではないこの価値の感じ方は、人それぞれで違う。また、時間の経過や外部の評価の影響も受けて常に変化し続ける。

モノだけでなく、情報やサービスなど無形の存在の価値も同じように分類できる。たとえば、本書で繰り返し登場するECプラットフォーマーの機能的な価値は「品揃え」や「配達の所要時間」といったもので、情緒的価値は「買い物」という体験そのものの楽しさが該当する。誰でも所要時間は短いほうがうれしいが、どういう体験がうれしいかはその人それぞれで違うだろう。

情緒的価値が占める割合が極めて高いのが芸術作品だ。たとえば、現代美術の父と呼ばれるマルセル・デュシャンの作品「泉」の機能的価値は単なる男性用の小便器でしかない。150万ドルと言われる価値のほと

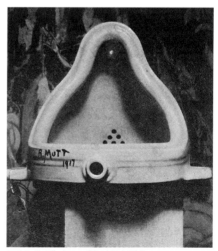

んどすべては、その芸術品としての情緒的価値を源泉としている。形のない歌や器楽曲にいたっては、聴いて身長が伸びるわけでも、病気が治るわけでもない以上（「日本酒に聞かせると美味しくなる」という説はあるようだが！）、機能的価値はゼロでしかない。

また情緒的価値は、交換価値からも強い影響を受ける。デュシャンの「泉」を知らない人にとって、これは単なる便器だ。しかし、

マルセル・デュシャン「泉」(1917年)

1億円以上で取引されていると知れば、扱いは当然変わるだろう。

　そして、モノは普及により価格が下がっていく。これは大規模生産体制が整うことによる原価低減も一因だが、一方で大量生産により市中に十分な量が出回ることで希少性が薄れて交換価値が下がり、影響を受けた情緒的価値が下がった結果でもある。逆に希少性によって体感する情緒的価値が上がることを利用したのが、よく行われる数量や時間限定販売のセールだ。

　工業の時代に重要だったのはモノで、その機能的価値が重要とされた。そして、情報の時代に流行するライフスタイルとは、こうしたモノに付随する情報（＝情緒的価値）をパッケージ化したものであると言える。

1−4　プラットフォーマーのもたらす「集中」と「分散」

　こうして新しい時代における価値の主役の座を射止めた情報。インターネットの発展により多種多様な情報に安価で手軽にアクセスできる時代になったときに次に求められたのが、その情報を整理する仲介者だ。
　誰しも膨大な情報を処理しきれず、それらに溺れる中で、「プラットフォーマー」と呼ばれる存在が、そうした情報を集約・整理し、提供することで存在感を表した。

　モノ同様、情報にも「機能的価値」と「情緒的価値」があることはすでに述べた。「機能的価値」は集中することで、「情緒的価値」は分散することで、より価値を高めることができる。そして、情報は流動性が高いので、最適化（集中はさらに集中し、分散はさらに分散する）が高速で行われ、それぞれの特徴が明確になりやすい。

　プラットフォーマーが提供したのは、まさにこの情報の「機能的価値」だった。アマゾンの創業者ジェフ・ベゾスがレストランで紙ナプキンに書いたと言われるビジネスモデルが、その構造をわかりやすく説明している。
　「低価格」と「品揃え」の2つが優れた顧客体験を生み出し、それがトラフィック（来訪者）を引き寄せ、トラフィック増加がさらなるセラー（出品者）の参入を生み、セラーが増えれば品揃えがまた増え、その循環による成長がコストを押し下げ、さらなる低価格を実現するという構造だ。
　良い顧客体験はさらに、本来バラバラな価格や単位、品揃えがひとつの基準のもとに整理され、最適なものに短い時間でストレスなくたどり着けることから発生する。これは一覧性や優先順位がわかりやすいUIデザイン、正確なレコメンデーションから生まれる。

「価格」「利便性」「品揃え」といった誰もが喜ぶ機能的価値を構成する要素は、いずれも事業規模と非常に強い関係がある。そして、強者がより有利になるネットワーク外部性と呼ばれる自己強化型の「集中」の循環が、このゲームの特徴だ。こうして、プラットフォーマーの競争は比較的短時間で上位者が大きなシェアを寡占する状態になる。

ジェフ・ベゾスが書いたといわれるビジネス構造の図
（Amazon企業サイトより）

ECプラットフォーマーは、情報の集約によって売買の需要と供給をマッチさせ、自らの価値を上げる。また、その収益源は基本的に成約した取引総額（GMV：Gross Merchandise Value）からの仲介手数料収入だ。特に市場拡大期には、個別の異なるニーズより多くの人に共通するニーズを満たして成約数を伸ばすことが合理的でもあり、機能的価値がより強く訴求される。

———————

その商品・サービスの最も優れた、訴求したい点を伝えるのが、広告だ。米アマゾンとアリババ系の「淘宝」の立ち上げ期のテレビCMを振り返ってみると、ECとしての機能的価値訴求がよくわかる。

1994年創業のアマゾン初期のCMの例として確認できるのは、1999年のクリスマスシーズンに放映された「セーターマン」と呼ばれる一連のシリーズだ。

男声合唱団が「Amazon.comなら、間違いなくたくさんの商品が手に

アマゾンの初期テレビCM

入ります」「ホットなものじゃないとしても大丈夫、ティッシュボック
スカバーも血圧計も建築用の足場も」とアマゾンで取り扱う商品カテゴ
リの幅広さを歌う。

　また、2003 年 5 月にサービスを開始した「淘宝」の最初期の CM は、
利用無料を訴求するものだった。また、その後 2006 年頃からは、ラッ
プ調で繰り返し「不怕你淘不到，只怕你想不到（欲しいものが見つから
ないことは怖くない、何が欲しいか思いつかないことが怖い）」という
品揃え訴求 CM が流された。

　ちなみに取引の安全性への不安も EC 利用の大きな障害としてよく挙

「今なら完全利用無料」初期の「淘宝」のテレビCM（左）と、ラップで品揃えを訴求していた2005年頃のCM
（右）

げられるが、こちらは 2005 年 2 月から放映されたアリババの決済サービス「アリペイ」の初めての CM で訴求されている。初期の CM ではいずれもこうしたサービスの機能や利便性が主な訴求内容で、買い物の楽しさはまだ直接表現されていない。

─── ロングテールの幻想

　プラットフォーマー自身は「集中」し寡占に向かう一方、そこに出品するセラーには「分散」をもたらしたと言われる。

　その代名詞となったのが、2004 年 10 月に雑誌『Wired』の編集長だったクリス・アンダーセンが書いた「The Long Tail」という記事から生まれた「ロングテール」という言葉で、一気に新しいインターネットビジネスの可能性を象徴する言葉のひとつになった。

　ここではネットを通じて低コストで世界各地のニーズを束ねることが可能になったことで、ニッチビジネスが成立しやすくなり、今まで鉄則とされていた「20％の売れ筋が利益の 80％を稼ぎ出す」というパレートの法則が否定された。

　逆に、アマゾンの書籍売上の半分以上、実に 57％が販売数でいうと大手書店に陳列できないような「死に筋」からきているというクリスの主張も出回った。すでに 15 年も前の古新聞だが、日本でも非常に多く紹介されたので、ご記憶の読者も多いのではないだろうか。

　しかし翌年、この 57％は過大であったとして、本人が 20％台の中盤と訂正したこと、またその後、別の研究者によって「ロングテール」とはまったく逆で、多くの市場が最大公約数的な超「ビッグヘッド（寡占）」構造であること、そしてそれが急速に進行していることが示されたことは、もっと知られていないのではないだろうか。

　その研究者アニータ・エルバース（ハーバード・ビジネススクール教授）

によれば、2011 年に iTunes をはじめとした音楽サイトで 1 回以上ダウンロードされた 800 万曲のうち、たった 0.001％である 102 曲が 100 万ダウンロードを超えて総ダウンロード数の 15％を占め、しかもその比率は 4 年の間に倍以上になっている（図表1-2）。逆に 32％は 1 回しか購入されていなかったという。

　エルバース教授は、著書『ブロックバスター戦略（東洋経済新報社）』において、こうした例や映画配給大手ワーナー・ブラザースが 2010 年に上位 3 タイトルに製作費を集中投下し、全世界興行収入の 50％以上を得た例などを出して、実はブロックバスター（大作）が占める割合がどんどん増している現状を紹介している。

　では、「ロングテール」がすべてウソ、間違いだったかといえば、それもまた正しくないだろう。情報の時代には何かを始めるためのミニマムコストが非常に低い。だから今まで「テール」としてすら存在できなかった小さなニッチビジネスが成立するようになったのは事実だ（上記の例でもダウンロードされている曲の総数は増加している）。

　しかし、売上規模から考えると、それらは「ヘッド」とは桁がまったく違う微小なビジネスでしかなく、いくら足し上げようとも、全体に占

図表1-2　たった102曲が800万曲の総売上の15%を占める

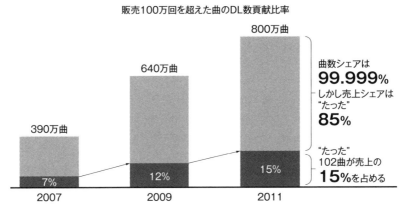

販売100万回を超えた曲のDL数貢献比率

800万曲

640万曲

390万曲

曲数シェアは **99.999%**

しかし売上シェアは "たった" **85%**

"たった" 102曲が売上の **15%を占める**

7%	12%	15%
2007	2009	2011

出典:『ブロックバスター戦略（東洋経済新報社）』

める比率で考えれば比べられるようなものではない。

───────────

　「ビッグヘッド」化は、プラットフォーム間の同質化（集中）の結果でもある。最適化とは「最も適したひとつの解を目指すこと」だ。先ほどの音楽の例で言えば、最も売れる曲が最も稼げるわけだから、全プレイヤーがデータをもとにそれを知り、取り扱おうとする。そうしたことを繰り返すと、結果としてどのプラットフォーマーも品揃えはほぼ同一に収束していく。

　通常の物理的なビジネスであれば、店頭に並べることができる商品が限られているなどの理由で、必ずしも取扱商品は多ければ多いほどいいわけではない。しかし、ECにはそうした制約がないから、多ければ多いほどよく、品揃えに差が生まれづらい。結局差がつくのは、規模や企業体力の差から生まれる価格や利便性などの機能的便益だった。

　対して、他社の戦略はデータとして入手できない場合が多い。だから、競合との差別化の努力は、市場や顧客データに基づく最適化戦略（＝結果として全社が同じ「正解」に向かうので同質化する）のそれよりも、どうしてもワンテンポ遅いものにならざるを得ず、歯止めがかからない。

　品揃えだけでなく、価格や利便性などの競争も同様だ。より多くのユーザを獲得したほうが提供できる価値も高くなるので、自然とどのプレイヤーもオールターゲットを目指し、自社が投じることができる最大限の資本で最適化を行う結果、論理的には規模の大小のみが違う同質なプレイヤーが複数生まれ、最終的にはトップ以外はすべて淘汰されることになる。

　とはいえ、現実はすべてが机上の理屈どおりにいくわけではない。ここからは実際に最もEC化率が高く活発な中国EC市場の現状を通して、競争の行きつく先を一足先に見てみたい。

1-5　EC先進国・中国市場にひしめくプレイヤー

　2012 年末、中国不動産大手・万達（ワンダ）グループの創始者である王建林（ワンジェンリン）は、アリババ集団創始者ジャック・マーとの対談の席上、「2020 年、EC が小売の 50％以上を占められなかったら、ジャックは僕に 1 億元（≒ 17 億円）払う。もし、50％を超えたら僕がジャックに 1 億元払おう」と述べた。

　そして、2020 年には間に合わなかったものの、後述するように 2021 年には本当にこの「EC 化率 50％」が達成されようとしている（図表 1-3 右）。

　対して、日本は出典が違うため単純比較はできないまでも、EC 率 6.8％とはるかに及ばないのが現状だ。中国は売上ベースの EC 化率が高いだけでなく利用者自体も多く、2021 年 8 月発表の政府統計によれば、中国のインターネット人口の約 8 割の 7.8 億人が EC を利用するとなってい

図表1-3　中国におけるECプラットフォーム利用割合（左）と国別小売EC化率トップ10（右）

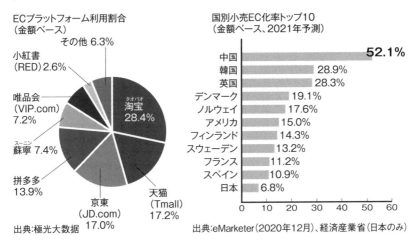

ECプラットフォーム利用割合
（金額ベース）

- その他 6.3%
- 小紅書（RED）2.6%
- 唯品会（VIP.com）7.2%
- 蘇寧（スーニン）7.4%
- 拼多多 13.9%
- 京東（JD.com）17.0%
- 天猫（Tmall）17.2%
- 淘宝（タオバオ）28.4%

出典:極光大数据

国別小売EC化率トップ10
（金額ベース、2021年予測）

- 中国　52.1%
- 韓国　28.9%
- 英国　28.3%
- デンマーク　19.1%
- ノルウェイ　17.6%
- アメリカ　15.0%
- フィンランド　14.3%
- スウェーデン　13.2%
- フランス　11.2%
- スペイン　10.9%
- 日本　6.8%

出典:eMarketer（2020年12月）、経済産業省（日本のみ）

EC利用はアリババ集団傘下の「淘宝」+「天猫」で45％以上、京東と拼多多を併せた上位3社で75％以上を占める（左）

る。

　現在の中国が EC 大国であることに異論がある読者は少ないだろう。
とはいえ、そこにどのようなプレイヤーがいるかはあまり知られていな
い。
　日本で話題になるのは、とかくアリババとその系列ばかりという印象
だが、それは実態から大きくかけ離れている。
　アリババ系の EC 全体に占めるシェア割合は半数近く（図表 1-3 左）、
飛びぬけて高いことは事実だ。これは前項でも触れたネットワーク外部
性を持つ機能的価値の競争の結果としての寡占状態だと言える。
　しかし、その一方で、様々な特色ある他プレイヤーも日本では考えら
れない売上をたたき出して生き残っている。本項ではそれも併せて紹介
したい。

───────────

　全商品カテゴリ・地域制覇を狙う王者に対するその他チャレンジャー
の戦い方としてポピュラーなのが、一点突破の局地的ゲリラ戦だ。
　王者は全体最適を優先して戦い方を考えるため、一部が欲しい機能は
なかなか実装されづらいといったことが起こりがちだ。また、全体規模
では大きな差がついていたとしても、一部カテゴリでの競争であれば規
模において勝ることができるかもしれない。
　中国 EC 市場におけるその典型例が、次項で紹介する後発ながら「安
さ」にすべてを投入することで爆発的に伸びた拼多多だ。

　また、それ以外にも特定の商品カテゴリや地域に勝負を賭ける方法も
存在するだろう。同じ EC でも、扱う商品によって判断に必要な情報や
適切な見せ方は異なる。
　他にも、地域によって配送拠点の密度などサービス提供の質にばらつ
きがある場合もあるし、言語や文化にも違いがあるとニーズ自体が異な

図表1-4　日中のEC企業GMVランキング

日本	名前	金額(兆円)	タイプ	中国	名前	金額(兆円)	タイプ
1	楽天	3.9	総合	1	アリババ集団	138	総合
2	アマゾン	3.4	総合	2	京東	44	総合
3	Yahoo!ショッピング	0.9	総合	3	拼多多	28	総合
4	ZOZO TOWN	0.3	特化	4	蘇寧易購(Su-Ning)	7	特化
5	au PAYマーケット	0.1	総合	5	唯品会(VIP)	3	特化

各社発表と報道を筆者整理

る場合もある。こうした空隙（くうげき）は他事業者にとっての生存空間になる。

　たとえば、中国国外に住む華僑をターゲットに中国語インターフェイスで中華料理と食材のデリバリーを行う「Hungry Panda（熊猫外売）」という英国発祥のフードデリバリーサービスは、「ウィーチャットペイ」や「アリペイ」といった中国人が使い慣れた支払方法に対応することで、規模に勝るウーバーイーツなどとの直接競合を避けながら世界中でサービスを展開する。

　このような競争の図式はどの国でも同じだ。日本では総合的な EC である楽天とアマゾンの二強を「Yahoo! ショッピング」が少し離れて追いかけ、ファッション特化の「ZOZOTOWN」が第4位という状況となっている。中国でも上位3社が総合系、4位の蘇寧易購（スーニンイーゴウ）は家電、5位の唯品会（ウェイビンフィ）（VIP）はアパレル特化型だ（図表1-4）。

　中国の場合、他国と比べても特にプレイヤーが分散している。これは純粋な競争の結果であるだけでなく、中国特有の事情があることも確かだ。

　まず、大手のほとんどが傘下に非常に多くのサービスを保有するインターネット企業か、そこから投資を受けている企業だということが挙げられる。したがって、単独のサービスとしての将来性よりもそのグループの全体戦略が優先され、たとえ撤退すべき状況でもそれを選ばないということがしばしば起こる。

ECではないが、この現象の例としてよく挙げられるのが動画サービスで、筆頭の愛奇芸（百度系）が2020年に70億元の赤字だったことをはじめ、各社とも長年巨額の赤字を垂れ流し続けている。

　しかし、集客力は非常に高く、そこから他のサービスに誘導することができるため、グループ全体としては必要だという判断で継続している。

　また、インターネット利用者の全体増加スピードは減速しているとはいえ、まだまだ「下沈市場（日本語で「すそ野市場」）」と呼ばれる、従来あまり注目されてこなかった地方都市や田舎、海外など広大な未開拓な市場がある。そして都市部でも、たとえば化粧品のように、まだ他国並みの市場規模にはほど遠い業界も多く存在する。

　そして、そこからこの後紹介する拼多多のように、突然ユニコーン企業が生まれることもある。現在劣勢であったとしても、将来への期待から投資は一定程度獲得することができてしまうこともあり、こちらも必ずしも現在の合理性に基づいて淘汰が進むわけではない。

　では、こうした事情を踏まえた上で、次項からは主なプレイヤーをカテゴリごとに紹介していこう。

─── 総合系：淘宝、天猫、京東、拼多多

　いずれもトイレットペーパーからロケットまで、なんでも取り扱う超巨大プラットフォーマー。売上、話題性ともに、中国の小売を代表する存在で常に注目される。

〈淘宝〉
　次に紹介する天猫（Tmall）と合わせてアリババ集団を屋台骨として

---

*2　アメリカの著名ベンチャーキャピタリスト、アイリーン・リーが2013年に提唱した概念で、評価額10億ドル以上に成長したスタートアップ企業を指す。「ユニコーン」の名前は数あるスタートアップ企業の中でその規模まで成長するのがたった0.07％という希少性に由来する。

支える EC プラットフォームである。2003 年 5 月に設立され、元々は C2C（個人間取引）モールビジネスが主力だが、実際は多くの企業も出店し、B2C 専門とされる天猫（こちらも C2C にも進出）との区別は曖昧になりつつある。

　なお 2021 年 8 月現在、淘宝と天猫のトップは同一人物で、第 3 章で登場するカリスマ KOL 張大奕（ジャンダーイー）とのスキャンダルでパートナーとしての身分を失って降格させられた若手ホープの蒋凡（ジャンファン）（降格後もこの 2 サービスの「総裁」の肩書は変わっていない）。

　近年では天猫との差別化の意味合いもあってか、面白いものをつくっている個人をその規模の大小を問わず招聘する大規模な文化祭型イベント「造物節（Maker Festival）」を開催するなど、改めて「個人のつくり手を支援する C2C プラットフォームである」ことを強調しようとしているように見える。

　また、ライブコマース業界を大きく発展させた淘宝ライブや、安売りの拼多多に対抗して生まれた工場直売の淘特（タオター）（旧：淘宝特価版）も名前のとおり淘宝系だ。あくまで正統派 EC として海外など手がける分野を広げる天猫に対して、淘宝はこのような少し変わった取り組みが多い。

〈天猫 (Tmall)〉

　C2C の淘宝に対して、天猫は同じアリババ傘下の B2C（企

淘宝のアプリトップ画面(左)。左上の猫のアイコンなど天猫内への導線も張られており、事実上一体に見える。相対的にシンプルな天猫のアプリトップ画面(右)

業による出品）を基本としている EC だ。したがって、店舗を開設するためのハードルが比較的高い。

　ただし、淘宝のアプリには天猫内の検索結果も表示されるため、利用者はあまり区別して考えていない場合も多い（天猫はもともと淘宝の一部「淘宝商城」で、2012 年に独立して「天猫」になったという経緯からこのようになっている）。実際に私の友人の中には「天猫は独自のアプリが存在しない」と誤解していた中国人もいた。

　毎年 11 月 11 日の「ダブルイレブン（双 11）*3」お買い物デーは、2009 年、天猫がまだ淘宝の一部の「淘宝商城」というサービスだったため、淘宝の名義で始まったが、天猫設立後は天猫のイベントとして開催されている。また、越境 EC の「天猫国際」は、日本を含む数多くの国や地域からの輸入品を扱い、勢力を伸ばしている。

〈京東（JD.com）〉

　中国 EC におけるアリババ最大のライバルと言われているが、規模においてはまったく勝負にならない（2019 年の GMV は京東が約 2.6 兆元に対し、直接のライバルである天猫と淘宝を合わせると 7 兆元と 2.7 倍近い）。

　ただし、元々は PC や電化製品に強かったため、幅広い商品を扱う総合系でありながら、いまだにそうした商品を探す際は「まず京東で探す」という人も多い。

　アリババ系との違いは、自社物流配送にこだわっている点で、販売されている商品の価格はそこまで安くないが、信頼性が高く、速く正確に届くと言われる。2020 年の「618」では、自社物流の強みを生かし、注文の 91% を翌日までに配送完了している。

　「618」は、中国で「双 11」に次ぐ巨大お買い物デーとなっており、

---

*3　正式には「天猫双十一購物狂歓節（天猫ダブルイレブンショッピングフェスティバル）」。中国では元々11月11日は「1（シングル）」が4つ並ぶことから「独身者の日（光棍節）」として、パーティーを開いたり、贈り物をしたりなど様々な活動が行われていた。2009年にアリババグループの淘宝商城（のちに「天猫」として独立）が衣替え需要を狙って覚えやすいこの日にセールを行ったことが起源で、後に規模の拡大につれてライバル企業なども参加し、中国全土を巻き込んだECセールの日として定着した。

アリババ系を含む多くの企業がこの前後にセールを行う。これは 1998 年のこの日が京東の設立日で、それを記念するために 2010 年からセールを行っていることが起源である。

　ただし、新型コロナウイルス流行の影響があった 2020 年は、アリババがこの「618」に例年になく多くの予算を割きプロモーションを行った結果、GMV において 2 倍以上の差をつけられてしまった。

〈拼多多〉
ピンドゥオドゥオ

　2015 年に設立された拼多多は、この総合系の中では最後発だ。C2B（Consumer to Business）、つまり「消費者がグループをつくって発注する」ことで低価格を実現するグルーポン型の団体購入サービスというのが最も簡単な説明だろう。テンセントが第 2 位の大株主だ。

　「ウィーチャット」などの他 SNS で築かれた人間関係を巻き込む団体購入のゲーム性と低価格を武器にした拼多多の戦略は大当たりし、創業から 2 年 3 カ月で GMV1,000 億元を突破している。同じ 1,000 億元突破に京東は 10 年、淘宝は 5 年を要したことが拼多多の成長の速さを語る（詳細は次項で紹介）。

　拼多多は 2018 年 7 月に創業 3 年未満で米ナスダックに上場を果たした。また、2019 年 10 月には京東の時価総額を抜き、2021 年には淘宝のDAU（Daily Active Users ／ 1 日あたりの利用者数）を抜いたことが話題になった。

　中国で近年注目される前述の「下沈市場」を主戦場に急成長した拼多多は、「ネクスト BAT[4]」として名前が挙がることも多い。

--------- 業界特化：蘇寧易購、唯品会、蘑菇街、当当網

　家電量販店の EC 部門である蘇寧易購に代表される、一定の専門領域

---

[4]　中国の大手IT系企業3社「バイドゥ（Baidu 百度）、アリババ（Alibaba 阿里巴巴）、テンセント（Tencent 騰訊）の頭文字を1つずつとった語で、これらの企業の総称。

に特化したECがこのカテゴリだ。ただし、近年業績不振で倒産寸前とも言われるため、どのサービスもピークは少し前だった。意志を持って絞り込んだというよりは、多角化できていないだけ感が否めず、現在はメディアで注目企業として取り上げられる機会もあまり多くはない。とはいえ、それぞれの分野では総合系に負けない影響力と知名度があることは事実で、決して軽視できる存在ではない。

〈蘇寧易購（Su-ning）〉

国美と並ぶ2大家電量販店のひとつ、蘇寧のEC部門が前身。1990年末にエアコンの卸売業として創業、1999年に総合家電量販店に舵を切り全国に急拡大、2004年に家電業界で初めて深圳証券取引所に上場、そして2009年に社名を蘇寧電器から蘇寧易購と変え、オンライン販売に力を入れはじめた。

今では受注の70％近くがEC経由とされる。家電は単価が高く、アフターサービスなども重要だ。だから蘇寧のように実店舗網があることが、信頼感と利便性の提供につながっている。また、日本では2009年にラオックスを買収したことでも知られる。2019年6月には仏カルフールの中国法人を買収している。

〈唯品会（VIP.com）〉

米GILTに似たファッション専門のECサイト。有名ブランドの「特売」が代名詞の唯品会は、直接取引によって偽物を排除し、時間限定のフラッシュセールでさらに安く売りさばく方法で、特に女性向けファッション販売で比類なき地位を築いた。累計顧客数1億7,100万人、3万以上のブランドを扱う巨大ファッションモールである。

技術やビジネスモデルの革新性で注目されることは少ないが、実は2012年以来ずっと黒字を保ち続けているという、万年赤字体質が多いインターネット企業では珍しい存在だ。

〈蘑菇街（MOGU）〉

唯品会と同じく女性ファッション中心の EC モール。唯品会が比較的高級なブランドの割引をコンセプトにしているのに対し、蘑菇街はもう少し日常使いのカジュアルウェアなどを売る。

当初、淘宝をメインとしたアフィリエイトサイト（様々な EC の商品を紹介し、成約すると売上の一定割合を報酬として得る）として創業され、影響力が強くなりすぎたことで淘宝からリンクを切られた後は、自ら EC 運営に転身したというユニークな生い立ちだ。

その後は、人気女優・周冬雨（チョウドンユイ）の起用や韓流ドラマへの大規模 CM 出稿などの話題性あるマーケティングに加え、アプリ内 SNS やライブコマースなど流行の機能をいち早く取り入れて生き残っている。

ちなみにライブコマース機能を 2016 年 3 月に最初に実装したのは蘑菇街で、これはカテゴリ自体を大きく伸ばした淘宝ライブよりも 2 カ月程度早い。

〈当当網（ダンダンワン）（Dangdang）〉

アメリカで結婚した中国人夫妻によって書籍専門の EC として創業された。業態がアマゾンに似ていたこともあって、2004 年には買収の申し出があったが拒否し、独力で成長を続け、2010 年には国内の図書流通売上の過半を握るようになった。本があまり読まれず電子書籍も格安な中国においては、その過半といっても他国ほどの存在感ではないとはいえ、2021 年現在でも本を買う場合、まず当当網を探すことが多い。

ただしオシドリ夫婦として知られた創業者たちは後に仲違いし、泥沼の離婚訴訟に突入、お互いを SNS 上で罵倒しあうようになり、最近はそうしたゴシップばかり報道されることが多いのが残念である。

——— メーカー自社運営：小米（シャオミ）、メイソウ

近年 D2C（自社 EC を活用した製造直販　第 5 章参照）の流行もあって、日本やアメリカでは、自社運営 EC の役割が見直されている。

しかし、中国の EC プラットフォームの手数料は、他国に比べて半分以下程度が相場と言われ、コストパフォーマンス・利便性においても、自社 EC の存在意義が見出しづらい。また近年では欲しい商品を検索エンジンではなく直接 EC アプリを開いて探す人も多く、集客も難しくなりつつある。

　それでも自社 EC を運営するメーカーが多いのは、寡占化し強大になるばかりのプラットフォーマーに完全に依存してしまうことを、事業上のリスクと捉えているからだろう。また、数は少なくても、わざわざ自社 EC サイトで買ってくれるロイヤリティの高い顧客のリストを取得したいという思惑もある。だから、第 3 章後半で紹介する KOL「一条（イーティアオ）」のように、「他の SNS ですでに十分な数のファンを囲い込んでいるから自社 EC でやる」という判断もまたあり得る。

〈小米商城（シャオミシャンチャン）／小米有品（シャオミヨウピン）〉

　近年は家電も扱うスマートフォンブランドの小米（シャオミ）は 2 つの自社 EC を運営しており、「商城」はスマホを中心にした普通の自社 EC、「有品」は他社の商品も扱う小型の総合 EC だ。

　小米は自社 EC を「量を売る場所」というよりは、「話題づくりや宣伝の場所」と位置づけた。中国における自社 EC サイトを使ったマーケティング事例の代表と言われるのが、小米が得意とした「飢餓マーケティング」だ。英語の「Hunger Marketing」を直訳したこの言葉は、中国のマーケティング業界で 2012 年から 2013 年にかけて大流行した。

　これは数量限定の話題性ある商品の情報や価格を販売前に SNS などで提起し、その成果を少しずつ見せていくことで期待感を煽るものだ。発売後もいきなり大量には販売せず、「生産が追いつかない」などといって、たとえば毎週一度ランダムに突然 1,000 台だけ在庫を放出するなどして注目を集めた。その告知を見た顧客の大半は売り切れで買えず、結局その後他の EC 上で買うことになる。供給を絞ることでユーザの「欲しいのに入手できない」気持ちをさらに煽り、本来の価格以上の価値（＝

飢餓感）を感じさせることで売るという手法だ。

　本来 EC プラットフォームとメーカーの自社運営 EC は顧客を奪い合う関係だが、このやり方であれば結果としてプラットフォームの売上も上がるので、トラブルにもなりにくい。

小米のマーケティング手法を紹介した書籍『参与感』。表紙の豚は創業者雷軍による「風の吹くところに立てば豚だって空を飛べる（「マーケットの選定や製品ポジショニングが一番大切」という意味）」という言葉から

　後から報じられたところによると、当初は本当に生産が追いついておらず仕方なく受注数を絞っていたものが、それによってファンが興奮することがわかると、故意に同じような演出を行うようになったというのが真相のようである。多くの追随者が出たこともあり、一時期、共産党系の最も権威ある新聞『人民日報』などが小米のこの手口を名指しで批判するという事件も起きた。

　小米は同時に、創業者の雷軍自身がウェイボーで活発にファンと交流し、要望を実際に製品に反映させることでロイヤリティを高める「ファンコミュニティマーケティング」の成功例としても語られる。その手法を内部向けにまとめた冊子は、後に『参与感』と題した本として出版され、マーケター必読の書と言われた。

　小米は家電分野にも進出、元三洋電機の日本人技術者を起用した炊飯器など、多くのそれなりに安くそれなりにおしゃれな商品を発売するも、一時期は低迷した。しかし、近年は特にインドでの成功などにより、再び存在感を強めている。また、2021 年 3 月末には日本人の著名デザイナー原研哉氏を起用した新しいブランドロゴが発表され、大きな話題となった。

〈名創優品（MINISO ／メイソウ）〉
　存在しない日本の住所「渋谷区神社前」に本社があることになっていた自称「日本ブランド」の名創は、2013 年の創業から 10 年に満

たない短期ですでに90以上の国に4,300以上の店舗を持ち、パクリ元と言われたMUJI（1,029店舗）、ダイソー（5,892店舗）、ユニクロ（2,309店舗）と並ぶ規模のグローバルチェーンとなっている。

　創業者の葉国富（イエグオフー）は、もともと雑貨チェーン店創業で成功したバリバリの「店舗小売の人」で、実はずっとECに対して否定的だった。近年創業のほぼすべてと言っていい企業がオンラインでの販売を拡大させていく中で、「直管」と呼ばれる変形フランチャイズを武器に急速に拡大させた店舗の購買力を束ねて、低価格仕入れを実現する方法を貫いていた。自社ECや大手プラットフォームへの出店のほか、2018年から京東のデリバリー事業部門と組み、そのインフラを活用したECと配送なども行っていたが、実験的な取り組みといった程度だった。

　しかし、コロナ禍により数カ月にわたって事業の柱である店舗営業が不可能になってしまう。2020年2月は売上前年比95％ダウンという事態の中で方針の転換を迫られ、店員（とそのウィーチャットアカウント）を利用したソーシャルコマース（詳しくは第3章）に進出することになる。

　名創流のソーシャルコマースは、各店ごとに作ったウィーチャット内のグループにセールや新商品情報などを流すもので、グループには実際に最寄り店舗の顔見知りの店員がいて、質問すればまるで店を訪れたときのように色々なことを教えてくれる。そこで気に入ったものがあれば、送られてきたECのリンクから購入すればよい。

　こうした「リアル店舗の感覚をできるだけオンラインに持ち込む」ことは、ある程度店舗網が整備されている場合のひとつの有効なアプローチでもあるだろう。この施策により、2019年中に2％以下だった名創のECの比率は2020年には5％まで増加した。

---

*5　ジーユーなどを含めたグループ合計では3,645店舗。
*6　通常のフランチャイズは投資家がフランチャイザー（ブランド）が用意したマニュアルをもとに店舗管理も行うが、直管方式の場合、店舗は直営のようにフランチャイザー企業のスタッフが管理し、投資家は投資だけを行う。翌日には前日売上のマージンが振り込まれるのが特徴。

──── その他：生鮮と越境

　この項目で取り上げる生鮮と越境は、様々な商品を扱う EC の中でも特殊であるため、個別企業ではなくカテゴリごとに紹介する。それは扱う商品が違うだけでなく、生鮮であればコールドチェーンの設備、越境であれば通関や国外の取引先開拓など通常の EC ビジネスとはまったく異なるノウハウや業務プロセスが必要になるからで、参入障壁が非常に高い。

〈生鮮 EC〉

　日本ではアリババ系の「フーマー（盒馬鮮生）」のみ知られている状況ではないだろうか（生鮮 EC のビジネスモデルとフーマーの特徴については第 2 章で詳しく紹介）。

　元々他国でも一般的な、発注から 1 〜 2 日ほどで届けるというサービスは中国にもあった。そこにフーマーなどが「限られた距離内であればすぐに届ける」という方式を導入して爆発的に成長した（図表1-5 中の

図表1-5　生鮮EC各社のビジネスモデル比較

分類	旧来型	新型			
		配送+店舗	無店舗（自宅配送）		社区団体購入
			プラットフォーム型	前線倉庫型	
ビジネスモデル	一般的なEC流通での配送	実店舗でも配送のみでも利用可能で、オンラインとオフラインが一体化	プラットフォームが付近のコンビニやスーパーなどと提携し、そこの商品を配送	顧客居住地域の近くに小型倉庫を設け、そこから配送	プラットフォームは社区の代表である「団長」と契約。団長が団員からの注文をまとめ、1日に1回発注し、それを翌日受け取る
配送所要時間	1〜2日	30分	1〜2時間	1時間以内	1日
代表的な企業	京東生鮮 天天果園	多点 フーマー	美団外売 餓了麼	叮咚買菜 毎日優鮮	食享会 興盛優選

出典：「2020年疫情下中国新経済産業投資研究報告（iResearch, 2020年3月）」を筆者が再編集

「配送 + 店舗型」)。

　いわゆる「新型」とされる生鮮ECには、その他にも、店舗を持たない「自宅配送型」、社区単位での団体購入といった形式がある。[*7]

　生鮮ECは、ロス率が一般的なスーパーに比べて3倍程度（無店舗の場合）と高い上、コールドチェーン[*8]やラストワンマイル配送網の整備などのインフラ整備負担も大きい。その反面、半数以上が週2回以上利用する高頻度利用が特徴で、顧客基盤さえ築けば安定した収益を期待できる。

　図表1-6のアクティブユーザーランキングでもわかるように、フーマーは実は業界トップではない。
　2020年11月時点でトップなのは「多点」（ドゥオディエン）というサービスで、大手スーパーチェーンの「物美」（ウーメイ）と関係が深く、その店舗網を使っている（フーマーはまったく新しいブランドなので店舗もすべて新しく、物美は1994年創業の老舗で、既存店舗をスマート化するなどで配送拠点として利用）。
　また、総合EC大手の京東系の「京東到家」（ジンドン ダオジア）もウォルマート、イオン、華潤（ホワルン）などの従来型のスーパーやセブン - イレブン、ローソン、ファミリーマートなどコンビニと幅広く提携するかたちで対抗している。そして、毎日優鮮（メイリーヨウシエン）はゴールドマン・サックスやテンセントから投資を受ける。

　生鮮ECはメディ

図表1-6　生鮮ECアプリMAUランキング（2020／11）

順位	アプリ名	DAU(万)
1	多点	220.7
2	フーマー(盒馬鮮生)	203.7
3	京東到家	93.4
4	叮咚買菜	142.0
5	毎日優鮮	53.9

出典:極光大数据(2020年11月30日時点)。売上とは必ずしも連動しない点には注意

---

*7　「コミュニティ」と訳されることも多い中国特有の概念。精神的なニュアンスがある「コミュニティ」よりもっと地理的な単位で、団地やご近所の集まりと考えていただければよいかと思う。
*8　生鮮食品や医薬品などを生産地から小売まで所定の温度に保ったまま流通させる手法。

アで目にする機会が多い反面、サービス範囲拡大におけるコストの効率
などから、どのブランドも店舗展開はまだ大都市に絞られている。全国
浸透率は 4.2％、利用者の 8 割近くが一級都市ということで、これを将
来性があるとみるか、郊外は人口密度が薄い（＝配達コストが相対的に
上がる）ので厳しいととるのかは難しいところだ。

〈越境 EC〉

越境 EC は中国にとっての輸出と輸入に分かれる。

輸入が最も注目されるのは毎年 11 月の「双 11」で、日本は国・地域
別流通総額で 5 年連続トップをとっているなど、縁が深い。

越境輸入 EC プラットフォームは数多いが、そのほとんどが大手総
合 EC 系の傘下にある。具体的には天猫傘下の「天猫国際」が過半数、
その他もほとんどが京東の「京東国際」、家電特化の「蘇寧」やファッ
ションの「唯品会」など本項で紹介してきた大手の系列が占める（図
表 1-7）。中国からの輸出も行われているが B2B が多く、B2C ではアマ
ゾンやイーベイのほか、アリバ
バ系の AliExpress や Newegg、
Shopify といったプラットフォー
ムが使われる。また、その勢力
図は輸出先の国ごとに大きく違
い、輸出側としての中国には明
確な傾向は見られない。

以前は「代購（代理購入）」
と呼ばれる個人ブローカーも多
く存在したが、2019 年 1 月に

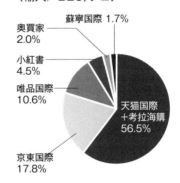

図表1-7　2020年上半期越境EC
（輸入／B2C）シェア

蘇寧国際 1.7%
奥買家 2.0%
小紅書 4.5%
唯品国際 10.6%
京東国際 17.8%
天猫国際＋考拉海購 56.5%

出典:中国進口跨境電商供応鏈B2C試錯格局(2020)

*9　中国の都市の規模をいくつかの基準で分類したもので、中国メディア「第一財経」傘下のシンクタン
クが毎年発表しているレポートでは、338の都市を「ビジネス環境の充実度」「都市のハブとしての機能性」
「市民の活性度」「生活様式の多様性」「将来の可能性」という5つの基準で分類している。2021年は上海
市、北京市、深圳市、広州市の4都市が最も規模の大きい一級都市に認定されている。

施行された電子商取引（EC）法により法規制が厳しくなり、大きく減少した。以前の代購は個人と言いつつも組織化されたものも多かったが、現在は新型コロナで本人が移動して持ち込むことが事実上できなくなった影響もあり、大幅に減少しているのではないだろうか。

1−6　最後発ECユニコーン「拼多多（ピンドゥオドゥオ）」の選択と集中

　ここまでは様々なカテゴリごとに EC プラットフォームを紹介してきたが、その多くではここ数年順位がほとんど変わっていない。機能的価値の競争軸はすでに出尽くし、「必要な機能はすべて最適に近い水準で備えていて当然、なければ論外」であるという認識が固まりつつあった。

　その中から突然出てきたのが、前項の分類では総合系にあたる拼多多だ。2015 年と EC としてはかなり遅い時期に創業された同社は、すでに大勢は決したと言われた EC のシェア争いの中に突然現れ、飛び抜けた速度で成長する。

　その原動力は、①「安さ」という力強い機能的価値の競争軸への集中（逆に言えば品質の保証などは優先されず、いわば意図的に切り捨てられている）、②既存大手が相対的に手薄な三級都市以下という地理的空白への集中、③ゲーム性を取り入れることで情緒的価値を創出、という 3 点で説明できる。

　そして、拼多多の戦略が優れていたのは、この 3 要素がバラバラではなく、組み合わさって一体となっていたことだ。

拼多多の商品画面。下部中央の「単独購入」を選べば単独で、右の「発起拼単」を選べばグループで買える（左）、ほぼ常に誰かが一緒に買う人を探している（右）

地方都市や農村部の人々（②）は、ブランドに対してあまり意識がなく、品質への要求も高くない代わりに、価格に対しては非常に敏感な場合が多い（①）。また、都会に比べれば自由な時間がある人が多く、その割には娯楽が少ない（③）。

　田舎では日本同様、住民コミュニティ内の人間関係が濃く、職場や学校の関係もそれに接続されている場合も多い。SNSの友達もその濃厚な現実の人間関係を反映したものになるので、SNSで友達が勧めているということが購入する際の強い動機になる。

─────── 安値一点突破、リアルの人間関係で広がる

　ここで拼多多のビジネスモデルをもう少し具体的に見ていこう。前項で簡単に紹介したように、同社のサービス内容をひとことで言うなら、グルーポンと似た集団購買サービスだ。その根本的な理屈は簡単で、「たくさんの注文があれば買い手に価格交渉力が生まれ、安く買うことができる」ということである。ちなみに拼多多の「拼」は中国語で「（ばらばらのものを）まとめる」という意味がある。

　ここでは自分でグループを組成して呼びかけることもできるし、誰か（知らない人も可）がつくったグループに加入することもできる。自分でグループをつくった場合は、既定の数に達しないと割引を得られないから、ウィーチャットなどのSNSで仲間を集めるインセンティブが働く。

　そして、田舎ではSNSを通じたこうしたクチコミや評判は、先輩後輩や同僚、ご近所といった関係と相まって、特に強力な効果を持つ。テンセントが拼多多の大株主になっていることには、拼多多が広がる仕組み自体がウィーチャットの基盤の上に成り立っており、「拼多多のユーザが増えれば増えるほど、そのインフラであるウィーチャットが使われる」という関係性による。ECではアリババにまったく敵わないテンセントにとっての期待の星とも言えるだろう。

　こうしたゲーム性も特徴のひとつであることは確かだ。しかし、実際に使ってみればすぐわかるとおり、買おうと思えばグループをつくらなくてもあまり変わらない価格で買えてしまうなど、実際に最も重視されているのは価格だ（図表1-8）。可処分所得が低めで価格に対して敏感なユーザのニーズに合わせて、拼多多の商品はとにかく安い。

　たとえば、トイレットペーパー80ロールで7.9元（約130円）といった調子だが、品質もまたそれなりだと言われる。「とりあえず使えればいい」という人も多く、またブランドにあまり注意を払わない人も多い。

　そうしたこともあって、「SONYの4Kテレビが安いと思って買ったら、『SONY4K』という謎のブランドの安物テレビが届いた」「立白という洗濯洗剤を買ったつもりが立『日』だった」など、笑い話のようなエピソードには事欠かない。

右の偽物はよく見ると「立『白』」でなく「立『日』」

　「中国には偽ブランドが多い」と思っている読者は多いかもしれないが、現在の淘宝〔タオバオ〕などの大手ECは取り締まりが非常に厳しく、意識せずに偽物をつかまされる可能性はかなり低い。

　しかし、拼多多は最近でこそ少しずつ取り締まりを行いはじめたようだが、以前幹部が公開の場で「これは中国社会全体

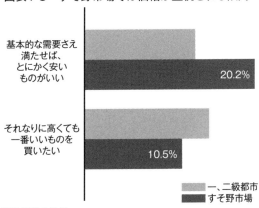

図表1-8　すそ野市場では価格が重視される傾向

基本的な需要さえ
満たせば、
とにかく安い
ものがいい　　　20.2%

それなりに高くても
一番いいものを
買いたい　　10.5%

■ 一、二級都市
■ すそ野市場

出典:極光大数据

が抱える問題であり、3歳にも満たない拼多多にその責任を負わせるのは不公平だ」と言い放つなど、長い間、野放しに近い状態だった。

　少し雑な物言いにはなるが、他のECは「いいもの（もちろん本物）をできる限り安く提供する」という前提を共有した上で競争していたところ、後発者の拼多多はそもそも本物であるかを気にしない人が大量にいることを発見し、そこに集中することで差別化に成功したと言えるだろう。

　これが好ましい行為かについて様々な意見があると思うが、成熟市場で先行者が築いたルールにただ従っていては後発に勝ち目がないのも確かだ。少なくとも「賢い」ことは間違いないだろう。

　また、拼多多はより直接的な「補貼（プラットフォームが割引分を負担する補助金）」による割引も特徴だ。「百億補貼[*10]」というプロジェクトを立ち上げ、集団購買などの面倒な手続きを飛ばして、アップルやダイソンなど著名ブランドを含む商品をとにかく安く売っている。これはルールなど関係なく、ただ無条件に「安い」。

　値段が少し下がろうと「売れるなら売りたい」というのが、特にノルマを背負わされたメーカーのセールス担当者の本音であることは確かだが、もちろん時には反発を受ける場合もある。たとえば、2020年7月に拼多多のとある出品者がテスラのEV（電気自動車）Model3（当時の定価27.155万元）を5台限定、25.18万元で売り出したことがある。

　テスラは通常値引きを一切行わず、直営ディーラーのみで販売している。この車がどこから入手されたかは明かされなかったが、金額面では関係者や法人向け大口販売の割引率と近いと言われ、そうしたところからの転売が疑われた。こうした高級品にとって価格は単にコストに利益を載せた数字ではなく、ブランドイメージにも直結する。

　拼多多側が「価格と車はホンモノ」と事実上放置・黙認する声明を発

---

*10　実際に100億元を支出するわけではなく、「大幅割引」という意味。他サービスでもよく使われる言葉。

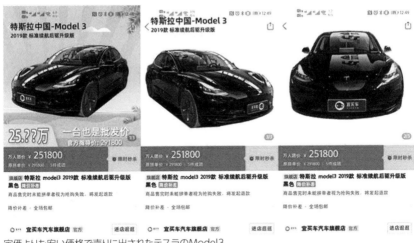

定価よりも安い価格で売りに出されたテスラのModel3

　表したこともあり、テスラ中国は激怒、会社としての抗議文を発したほ
か、メディアの取材に対して幹部が次々に強い口調で非難を繰り返すと
ともに、「該当のキャンペーンで購入された車で何かあっても一切保証
しない」と明言した。価格だけでなく、「拼多多で売っている程度のもの」
と思われること自体がテスラにとっては屈辱的だったのだろう。
　アップルも当初、自社はもちろん販売代理店に対しても拼多多で
iPhone を売ることを止めさせようとしていたと言われる。

─── 「毎日アプリで水をやると本物のフルーツが届く」 ゲーミフィケーション[*11]の導入

　買い物の意味は、必ずしも安いものを効率よく買うことだけにあるわ
けではない。「見ていて楽しい」「そのうちになんとなく何かを買ってし
まう」という経験は、誰にだってあるはずだ。これも情緒的な消費のひ
とつと言えるだろう。そうした「なんとなく買ってしまう」を誘発する
ためには、とにかく売り場に顧客を連れてこなければ始まらない。

---

*11　ゲームを本来の目的としないサービスなどに、アイテムの獲得やレベルアップ、ユーザ同士の競争
など利用者を楽しませて熱中させるゲーム要素を応用することで、ユーザの意欲の向上やロイヤリティの
強化を図ること。

ECでもそうした考えは顕著で、様々な再訪促進策がとられている。とはいえ、結局のところ、スマホやPCなどの小さな画面を通して与えられる刺激は視覚・聴覚か、もしくは安値など非常に限られている。様々な試行錯誤の末に、現在はゲーミフィケーションの手法を取り入れるものが多い。

　とにかく安さを前面に出す拼多多も例外ではない。
　たとえば、アプリトップページからアクセスできる「多多果園」は朝昼晩決まった時間に配られる水を自分の樹に与えるミニゲームで、ゲームといっても非常にシンプルなものだ。
　日本でもソーシャルゲーム流行の初期に見られたようなカジュアルゲームでしかないと思いきや、実は樹を一定段階まで育てることで実際に本物のフルーツが宅急便（しかも商品代金だけでなく送料も無料）で送られてくるところが面白い。
　この「多多果園」はDAU5,000万と実は隠れた人気コンテンツだ。ち

「多多果園」のプレイ画面（左）。「多多牧場」では育てる動物を選べる（中）。「牧場」で育てた動物に応じた「収穫」が…（右）

なみに最近では動物版である「多多牧場」も登場し、こちらも鶏、豚、牛の中からひとつ選んで毎日餌をやるなどして育てると、最終的に豚ならハム、牛ならビーフジャーキーや牛肉などが貰えるという、真面目なのか、ブラックジョークなのか、よくわからないコンテンツだ。

　与えられたミッションには指定された商品を買ったりセールページを一定秒数以上閲覧したりといった行動も含まれており、それぞれ達成すると多くの水やアイテムを貰うことができる。

　定期的なイベント開催や毎日ログイン、スマホのアドレス帳から友達を追加するなどでボーナスとしてより多くの水や成長が速くなるアイテムが貰えるといった手法は、まさにソーシャルゲームがユーザを囲い込むために行う施策そのままだ。

　こうした育成ゲームは、現在では拼多多だけでなく、多くの EC で採用されている（図表1-9）。多くのアプリが人々の余暇時間を秒単位で奪い合う中で、1 日数回そのアプリを開かせることができ、しかもそれを起点に友達を新しく利用者に引き入れてくれたり、たまに実際に買い物までしてくれるのであれば、フルーツをプレゼントする程度の出費には見合うと考えているのだろう。

　また、こうしたカジュアルゲームは日本同様、メインターゲットでも

図表1-9　育成ゲーム一覧

ブランド・事業者	運営育成ゲーム	ブランド・事業者	運営育成ゲーム
拼当当	富豪超市	美団	袋鼠快跑
	多多砿場		小美果園
	多多果園	淘宝	天猫農場
	多多牧場	口碑	口碑農場
京　東	京東農場	貝店	貝店果園
	種豆徳豆	雲集	雲鶴農場
	寵汪汪	叮咚買菜	叮咚農場

各社発表と報道を筆者整理

ある地方在住で時間に余裕がある人に受け入れられやすい。

　ECジャンル紹介の項でも述べたように、すでに成熟市場であまり変化がないだろうと思われていた中での拼多多の出現と成長は、多くの人にとって驚きだった。しかし、この先も同じペースで伸びるのかは未知数だ。

　似たように地方をターゲットにしたショート動画の快手（第3章で紹介）などは、特有の「田舎臭さ」を逆手にとって個性として売り出し、都市部の住民にも浸透させることに成功した。

　しかし、テスラが忌避したように、都会の人にとって拼多多のイメージはいいものではない。偽ブランドの横行もあり「遅れた・恥ずかしい中国」の象徴であるとさえ思われている（とはいえ、安いものが欲しければこっそり使うのだが……）。

　こうしたイメージを払拭するような新サービスを打ち出して都会の購買層を取り込むか、あるいは田舎でさらに自社ブランドを使った多角化で1人あたりの単価を増やすか。大胆な施策を取らない限り、ここからさらに飛躍的な成長は難しいのではないかと個人的には思う。

　ただし、もし中国が今後バブル後の日本のような大型・長期のデフレに見舞われた場合は、おそらく最もその恩恵を受けることになるだろう。

1−7　宣伝か販売か娯楽か、「ライブコマース」の歴史と変容

　後発者である拼多多は、「安さ」という機能的価値のひとつに集中することで、ユニコーン企業となった。とはいえ、すべてを持つ王者に対して一点突破で得られるのは、それを特に重視する少数のユーザに限られる（拼多多の場合は「とにかく安ければよい、ブランドは気にしない」人が実は大量にいることを発見できたから成立した例外と言える）。

　同時期に試みられたのが、情緒的価値の取り込みだ。すでに機能的価値を軸にして獲得できる利用者をあらかた獲得しつくしてしまった淘宝は、新たな需要を掘り起こすために、この情緒的価値（＝買い物のエンタテインメント化）へと進出を始める。また、同じ競争軸ではすでに逆転の見込みが薄い相対的に規模が劣るチャレンジャーたちにとっても、情緒的価値によって差別化を図ることには利があった。
　その中で前項の拼多多のゲーミフィケーションのような取り組みとともに最も成功したのが、ECとエンタテインメントが合体したライブコマースだ。ここに広告や投げ銭によるマネタイズに限界を感じていたコンテンツプラットフォーマーが参入し、ライブコマース市場はさらに急拡大していく。

　流行が数日で文字どおり「流れて」しまい大半が誰にも記憶されないで終わる中で、2016年に始まったライブコマースがここまで続いた以上、すでに一過性のブームと呼ぶべきものではないだろう。
　本書でも様々な箇所でライブコマース関連の内容を取り上げているが、本項ではその歴史と成立をたどるとともに、スマートフォンやPCを通じて伝えることができる独自の「楽しさ」の成功例としてのライブコマースと、その有力プレイヤーの展望を紹介する。

---

*12　ネットビジネスの世界で、ウェブ上の無料コンテンツを閲覧したユーザがその制作者や配信者に対して金銭などを寄付できるサービス・機能の総称、またはそのような寄付行為を指す。

─────　　TVショッピングと配信の子、ライブコマース

　まずは「ライブコマースがどこからきたか」ということから始めたい。先に答えを書いてしまえば、そこには中国で過去に流行した「TVショッピング」と「直播(ライブ配信)」という2つのルーツがある。ライブコマースはその基盤があったからこそ中国でいち早く花開いた、とも言える。

　アメリカで1886年に創業されたシアーズが始めた腕時計のカタログ通販は、日本でも1970年代の千趣会ベルメゾンやニッセン、ディノス、大塚商会などの参入から間口が広まり、後から登場したラジオやTVショッピングと競合しながら成長していった。日本やアメリカのECは、こうしたカタログ通販の発展形として始まっている。

　それに対して中国では、出版物に対する許認可取得へのハードルの高さや当時の郵便事情の未整備、またそもそも書籍を娯楽的に消費することが少なかったといった背景から、カタログ通販は一部の学生向けなどを除きあまり普及しなかった。だが、TVショッピングは非常に盛り上がった。ライブコマースはこの影響を大きく受けている。

　中国における1990年代の流行の常として、その波は南方から訪れている。最初にTVショッピングのための番組をつくったのは、広東省珠海市にあるTV局で、1992年のことだった。
　この年は引退していた87歳の鄧小平が老体に鞭打って武漢、深圳、珠海、上海などの各地を回る南巡講話[*13]を行い、現在のような社会主義と資本主義のハイブリッドとしての「社会主義市場経済」の概念が打ち出された年でもあった。TVショッピングは奇しくも鄧小平が訪れた土地

───────────────────────────────

*13　鄧小平が1992年初頭に華南地域を視察した際、各地で改革開放の加速を呼び掛けた一連の講話を指す。1989年の天安門事件以降低迷していた中国経済は、これをきっかけに再び活性化し、市場経済化・グローバル化が既定路線となった。

のひとつで、社会主義市場経済とともに生まれたということになる。

　番組が人気になって引き合いが増えた結果として、24 時間それだけを放送する専用チャンネルが生まれる。2004 年に上海の TV 局グループ SMG が韓国 CJ グループと始めたチャンネル「東方購物」が成功例としてよく知られる。このチャンネルは大当たりして 10 年後には SMG 全体の利益の半分近くにあたる年間 100 億元近くを稼ぐようになっていた。

　この成功を見て、他のテレビ局も同様にショッピングチャンネルを開設して、かなりの収益を手にした。それらの多くが 2015 年〜 2016 年頃に上場を果たし、親会社にも多くの収益をもたらした。

　ただ、こうした通販チャンネルで流されていた番組やその商品は、今から考えればかなりいかがわしい内容が多かった。

　たとえば、その芝居がかったセールストークから「広告界の金馬賞（アジアで最も有名な映画賞）スター」と呼ばれた侯興祖が有名になったのは「労力士（Rolex）」と「江詩丹頓（Vacheron Constantin）」という著名なブランドの名前を足し合わせた台湾ブランド「労斯丹頓（Rosdenton）」を「世界クラスの有名ブランド」と言い切って売りまくったからだし、他にも咳、糖尿病、痛風などの専門家として様々な番組に違う肩書で現れ、「9 つの顔を持つ女」「自分でも本名を忘れているのではないか」と言われた劉洪斌という中年女性も有名になった。

　また、番組内容だけでなく商品自体の品質や真実性も当然怪しく、届いてみたら TV に映っていたものと全然違い、クレームを入れようにも

出演番組ごとに肩書も名前も違う通称「劉洪斌」

メーカーに連絡がつかず、TV局も知らんぷりといったこともたびたび起きた。

　しかし時が経ち、消費者保護の意識が中国でも多少なりとも盛り上がるとともに当局の規制も厳しくなり、こうしたいかがわしい通販は徐々に排除されていった。規制強化と時を同じくするように起こったインターネットへのシフトとTV離れ、ECの成長によってTV通販は一時、忘れられた存在になった。

　とはいえ、放送局や番組制作会社が持つリソースやノウハウは、素人のそれとは一線を画す。日本同様、人気アナウンサーの知名度も高い。インターネットの時代になってライブコマースというかたちに変わったが、「生放送でモノを売る」という点では変わらない。

　そういった経緯から、実は最近になって放送局のライブコマースへの参入がちょっとしたブームになったりしている。

———————————

　ライブコマースのもう1つのルーツが「直播」と呼ばれる動画の生配信で、中国では主に2015年頃から流行した。

　中国でも元々は他国同様、動画は録画編集してから公開されるものが主流だった。それが通信速度の向上などで徐々に生配信の比率が高まっていく。当初流行したのは日本のニコニコ生放送やShowroomでの配信と似たようなもので、歌や踊りといった芸を披露しておひねりを貰ったり、ゲームプレイやスポーツ大会の模様を中継したりといった内容が多かった。

　しかし、無料でのライブ配信はいくらユーザを集めてもマネタイズは容易ではない。視聴数を稼ぐために過激な内容や色情的な配信などが横行したこともあり、多くの人を集めた直播も次第に当局の規制を受けるようになって行き詰まっていった。ECという風紀上問題もなく安定した収益が期待できるビジネスとのつながりは、ライブ配信事業者にとっ

ても待ち望んだものだった。

　つまり、ライブコマースは商品選定や物流、アフターサービス、返品対応といった TV ショッピングが持っていた問題点、そしてライブ配信の抱える「視聴者に与える刺激の幅の狭さ」と「マネタイズの難しさ」という問題点の両方を、先行して発展した EC の力を利用して解決することで生まれたと言える。

─── ライブコマースは三国志時代に

　ライブコマースはすでに 5 年の歴史を持ち、その中でシステムにしろプレイヤーにしろ、様々に変わってきている。淘宝ライブ（淘宝直播）とその傘下の有名 KOL 李佳琦、薇婭（第 3 章で詳しく紹介）の二巨頭の GMV が中国でホットな話題だったのは、すでに 2 年以上前、2018 年末の光景だ。

　前述したように、元々は EC による情緒的価値取り込みへの試みだったライブコマースではあるが、2019 年からかなり遅れて参入したバイトダンスの抖音と快手が急速に勢力を拡大している（図表 1-10）。

図表1-10　中国3大プラットフォーマーのGMV歴年推移

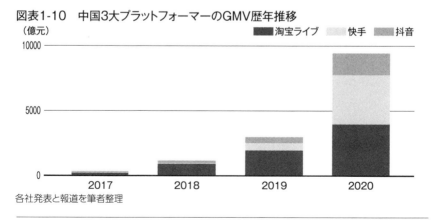

各社発表と報道を筆者整理

＊14　抖音はGMVを正式に発表しておらず、本書ではテック系大手メディアAI財経社が2021年に行った報道による関係者談の「1,700億元」を採用。

これらはショート動画アプリ、つまりライブコマースの「親」のひとつであるライブ配信の発展形でもある。配信者個人ではなく、コンテンツプラットフォーマーもまた常にマネタイズに苦しんでいた。EC はすでに巨大な市場であり、自らの強みであるコンテンツがそこで有効な武器になると知れば、参入するのは当然と言えるだろう。

　特に快手の EC 事業の成長スピードはすさまじく、2018 年には 1 億元に満たなかった GMV を 2019 年には約 600 倍、2020 年も上半期だけで 2019 年総額の 2 倍、下半期は上半期のさらに約 2.5 倍に成長させ、2020 年に 2 倍に「しか」成長しなかった淘宝ライブの背中が見える距離まで近づいている。
　プレイヤーの変化だけでなく、業界・業容の成熟により新たな変化も生まれる。それは大きく 3 つに分けることができる。

〈トップセールス〉
　2019 年から見られた傾向だが、新型コロナ後に企業トップがライブコマースに出演し自社製品・サービスを売ることがちょっとしたブームになった。特に窮地の OTA（オンライン旅行代理店）最大手 Trip.com の創始者・梁建章（リャンチエンチャン）がコスプレをして配信したことは大きなニュースになった。
　他にも検索エンジン最大手百度（ハイドゥ）の李彦宏（リーイエンホン）（ロビン・リー）、家具 IKEA 中国 CEO の Anna Maria Pawlak Kuliga、スマホ小米（シャオミ）創始者の雷軍（レイジュン）、アリババ系の生鮮 EC「フーマー（後述）」CEO の侯毅（ホウイー）など、著名な経営者たちが自らの商

コスプレ配信が話題になったTrip.comの創始者・梁建章（写真中央）

品を売り込んだ。

　ただし、2021 年上半期になっても定期的にこうした活動を続けているのはおそらく（厳密にはすでに経営者ではないが）後述する抖音の羅永浩くらいで、ほとんどが数回、もしくは新サービスなどの発表に合わせてついでに行うといった程度に落ち着いている。

　ライブコマースは実施するだけならコストや企画面での負担は少ない。しかし、いくら有名人といっても、それで売れる金額は限られているし、「何かのついでにやるならやればよい」というくらいの意識ではないだろうか。

　本書では取り上げていないが、ライブコマースの中には多くのファンを抱える俳優やアイドルたちがメーカーから依頼を受けて行う場合もある。カリスマ経営者の配信はこうした芸能人と専門家の性質を併せ持つ、と言ってもいいかもしれない。

〈プロモーション化〉

　衝動買いを促すライブコマースでは従来、菓子や化粧品などの低単価商品を安値や大幅割引でとにかく量を売ることに焦点が当たっていた。その後、大物芸能人などもゲストとして出演するようになり、1 回の配信で動く金額も増えると、配信自体がコンテンツとなり、その売上金額や配信中の発言などがニュースの定番として毎日のように芸能ネタとして報じられるようになった。その結果、初めから売上というよりニュース化を狙った「プロモーションとしてのライブコマース配信」が行われるようになった。

　これは特に影響力がずば抜けているトップの配信者に多い。最も典型的な例は、第 3 章にも登場するカリスマ KOL のひとり薇婭が 2020 年 4 月 1 日の配信でロケットを売ったという一件だろう。そこで触れたように、超高額商品であるにもかかわらず、実際に成約もしている。

　配信が行われた 4 月 1 日はエイプリルフール、そして抖音が後述の羅永浩を起用して大々的にライブコマース参入を宣言した配信の日でもある。

薇娅は淘宝ライブでロケットを販売

　このキャンペーンは薇娅個人のビジネスとしての行動ではなく、淘宝がエイプリルフールに見合ったバカらしい（が本当の）ネタとしてバズ化を狙い、ライバルの話題性を潰すという新旧プラットフォーマー同士の代理戦争だったと言っていいだろう。

　ライブコマースが販売だけではなくプロモーションとして位置づけられるようになった背景には、大物 KOL の放送枠が限られるため、依頼者よりも交渉面で強気であるという事情がある（これも「選ぶ権利があるほうが強い」ことの表れだ）。彼らはしばしばその商品を紹介する条件として、史上最低価格を要求する。だからメーカーとしてはいくら大量に売りさばけるといっても、通常の収益目的の販売と考えると割に合わない。宣伝効果への期待まで織り込んでようやくそろばんが合う、ということになる。

　これが販売なのかプロモーションなのかは、単なる言葉のあやだけではない。実は中国の広告法はいわゆる最高級表現（「最高」「初めての」「国家級の」など）をかなり厳しく規制している。また、同法律中には「広告代言人（アンバサダー）は使用したことのない物品やサービスを推薦してはならない」という条項がある。

　現時点では配信内の発言は法的には店頭で販売員が接客、販売を行う際のセールストークと同じであり、広告法の制約を受けないとされている。だが現状ライブコマースに関する規制は日に日に強まっており、配

信が実質的にプロモーション目的であると判断されれば、今後影響が出る可能性もあるだろう。

〈メーカー配信の増加〉

第3章で登場する辛巴の「偽燕の巣事件」だけでなく、業界が拡大するにつれてニセモノ販売や買い煽るための過剰な値引き、「水軍」と呼ばれるサクラを動員して商品を買わせてその売上コミッションを受け取った後すぐに返品するといった詐欺的行為も横行するようになり、それが当局による規制強化につながったのも 2020 年だ。

そうした明確な悪意に基づく行為だけでなく、放送事故も多かった。商品名を言い間違える程度なら可愛いもので、食材がくっつかないことが売りのフライパンを実演アピールしている最中にくっついてしまい離れなくなるといった、商品の評判をむしろ落とすような大事故も起こった。

これは商品自体に問題がある場合もなくはないが、多くは KOL 側の知識不足や定められた用法を守らなかったといったことに起因する。メーカーとしては当然、こうした事故は許せないが、請負販売員でしかない KOL が十分な商品知識を持たないのは仕方ない面もあり、生放送である以上、事故を完全に避けることはできないのも事実だ。

そうした問題への対応やライブコマース配信の常設化によって、徐々にメーカー自身が配信チームを内製化するケースが増えている。大物 KOL に比べれば拡散力は落ちる場合も多いが、自社の社員であれば商品知識も豊富で、間違いも少ない。すでにこうした配信のインフラやマニュアルを提供する企業も現れており、最初からすべて内製化する必要もない。

次項で紹介するように、特に最後発であり大物 KOL に乏しい抖音はこのメーカー主体の配信（「店播」と呼ぶ）を自身の成長戦略の中心に据えていると言われている。

——— 3大プラットフォームは、2021年以降のライブコマース をどう戦うか

　ECプラットフォームの歴史と現状について紹介してきた本章の結びとして、2021年前半に各社が発表したライブコマース事業戦略をもとに、その展望についても少し触れておきたい。それぞれに視点は違うが、ライブコマースの持つ情緒的価値訴求力をさらに強化し、新しい需要を掘り起こそうとしている部分では一致している。

〈淘宝ライブ〉

　淘宝ライブアプリは2021年1月に名前を変え「点淘」となった。発表イベントに登壇したアプリ開発チームの責任者は「発見EC（発現

「点淘」と改名した淘宝ライブのキーワードは「発見EC」

電商)[*15]」というキーワードで、「元々何かが欲しくてアプリを開いたわけではないが、偶然見た配信者の言っていることに惹かれて（自分の中の需要に気づいて）買うこと＝発見を促すようなアプリにしていく」と述べている。同時に配信者支援ファンドの設立が発表された。

　ライブコマースは「ライブ」だけに、どれだけ有名な配信者であっても24時間で紹介できる数には限りがあり、何百億あるかわからない淘宝の商品をすべて紹介することはできない。ECとしての強固な信用基盤とサプライチェーンをすでに備えた淘宝にとって、無数にある商品と人々を結びつける中間存在であるKOLの数とそのマッチング精度を強化するのは、戦略としても順当だろう。また、KOLがそもそも世の中

---

*15　電商は「電子商務」の略語で、ECを意味する中国語。

に溢れる情報のキュレーターであったこととも符合している。

　ただし、この「マッチング」は、最適解を求める従来のプラットフォームで行われていたマッチングよりも、はるかに複雑だ。楽しい買い物体験は、単に最安なものが一瞬で見つかることから生まれるわけではない。

　淘宝ライブはこれまでも繰り返し「コンテンツ化（中国語で「内容化」）」という言葉で、エンタテインメントとしての買い物を訴求してきた。

　しかし、アリババ全体のこれまでを振り返ると、その強烈な最適化志向の裏返しとして、音楽や動画などエンタテインメント分野の多くで失敗しているという過去もある。現時点ではトップでも、今後は同じ轍を踏まずにどこまで優位を保てるかはわからない、というのが正直なところではないだろうか。

————————

　一方、快手や抖音は、EC としての機能や利用者からの信頼では淘宝には及ばない。後発のチャレンジャーとして、淘宝の強みが相対的に少ない領域に勝負を賭けることになる。

〈快手〉

　快手が「EC2.0（電商 2.0）」というキャッチコピーで打ち出したのも「人（＝販売員型 KOL）」の活用だ。

　ただし、淘宝と同じ人を前面に出しているが、位置づけは異なる。EC として完成している淘宝の場合、細かいカテゴリごとに専門家としての KOL がいて最適なものを

2021年3月末に開かれた快手のEC部門による方針発表イベントの一場面

勧めてくれるので、利用者はニーズに応じて異なる KOL の意見を参考にする。淘宝と比べて商品や KOL の数で劣る快手の場合は、利用者は何か欲しくてもひとりの自分が信頼するコンシェルジュのような KOL が勧める商品を買う、という理想像を描いているのだろう。

　これは快手の UI やアプリとしての思想が KOL とファン、あるいはファン同士の横のつながりを重視する設計になっており、それを強みとしていることとも関係している。こうしたファンエコノミーとしての側面が強い快手の戦略は、「KOL と商品の数が相対的に少ない代わりに KOL は仲間・友人であるという意識（≒ロイヤリティ）が強い」という特性を生かしたポジショニングであると整理できる。

　だが、この「何度も同じ店（人）から買ってもらう」は、当たり前のようでいて、現在の中国が抱える非常に大きな挑戦のひとつだ。
　市場が広大な上、環境の変化も激烈で速い中国では、これまで様々に戦場は変わりながらも、新しい利用者をどれだけ取り込むかが常に焦点だった。手間暇かけて再び買ってもらう努力をしなくても、ちょっとした割引でもつけて投網を投げれば、いくらでも低コストで新しい顧客が手に入る。
　これは裏を返せば、ニセモノの売り逃げなどの不義理をして恨まれても、別の客を探せばいいということにもつながり、不正が絶えない理由のひとつでもあった。

　しかし、ネットの発達により、このような市場の空白はこれまでにないスピードで食い尽くされ、新規客の獲得コストも上昇していった。ボリュームのある主要市場だけでなく、拼多多の項で説明した「すそ野市場」や海外進出など、獲得コストは高いが未開拓の新分野への進出も行われているが、それと同時に改めて手元既存顧客のロイヤリティを高め、何度も買ってもらう方法を真剣に考えなければいけない段階にきていると言える。

　こうした取り組みは、日本や米国では昔から行われてきており、我々にとっては当たり前のことだ。しかし、中国ではこれまで重視されてこなかったことも事実で、それに対応するにはかなり大きな意識改革が必要でもある。

　そんな中で快手がこうしたポジショニングを打ち出すことは、中国ビジネスの大きな変化を背景としているという意味でも興味深いが、体に染みついた行動様式を変えることは簡単ではないのも現実だ。

　加えて快手がこのイベントで「ユーザとの信頼関係が第一」ということを殊更に強調したことには、2020 年の双 11 において、トップ KOL である辛巴が偽物の燕の巣由来の飲料を売り、それが大騒ぎになったという失敗の苦い経験もあることが大きいだろう（第 3 章で経緯を詳しく紹介）。

　今後それらを巻き返し、今まで中国で少なかった長期継続的なファンコミュニティを運営していけるかどうかが、快手の宿題と言えるだろう。

〈抖音〉

　最後発の抖音 EC は「インタレストコマース（興趣電商）」というキーワードを掲げている。その特徴は「利用者の能動性を必要としない」という点だ。これは EC における一般的なユーザの行動（検索→比較検討→購入）に沿ったサービス設計ではなく、「ユーザが興味を持ちそうなコンテンツ（商品）をプラットフォームが判断し、自動的にお勧めする」ということになる。

　その裏にあるアルゴリズムによる強力なレコメンデーション機能と、有名ではない普通の配信者でもプラットフォームからのアクセスの「分配」により一定の数の人に見てもらえることがモチベーションになるという図式は、抖音の成功パターンそのものでもある。

　この戦略において実際に商品と需要のマッチングを行うのは、プラットフォームのアルゴリズムなので、「誰（KOL）が仲立ちするか」ということに他社ほどの重要性はない。もっと言えば、ライブコマースとい

う形式である必要もない。

　だから抖音ECにとっての究極のゴールは「最適な品物を1つ提示し、それを買ってもらうこと」ということになる。とはいえ、それが直接的な方法で行われることもないだろう。たとえビッグデータによる商品選定が完璧で、それをそのまま1つだけ「今日あなたが欲しいと思うものです」と差し出しても、そもそもその需要に気づいていない利用者は拒否感を抱く。そこには「気づいていない需要に（自分で）気づかせる」というプロセスが必要になる。抖音がKOLとライブコマースという形式に担わせたいのは、この部分であると考えている。

　羅永浩を除いて目立ったトップKOLを擁さない代わりに、他社にないショート動画やニュースなど、ビッグデータによる最適コンテンツのレコメンデーションに強みを持つ抖音にとっても、こうした戦略は自らの強みを十分に生かしていると言えるだろう。

　抖音ECはメーカーによる配信参入に手厚い優遇策を用意していると報じられている。いくらマッチングのアルゴリズムに優れていても、ある程度商品ラインナップが揃わないとお勧めしようがないので、当然必要な措置だ。またEC事業のために上海に2万人規模のEC事業本部を立ち上げる準備に入ったと報じられ、多くの人材を採用している。

　抖音ECの最も大きな課題は、「利用者が気づいていない需要」に対するレコメンデーションアルゴリズム技術の限界だろう。

抖音EC部門責任者のプレゼンの一部。「消費者の潜在的な興味を満たす」と書かれている

　動画の場合、同じジャンルやシリーズものの続きは視聴されるといった大まかなパターンがあり、たとえばYouTubeは視聴の70％がレコメンデーション経由だと明らかにされている。

　しかし、モノの場合、

靴を買った人に同じ型の違う色の靴を勧めても、買われることは少ない。運営会社であるバイトダンス傘下のサービス内での行動履歴をすべて使ったとしても、現在の技術水準では本人すらその需要に気づいていないような最適な商品を発見し勧めるのは、容易ではないはずだ。

　もう 1 つ大きな課題がある。それはショート動画という「場」ときちんとした商品を売るということの相性の悪さだ。抖音は元々ショート動画サービスであり、好き嫌いも瞬発的かつ感覚的に判断される場だ。実際、抖音 EC では、同じ商品でも淘宝よりも短時間かつ直接的な伝え方をしないと売れないと言われている。そうしたことから、最近では抖音 EC 向け専用の商品開発を行うブランドも多い。

　中国のビジネスパーソンの多くは、環境のもたらすインセンティブに対して素直に（時には過剰に）反応することが多い。これまで様々なビジネスで共通して起こってきたことを考えると、抖音 EC においても、その場の特性に合わせて衝動的に買われることを優先されるあまりに、見た目が面白いが品質が最低限といったものが横行する可能性は非常に高いだろう。

　「数えきれないほどたくさんいる新規顧客にとりあえず売る（売った後のことはあまり考えない）」は、現在でも主流の考え方であることは否定できない。これは環境と条件に対して合理的に行動した結果であり、必ずしも個々のプレイヤーの責任ではない。とはいえ、「変わったものが安く手に入る（が品質は期待できない）」という評判が定着してしまったら、その後の挽回はなかなか難しいということになりかねない。

　時代が変わり、快手が試みるような新しい利用者との関係づくりが成立するのか、それとも現在の主流である抖音的な方法がやはり強いのか。この二者のどちらが優勢になるかは単なるアプリの覇権競争を超えて、中国社会の変化の有無を映し出すとも言えるのではないだろうか。
　3 社の今後の戦略は、それぞれ固有の強みと弱みを反映している（図表 1-11）。しかし、いずれも「まだ意識されていない需要」をどのように創造し、演出し、刺激していくかという点では、一致しているだろう。

図表1-11　2021年前半の3大ライブコマースの戦略と課題

	キーワード	固有の強み	打ち手	課題
点淘 (淘宝ライブ)	発見EC	品物：豊富な商品 人：KOLの布陣 （数・質） 流通：ECとしてのサプライチェーン完成度・信頼	分野専門家のKOLをさらに育成・増員、豊富な商品とニーズのマッチングを促進	品と人が豊富でも、「楽しい」発見を生む中間のマッチングの方法論が未開拓。そもそもアリババ系は伝統的にエンタメが苦手
快手	EC2.0	人：熱度の高いファンを持つKOL 客：ファンとKOLの距離の近さ・信頼関係	信頼するKOLから何度も買ってもらう関係性の強化	固有のサプライチェーンなし。 そもそも継続的な関係づくりは中国社会が苦手としてきた。 実際に快手でもその信頼性を損なうような事件が発生した過去も。
抖音	インタレストコマース	マッチング：抖音でも成功したビッグデータとAIを使った強力なアルゴリズム	アルゴリズムによって「最も欲しいもの」をレコメンド	固有のサプライチェーンなし。 本当に最適なものであると納得させるストーリーづくり。 短時間で買わせることを優先することで奇をてらうだけの商品が横行？ そもそも現在の技術水準のアルゴリズムで適切なレコメンドが行えるのか？

公開資料より筆者整理

　このような需要創出とマッチング強化に加えて、配信を見る側の時間も有限である以上、今後は視聴者の奪い合いも本格化するのではないだろうか。そしてそこで重要になるのが、「コンテンツとしての面白さ」だ。
　現在のライブコマースは基本的にスタジオなど1カ所からの配信であり、ライブなので編集も入らない。ごちゃごちゃとした商品情報などはテロップなどで入るが、総じて画としての変化に乏しく、その面白さはひたすら話芸と多少のアクションに頼っている印象がある。

　コンテンツとしての面白さを上げるためには、より多くの情報を集め、圧縮し、整理する「編集」が欠かせない。商品の開発秘話や生産地、専門家のコメントなど生放送では見せることが難しいストーリーを織り込むことで、さらに商品の魅力を訴求することができる。結果として、そ

の形態はどんどん従来のテレビ番組に近づくかたちで変化していくだろう。

　また、たとえば第 3 章に登場する有名 KOL のひとり、李佳琦は、2018 年には通常 1 回 3 時間以上にもなる配信を 365 日で 389 回も行っている。こうした「番組化」は、高頻度・長時間の配信に出ずっぱりになる配信者への負担を軽減することにもつながり、事故の予防やタレントとしての職業人生の延命にもつながる。

　番組化は、プラットフォーム（もしくは KOL が所属する MCN などの番組制作者）にとっても有利になる。番組としてのフォーマットを整えて必要な種まきを行い、安定して人気コンテンツを生産できる体制は、工業で言えば設備投資を行って工作機械を備えているようなものだ。一定の投資は必要だが、自分でそれが行えない KOL との力関係を明確にすることができる。そうすれば力を持つにつれて従順ではなくなりがちな KOL たちを単なる「出演者」にとどめることができる。

　この番組化は、第 4 章で、MCN が KOL に対して主導権を持つ方法のひとつとして米 Tastemade の例を挙げて紹介しているのと同様の構図だ。また、副次的なものだが、番組としてのブランドを築けば、そこに対するスポンサーや CM など新たな収入源の道も開けてくる。

　ライブコマースとはそもそも、機能的価値の最適化でしのぎを削る EC プラットフォームが、新たな需要源泉を求めて情緒的価値の領域に踏み込んできて成立したものだった。

　そこではこれまでもトークの楽しさやゲーム性といった要素を付加することで商品を売ってきたが、将来的にはさらに「出会いの面白さ」と「コンテンツとしての面白さ」が加わっていく、というのが EC としての今後の発展の方向性に関する私の予想になる。

　次章では EC の普及により「売り場」としての存在価値を奪われ、「楽しさ」という体験すらライブコマースに提供されてしまい、危機に瀕する実店舗がどのように生き残りを図っているのか、紹介していきたい。

第 2 章

店舗：ECと共存するのか、
競争か

ECはビジネスを様々なかたちで変えたが、それがもたらした最も大きく根源的な変化のひとつは「店舗に行かなくても買い物ができる」新しい消費のかたちを一般的にしたことではないだろうか。第2章では、大きな環境変化に直面した店舗がどのようにその姿を変えつつあるのかを、3つの可能性からレポートする。

　店舗は運営側から見ると、固定費が高く、簡単に止めてしまうこともできない。客側から見ても、自分が時間（時には交通費も）を費やしてわざわざ出向き、そこで買ったものを自分で持ち帰らなければならない。モノを売り買いしたいだけなのに、売り手と買い手どちらにとっても様々な付帯コストがかかる、“非効率的”な業態だ。
　とはいえ、EC以前の時代には、他の選択肢などなきに等しく、それは必要なものだった。もちろん通販や外商といった店舗以外の選択肢は存在した。しかし、それらは限られた用途や需要のための例外的な存在だったと言っても過言ではないだろう。ECの普及はその独占的な地位を打ち壊し、家にいながらにして、あるいはどこにいても、PCやスマホを通じて日常の買い物ができるようにした。

　そうして一定規模にまで育ったECは、ECだけで取れる需要を取りつくし、さらなる拡大のために巨大市場である実体小売に手を伸ばす。
　第2章で最初に紹介するのは、巨大化したECのエコシステムの中で、実態店舗ならではの価値を発揮するアリババ系の生鮮EC「フーマー（盒馬鮮生）」の例だ。単立のスーパーとして見ると実はそこまで新しくないようにも見えるフーマーが革新的なのはいったいどこなのか。2020年以降一気に増えた8業態とともに、実店舗の力を生かしてネットワークを広げる生鮮ECの姿を紹介する。

　続いて紹介するのは、ECの傘下に入らず競争するという道だ。無限に近い品揃えとビッグデータを活用した高速PDCAによる利便性の絶えざる改善によって敵なしに見えるECとて、万能ではない。ここでは

「店に来てもらう必要がない代わりに品物を届けるための時間が必要」
という当たり前だがなくなることがないECの弱点を逆に提供価値とす
るチェーン店のドミナント戦略について触れる。

　生活導線上の店舗分布密度を上げることでブランドと利便性を高める
この戦略の成否は、出店・運営コストをいかに下げるかにかかっている。
そのコストの大きな一部を占める人件費はテクノロジーの発展によって
解消されるのだろうか？　一時期日本でも話題になった中国の無人コン
ビニから日本で実用化されつつある省人化技術まで、その最前線を紹介
する。

　第2章最後に紹介するのは、先端のテクノロジーによる効率化ではな
く、むしろ正反対の売り場の非効率さ・アナログさを楽しさに変換する
ことで、実店舗でしか提供できない価値を提供する日本の小売の例だ。
顧客接点である売り場自体はアナログに見せつつ、それを裏側からデジ
タル的な手段を使って支えているケースを通して、デジタルとアナログ
の最適なバランスを考える。

　"DX"と言うと、とにかくデジタル化することが正しく、アナログな
ことは時代遅れであると思われがちだ。しかし、モノを買えば届けなけ
ればいけないし、画面を通したECでは伝えられない情報も多い。デジ
タルが当たり前になった時代に、アナログな店舗だからこそできること
は何なのか。それを今一度考えるきっかけとなればと思う。

2−1　店舗網拡大からオムニチャネルへ、その歴史と未来

　まずは「店舗」という存在が、どのように規模を拡大し広がっていったかを簡単に振り返りたい。小売というビジネスは有史以前から存在する。その中で成功したものは多くの従業員を抱えたり、日本であれば暖簾を分けたりといった方法で規模を拡大するものもあった。

　その勢いが加速するのは、モノと店の複製コストが飛躍的に下がった、つまり工業化が進み大量生産できるようになった時代ではないだろうか。そして、モノと場となる店が複製できるようになると、運営方法も複製が進む。

　しかし、必要な資金や人をすべて自社でまかなおうとすると、店舗網を急速に拡大することは難しい。その解決策として発明されたのが、フランチャイズシステムだ。

　その元祖はアメリカでミシン販売を行うシンガー社で、19世紀半ばにその原型となる販売代理店システムを導入している。これは契約代理店に「シンガー」という名称利用権と商品の販売代理権を与え、その販売実績に応じて対価を受け取るかたちだった。その主な目的は販路の地理的な拡大だったと言えるだろう。

　フランチャイズシステムは20世紀に入ってさらに普及と改善が進み、マクドナルドやKFC（ケンタッキー・フライドチキン）といったファストフードを筆頭に、ドラッグストア、スーパーなど幅広い業態で採用されていく。ここでは従来のような販売代理権だけでなく、経営ノウハウや運営マニュアル、ケーススタディを共有しつつ、共同仕入れなどで規模のメリットを享受するという今日一般化しているフランチャイズのビジネスモデルが生まれ、確立されていった。

　加えて近年では、セブン＆アイによる「セブンプレミアム」に代表されるような高付加価値なPB（プライベートブランド）商品開発能力な

ども提供価値になっている。

　私が PR 代理店に勤務していた時代、某フランチャイズの広報支援を担当したことがある。当時、得意先の社長がしばしば口にしていた「フランチャイズビジネスとは成功の複製である」という言葉は、今から考えても、「目に見える設備や店だけでなく、目に見えない仕組みを複製することが、フランチャイズビジネスの要である」という点を、短い言葉でよく言い表していたように思う。

　フランチャイズは統一された規格に基づき、店舗をどんどんブレなくコピペしていくシステムだった。しかし、時が経つにつれて、「売り場」は店舗だけではなくなっていく。

─── マルチチャネル化と、オンライン・オフラインの融合

　地理的な拡大と前後して、多様化する顧客のニーズに応じた通販やEC、デリバリーなど、様々な売り方が開発され、販売チャネルが増加していく。当初は余剰リソースで行われたものが、一定の規模になると専門のチームが立ち上がり、1 つの会社の中に販売を担当する部門チームが複数生まれる。この状態が「マルチチャネル」で、特にその初期にはそれぞれ独立し、チャネル間の販売・在庫・顧客のデータは共有されないことがほとんどだった。この頃、そもそも管理はすべて紙で行われており、それらのデータを自由に組み合わせて分析することは難しかった。

　1990 年代になると、パソコンやインターネットの普及とそれに伴う業務の OA 化[16]によって、異なる複数チャネルに存在する同一顧客の情報統合などが現実的になってくる。これが「クロスチャネル」だ。それ

---

*16　すでに死語だが、Office Automationの略語で、「事務作業の電子化」という意味。

によって、店に行っても、ECサイトに行っても、同じ会員番号の提示でポイントが貰えるといったことも起こる。ただし、この頃は店舗が販売チャネルとして圧倒的な中心であり、「クロスチャネルでデータ共有」といっても、あくまで店舗を中心にした一方通行の"＋α"、「カタログ通販と店舗」「ECと店舗」など二点間をつないで「店舗の」価値を増すためのものだった。

　続いてドットコムバブルを乗り越え、2000年頃アメリカで現れた考え方が「クリック＆モルタル」だ。レンガと漆喰（ブリック＆モルタル）で固めた実店舗の建物をもじって生まれたこの言葉は、理念上はすでにオンラインとオフラインの完全な統合をうたっていた。アマゾンなどオンライン専業の身軽な競合との競争が激化し、既存の小売側もすでに持つ店舗網を「競合が持たない強みとしていかに活用するか」ということに真剣に取り組みはじめていたと言える。

　しかし、実際に行われていたのは「オンラインでの注文商品を実店舗で受け取れるようにする」*17といった施策が多く、中心はまだあくまで店舗で、「インターネットによって可能になった新しい機能の有効活用への試み」といった色彩が強かった。とはいえ、その中には、オンラインとオフラインを統合し、業務の中心をオンラインに移行させた上で「店舗は対面による顧客の信頼の獲得やカスタマーサービスの拠点」と位置づけた米証券会社のチャールズ・シュワブのように、サービス全体の中での視点から役割分担を再構成する例も現れ始めていた。

　2012～13年頃に新しい手法として流行したキーワードが「O2O（Online to Offline）」だろう。これも概念としては、オンライン・オフラインの融合と双方向性をうたっていたが、これは「店舗のあり方」「販売体制や顧客接点の変革」というよりは、「オンラインで捕まえた客を

*17　これまた似たような言葉だが、特に「クリック＆コレクト」と呼ばれた。

どのように来店させるか」という「オンライン→オフライン」の送客手段を示した言葉だった。

　このころ企業によるSNSアカウントの運用も本格化し、専属の担当者や各種ツールが必要になるなど、従来に比べてコストが高くなっていたことも関係していた。「カネがかかるなら、自分の食い扶持は自分で稼げ」、つまり従来のようなお知らせだけにとどまらず、積極的にユーザを集めて売上に貢献するべきであるという圧力が高まるのは当然の成り行きでもあった。

　そんな状況でよく行われていたのは、SNS公式アカウント上で実店舗で使えるクーポンを配布し来店を促す手法だった。
　クーポンの配布によってフォロワーを増やすこともできるし、SNS経由の来店者実数が可視化できるので、売上への貢献をより明確に示すことができるというわけだ。

　次に現れたOMO（Online Merges Offline）がようやく、かけ声だけの一面的ではない本当のオンライン／オフライン統合だった。ただし、これは言葉どおり「オンラインとオフラインの二項対立の解消と融合」という足元の課題解決に力点が置かれた、ある種の過渡期としての言葉でもある。それは今解決されるべきではあるが、目指すべき未来の姿ではない。
　とはいえ、2021年初頭時点での事例の多くは、この段階にあるのではないだろうか。

　OMOはバズワードとして様々な美しい言葉で説明された（現在でもされている）が、「安価でスケーラブルなECシステムを店舗でも共用導入するだけ」というケースも散見される。在庫管理や決済などをEC側で負担・集中管理すれば、店舗は身軽になることは確かだが、ECシステムはどこまでいっても店舗用に最適化されたものではなく、店舗は

その中に組み込まれれば組み込まれるほど、単なる「余計な金がかかるECの出張所」になってしまうリスクもある。

─── メーカーと販売代理店の相克と共栄の新しいかたち

このように、ごく最近までの長い間、小売りの主役は常に店舗であり、その他のチャネルはそこに「貢献する」という、ある種の上下関係だった。その時代の店舗にとって、ECを含むその他のチャネルは、「店に足を運ぶことのない層を、新たに刈り取って送客してくれてありがとう」くらいの感覚だったかもしれない。

しかし、EC利用が徐々に一般化するにつれて、本来店舗で立つはずだった売上をECが奪う競合関係が目に見えるようになってくる。この「EC」が自社のものであれば部門間での売上の奪い合いということになるし、もっと悪い場合、検索してもっと安い他社ECに流出してしまうこともあった。

この変化の影響の大小は、ビジネスモデルによっても違った。直営を核にした店舗展開を行うメーカー小売の場合、たとえ店舗とECで部門が分かれていたとしても、同じ社内の販売チャネルであることに変わりはない。本質的には1つの財布に帰する売上であるので、現実的な困難は色々ありながらも解決は可能だった。

だが、本当に難しかったのは、フランチャイズを含む販売代理店とのパートナーシップによって規模を拡大してきた場合や、メーカーから小売業者に卸し、小売業者が販売を行う場合だ。

地理的制約のないECの出現は、販売店にとって、自分の縄張りの中にメーカー直営の店舗が突然進出してきたことに等しかった。店舗で商品実物を見た後に価格やサービス面で有利な直営ECで購入される、いわゆる「ショールーミング」は、販売店にとっては単なる敗戦で1円に

もならない。「これまでメーカーと力を合わせて売ってきたのに」という不満の声が販売店側から上がるのは当然と言える。

　この問題を解決するために、購入者の配送先住所から「これが本来、どの代理店の顧客だったか」を推定し、メーカーがEC売上の一部を販売店に払い戻すという取り組みが行われる場合もあった。「代理店が費用負担した宣伝などの努力の結果が、EC側での売上につながっている」という理屈だ。

　ただしECモールへの出店の場合、メーカー自身ですらこうした情報を把握できていない場合もあり、完全な解決には至らなかった。

〈電子棚札を使った店頭とECの連携〉

　より解決が難しいのが、仕入れて売る小売量販店との摩擦だ。元々同じ地域内で同じメーカーの商品を売っている小売店同士が競争するということ自体はどこにでもある。そこにメーカー直販であるECが参入したとしても、独占的な販売権を与えられているわけではない以上、メーカーに文句も言いづらい。

　とはいえ、量販店同士での競争に比べ、直販は有利なことも多く、両方の選択肢があれば直販が選ばれやすいのも、消費者心理からすれば当たり前で、何か対策を考えなければならない。

　その典型例が家電量販店だ。よく「ショールーミングの舞台」として紹介されてしまう家電量販店は、それだけに対策もとられている。たとえば、ビックカメラ直営店では棚札の電子化と合わせてEC導線を強化しているので紹介しよう。

　来店後のECへの流出・離脱は、商品の前にたどり着いた後にスマホを開かれてしまうことに始まる。原因はその場で得られる情報（スペックや評価）が十分でないか、「他にもっと安い店があるのでは？」という疑念だ。そうした浮気を防ぐために、棚札にはリアルタイムでレビュー件数と評価スコアが表示され、詳しく知りたかったら、スマホでタッチ

さえすればECに遷移して具体的に確認することができる（NFC対応スマホかつアプリのインストールが必要）。

　この方法でも、来店すらせず最初からECで探してしまう客や価格面で負けた場合は成約させることができないのは確かだ。すべての問題が解決するわけではないが、商品の前まで来た客を最終段階で取りこぼすという最悪の事態は、かなり避けられているのではないだろうか。

　NFCは一般的には「キャッシュレス決済のための機能」と思われているかもしれないが、実際は短距離通信技術の一種で、用途は幅広い。対応スマホを交通系ICカードに近づけると履歴や残高を読めるのも、この機能を利用している。ビックカメラの「アプリでタッチ」もこの機能をうまく使ったものと言える。

　また、電子ペーパーを使った棚札の使い方もユニークだ。通常、電子棚札は価格変更に伴う切り替えの手間・コスト削減や間違いの防止を主な目的として導入される。最近では、需要と供給のバランスなどに応じてリアルタイムに価格が変わる「ダイナミックプライシング」も、こうした電子棚札でないと対応できない。

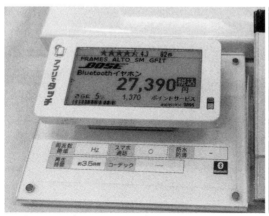

電子棚札にはレビュー件数と評価が表示され、NFC対応スマホでタッチすると詳細や購入ページに自動遷移する(左)、ネット取り置きカウンター(右)

　しかしこの事例では、棚札を単に品名や価格を表示するだけの場所としてではなく、「商品の情報をわかりやすく伝える」という根本に立ち返り、自社 EC の評価なども見ることができる場所として活用しているという点で面白い。

　中国ではかなり前から棚札の横に QR コードを貼って商品情報や紹介動画を見ることができる仕組みを導入している小売店も多い。
　だが、QR コード読み込みはアプリの立ち上げから読み込みまで何回もタップしなければならず、実はそこまで便利ではない。中国でも、NFC 対応のスマホはそれなりに普及しているが、このように「情報を読み取る機能」として使っている例は見たことがない。
　この事例、棚札のコスト以外にも遷移先の自社 EC 上のレビュー数や質の担保が必要になり、また棚札も情報が若干過密に見えるといった改善点はあれど、興味深い取り組みだと思う。

　また、ビックカメラの EC サイトやアプリオンライン注文では、店頭受け取りができる「ネット取り置き」というサービスもある。
　注文確定後最短 30 分で商品を店頭カウンターで受け取れるこのサービスは、アプリ経由で利用できるため、店頭で実際に商品を見て NFC で棚札をタップしてアプリで詳細を確認し、気に入ったら注文してしばらく待てば受け取りコーナーに欲しいものがすべて揃っている……ということも可能だ（もちろん通常の EC のように注文し自宅に配送することもできる）。

　EC で行われた注文をもとに商品が倉庫から店内に運ばれ、店頭でそれを受け取るこの流れは、自分自身はずっと店内にいながらにしてオンラインとオフラインをまたいだ構造になっている。これは典型的な OMO の一例と言っていいだろう。

　このサービス、元々は家や職場など店舗ではない場所から発注して来

とある民族系ブランドの天猫内店舗。「整車訂金」と書かれ、この499元はデポジットであることがわかる。クリック後、商品選択画面で車を受け取るディーラー店舗を選択することで、売上はディーラーで発生するようになっている

店することを想定していたから、30分という所要時間でも十分という考えだと思うが、店内で待つ時間としては少し長いのも確かだ。個人的にはもっと短くなったらさらにうれしいが、いかがだろう。

〈中国自動車業界の一風変わったEC活用法〉

　自動車業界では、逆にEC側が「譲る」ことも行われている。メーカーは基本的にディーラーと呼ばれる販売代理店を通して車を販売する。高額商品であり慎重に検討される自動車という商材にとって信頼の積み重ねは大切で、メーカーも顧客との直接の窓口になるディーラーを非常に重要視している。自動車は「1回売って終わり」ではなく、メンテナンスなどでも顧客と関わるし、その対応次第で次回買い替えの際に自社ブランドに戻ってきてくれる可能性が高まる。

　この部分はオンラインで代替不可であり、実店舗網の密度が利便性に直結する。ECによる直販でディーラー販売店の利益を削ぐことなど論外だ。

とはいえ、買い物も情報収集もその多くがオンラインで完結するようになった現在、それらに完全に背を向けて「とにかく店に来てください」ではビジネスとして成立しない。ECの浸透が特に進んでいる中国では、他の業界ではあまり行われていないかたちで使われている。

それは、デポジット入金やクーポンの配布場所としての活用だ。EC上で顧客が買うのはあくまでたとえば「500元のデポジットの支払券」で、購入する際に受け取り場所（＝購入するディーラー）を指定する。後日店舗を訪れ、残金を払えば購入できるというわけで、そうすれば実際の取引は店舗で行われ、売上もそちらで立つことになる。ECはメーカー運営であり、その宣伝や配布するクーポンもメーカー負担だ。黙っていても無料で送客してくれるわけだから、ディーラーも文句はもちろんない。これは店舗の位置づけを変えるのではなく、ECを売り場ではなく「送客装置」として使うという棲み分けだ。

——— すべての接点がその特徴を生かしたかたちで統合される オムニチャネル

「オムニチャネル」という言葉は、ひょっとしたらOMOよりも前から知られていたかもしれない、新しいとは言えない言葉だ。

しかし、私はあえてこのオムニチャネルをチャネル発展の最終段階の「ありたき姿」として位置づけたい（図表2-1）。

およそ20年前のクリック＆モルタルの時代から、すでにオンラインとオフラインの統合が理念とされていたことはすでに紹介した。

しかし、技術的な制約や部門間のパワーバランスなどから、その多くが実態はどちらかの主導による他方の利用であり続けたのも事実だ。OMOの段階に至りシステム面での統合は成し遂げられたが、それもまたECによる店舗側情報の「併合」としての意味合いが強いケースが多かった。

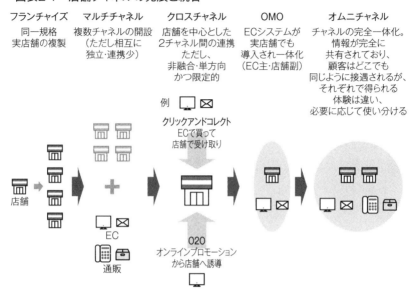

図表2-1　店舗チャネルの発展と統合

フランチャイズ
同一規格
実店舗の複製

マルチチャネル
複数チャネルの開設
（ただし相互に
独立・連携少）

クロスチャネル
店舗を中心とした
2チャネル間の連携
ただし、
非融合・単方向
かつ限定的

OMO
ECシステムが
実店舗でも
導入され一体化
（EC主・店舗副）

オムニチャネル
チャネルの完全一体化。
情報が完全に
共有されており、
顧客はどこでも
同じように接遇されるが、
それぞれで得られる
体験は違い、
必要に応じて使い分ける

例

クリックアンドコレクト
ECで買って
店舗で受け取り

店舗

EC

通販

O2O
オンラインプロモーション
から店舗へ誘導

　本項で述べる理想形としてのオムニ（＝すべての）チャネルとは、どこかのチャネルの持つ基準やシステムで他を併合して従わせるのではなく、顧客・在庫情報など最低限の基盤は共有しつつ、それぞれの得意領域を伸ばし、エコシステム（＝系）全体としての魅力を伸ばすというものだ。

　ECにはECの長所が、逆に店舗には店舗の長所があり、本来お互いに代替するものでも競合するものではないはずだ。

　利用者側が自らの都合に応じて使い分けるためには、それぞれのチャネルの役割と特徴がわかりやすく整理され、理解されている必要がある。また、事業側には全体を俯瞰する人材と、各構成モジュールを個別最適に陥れない適切なインセンティブ設計が必要になる。

2−2　店舗の未来、その3つの方向性

　では、そうした理想的なエコシステムの中で、実店舗はどのような姿になるのか。ここからは、その方向性を3つに分類して紹介したい。

　まず、ECとの「融合」を図るケースとして、いわゆる中国発OMO業態（新小売／ニューリテールとも呼ばれる）の代表として、生鮮ECのフーマー（盒馬鮮生）の例を紹介する。

　2番目は、ECとの「競争」だ。圧倒的な品揃えなどで万能に見えるECにも、原理的に提供できない価値がある。これらはその空隙を狙うものだ。この事例としては、日米中で進むいわゆる「無人コンビニ」の最新事情を紹介することを通じて、「欲しいときにすぐ買える」という実店舗ならではの価値の意味と挑戦を紹介する。

　最後となる3番目は、「売り場の楽しさ」「エンタテインメントとしての消費」という価値を追求する日本のドン・キホーテについて紹介する。その売り場づくりはこれまでも頻繁に研究されてきたが、ECという正反対の価値を提供する存在の勃興により、その参照価値は高まっているのではないだろうか。

─── ①生鮮ECのエコシステムの一部として「融合」する

　ジャック・マーが2016年9月に「純粋なECの時代はもうすぐ終わる。10年後、あるいは20年後にはECという言い方すらなくなり、『ニューリテール（新小売）』という呼び方しかなくなるだろう。オンラインとオフライン、そして物流が一体化することによってそれは生まれる」と述べたことが、中国小売業界のデジタル化にとって非常に大きな転換点だった。

　ECを祖業とするアリババが仕掛けたニューリテールは、実態として

「ECによる店舗ビジネスへの進出」という意味合いが強かった。そうしたこともあって、ECを主語にしたような施策が多く、一般的にはそれらをまとめて「OMO」と紹介されることが多い。

しかし、中には前項で述べたような各チャネルの特徴を生かした「オムニチャネル」的、より有機的な取り組みを行っている事例もある。

店舗が「売り」の場で特に重要な役割を担ったのが、ECの欠点である楽しい買い物の体験を与えることだ。画面越しにしかアピールできない従来のECは「欲しい」と決まっているものを買うためには効率的であるが、「買いたい気持ち」を引き起こすような刺激のためのリッチな体験に欠けていることが弱みだった。

そしてそれを補うための数少ない刺激を与えられる方法として、過激な値引きが行われ、それが事業者の体力を削った。

ライブコマースはこうした楽しさの伝え方として生まれてきたと言えるが、五感で感じることができる店舗にはこの面では及ばない。

ここではまず、ニューリテールの代表格とみなされることが多い生鮮ECのフーマーの例をもとに、「店舗体験をどのように全体的なブランド体験に組み込むか」ということを見てみたい。

フーマーについては日本の報道でも比較的取り上げられているが、その多くが開業時のビジネスモデルの解説にとどまっており、5年ほど経った現在の様子が紹介されることは少ない。

ここでは広州在住時の自宅近所にフーマーの広州1号店があり、開業以来毎週のように利用していた私自身の経験も織り込んで、①そもそも生鮮ECとはどのようなビジネスか（なぜECなのに店舗が必要とされたのか）、②フーマー店舗に「あるもの」「ないもの」とその理由というビジネスモデルの基礎、そして、③開業5年を経てどう変わりつつあるか、を紹介していこう。

〈生鮮 EC とはどのようなビジネスなのか？〉

「3km 以内なら最速 30 分で配送[18]」を旗印に、2016 年に最初の店を上海にオープンさせてから 5 年ですでに 321 店舗ものネットワークを持つに至ったフーマーは、「生鮮食品の EC である」と同時に「リアルのスーパーマーケットでもある」という 2 つの顔を持つ。

アリババ全体から見ても期待されている新事業で、2019 年にはフーマー単独で「事業群」の 1 つに昇格している。通常いくつかのサービスブランドをまとめて 1 つの事業群とされるので、これは異例と言っていい。

ちなみに、フーマー事業群のトップは、戴珊（ダイシャン）という女性で、教師時代のジャック・マーの生徒だ。マーが教師の職を辞して起業するときに誘った「十八羅漢」と呼ばれる 18 人の共同創業者の 1 人である。

「EC」の名がついているものの、生鮮 EC は一般的な EC とは大きく異なる。主なビジネスモデルの分類とプレイヤーについては、すでに前章で紹介しているのでそちらを参照いただくとして、まずこのビジネスとフーマーの特性を少しだけおさらいしてみよう。

生鮮食品は運搬・保管などに温度管理が必須で賞味期限も短い。よって顧客への配送の際、通常の雑貨や書籍を売る EC とは違った物流設備が必要になり、既存の配送網や倉庫などのインフラをそのまま使うことができない場合も多い。

「最初の18人」の一人・戴珊は、他にB2B事業、農業DXなど多くの部門トップを務める

---

*18　宅配ピザからの連想か、「30分『以内』」と誤解されることが多いが、「最速」が正しい。実体験としてはピーク時でなければ45分前後、混んでいると1時間前後で届くことが多かった。

また、同じ品種のリンゴやミカンでも、それぞれの色や形、大きさや重さなどが異なる上、豊作不作の波もあり、書籍などと違い商品自体も標準化（サイズや規格の統一）管理ができない点で、独特かつ複雑だ。

　そもそもその源を辿ると、農業や畜産業といった生産自体、他の先進国と比べて工業化・規格化されていない現状もある。前述のフーマー部門の責任者・戴珊、その直下の実務トップである侯毅^{ホウイー＊19}が、ともにアリババの農業DX部門のトップを兼務し、直営農場の整備などにあたっているのは、おそらくこのような関連性によるのだろう。

　しかしそうした困難の一方、食品は必需品であり、なくても生きるのに困らない娯楽的消費とは違い、定期的かつ安定的だ。

　また、利用者の半数以上が週に2回以上利用する頻度と高客単価(2018年時点と少し古いが、フーマーの場合オンラインで75元、店舗で113元、月平均計575元というデータもある)は魅力でもある。

　また違いが大きいとはいっても、決済や在庫管理などには一般的なECと共通の部分も多い。大きな投資も必要だがリターンの見込みも大きく、資本力とECノウハウがあるアリババなら他社に比べて勝ちやすいという判断で進出したと考えることができる。

　生鮮ECにはいくつかのかたちがあり、第1章で紹介したようにフーマーは「配送＋店舗型」に該当する。顧客のところまで鮮度を保ったまま届けなければならない生鮮ECでは、配送拠点の効率的な配置が重要になる。

　このタイプは配送用の倉庫をそのままスーパーとして来店客にも開放することで坪あたりの収益を向上させ、一定規模の面積と保温設備など、なにかと投資が必要な倉庫のコストをまかなっている。

　あえて重ねて強調したいが、フーマーはあくまで「生鮮『EC』」であり、よく言われる「OMO『スーパーマーケット』」ではない。この主従関係

＊19　ちなみにこの侯毅は、アリババのライバルである京東の物流責任者であったが、フーマープロジェクト立ち上げのためにヘッドハントされ、移籍している。

を間違えてフーマーを「EC でも売るスーパー」などと考えてしまうと、理解がかえって難しくなる。本節の後半で紹介しているように様々な変化はあるが、フーマーの本業はあくまで EC だ。創業とともに開店したスーパーは、その機能の一部を担う存在にすぎず、そこでの売上も最優先課題ではない。

では、なぜわざわざコストをかけて実店舗を運営するのだろうか？それはまず、「実際の取扱商品を見せ、信頼してもらう＝体験の場」として必要だからだ。

利用者を拡大する上で生鮮 EC の大きな課題が、実際に目で見て選べないことだ。

工業製品であれば、同じ型番のものはまったく同じなので、一度買ったことがあるものであれば、同じものを注文すれば同じものが届く。しかし、農産物は前述のように形や大きさ、質や鮮度がバラバラだ。

実店舗であれば自分で触ってみるなどして、その中からある程度選ぶこともできるが、EC だと完全に店側任せになってしまう。逆に EC の画面上では鮮度などをアピールしたくても難しい。

これまで食の安全に関わる事件が多く起きている中国では、レストランなどでも誤魔化しがないことを示すために、厨房にカメラをつけて客席から見えるようにしたり、オープンキッチンを採用したりしている店が多い。

同じようにフーマーでも実際に注文を受けた品物をピッキングしている様子を見せることによっ

キッチンにカメラを設置するレストランも多い

て、信頼を得ようとしていると考えることができる。

　また、こうした「不正がないことの証明」のためだけでなく、同時にエビやカニなどの高級感ある海鮮の生簀販売、現場調理や店面積の３分の１を占めることもあるイートインコーナーの設置は、他の普通の（単にできるだけ速く用事を済ませるだけに訪れる）スーパーとの差別化を狙ったものでもあるだろう。

　店内をピッキングスタッフが動き回り、これ見よがしに店内に張り巡らされたベルトコンベヤで運んでいく様子などを「見せる」演出は、リテール＋エンタテインメントで「リテールテインメント」と呼ばれることもある。

　フーマーでは、事業立ち上げ時からオンラインの売上比率をオフラインよりも高めることを方針として掲げていた。実際に2020年時点で売上の７割はオンライン経由となっている。

　フーマーの実店舗は繁華街路面の視認性が高い物件や、できたばかりで人がたくさん集まるような高級ショッピングモールに入居していることは少ない。むしろ大通りを１本奥に入ったところや、少しくたびれた

フーマーの店内（2018年4月上海）。一般的には明るさで活気を演出するが、高級感を優先してか暗めの色の内装

ローカル感の強いモールに入っていることが多い。通常出店基準になることが多い店前通行量よりも家賃コストを重視していることがわかる。

　生鮮ECは繰り返し買ってもらうことが目標なので、大通りなど「一見さん」が多い位置に出店する必要がないのだ

ろう。

　ところで、生鮮スーパーは坪あたりの売上で評価することが多い。フーマーは中国の伝統的なスーパーの店が坪あたり 1.5 万元／年程度が平均の中で 3.7 倍にあたる 5.6 万元と、中国メディアでさえもこの面で非常に優秀だと取り上げることが多い。

　だが、これも前述のようにフーマーを「スーパーマーケット」と考えているがゆえの誤解だと言える。フーマーは EC と店舗の「二毛作」を行う業態だ。だから単に店舗販売のみを行う競合と比べることにさして意味はない。

〈フーマー店舗は「信頼獲得」「エンタメ」「配送効率化」のために〉

　「フーマーって、意外と普通のスーパーですね」と視察に訪れた日本人に言われたことがある。開業後しばらく日本でも報道されたこともあって、一時期フーマーを指名で訪れる日本人ビジネスパーソンが多かった。

　その中には「中国 IT 大手のアリババが仕掛けていることだし、フーマーには何やら既存スーパーにはない先進ハイテクが導入されているに違いない」と考えて訪れたものの、少しがっかりした人もいるのではないだろうか。私がご案内する方々には当然その旨説明はしていたものの、事前に抱いていたイメージはなかなか変えられないことも理解できる。

　先に述べたように、フーマーにとって店舗運営は独立した事業ではなく、より大きな生鮮 EC の中でひとつの役割を担わせているにすぎない。

店舗入り口にも「会員店」の文字が

だから単体で完結する通常のスーパーマーケットとは自ずと違いがある。

とはいえ、それは「OMOスーパー」という言葉からなんとなく連想される「ハイテク機材のオンパレード」というわかりやすいかたちでは現れないし、ビッグデータで利用客の見える場所が最適化されているわけでもない。

ここからはそうした視点で、「何が行われ」「何が行われていない」のか、改めてフーマーの店内を紹介していく。

最初に「何が行われているのか」について紹介していく。

まず入店してすぐ気がつくのが、会員制をうたっているということだ。とはいえ、コストコのように非会員は入店できないわけではなく、単にフーマーのアプリをインストールしていないと、最後に（正確にはその中のアリペイ連携機能で）会計ができないというだけにすぎない。そもそもフーマーにとって、来店者はこれから継続的にECで買ってくれる潜在顧客でもあるので、全員に登録を求めるのは当然だろう。

ちなみに、開業当初は慣れぬ来店客からクレームがあり（大都会上海とはいえ、新しいアプリを使いこなせない老人などもいる）、店舗によっては特例措置として補助員に現金で払うと代わりにフーマーアプリで支払ってくれるといった融通も利いたらしい。

フーマーのレジと操作方法を教えてくれる補助員

先に「DXされたスーパーでは必ずしもない」と書いたが、実は見方を変えるとフーマーの店舗体験は、前項のビックカメラ同様、デジタルそのものでもある。

　EC として店外から利用した場合は、アプリで「①注文内容を決定→②支払い→③店頭でピッカーが商品を集める→④配達員が配送」という手順だが、来店の場合も③と④を利用者が自分で行う以外はほぼ同一で、利用者は店に来ているのに実際はほぼ EC で買っているのと同じことを行っているのだ。

　精算時はセルフレジを使用するが、そのシステムはフーマーアプリの決済とほぼ同じで、スマホ画面を拡大してディスプレイに表示しているのに近い。

　次に断言はできないものの、「何が行われていないのか」について紹介しよう。まず私自身が意外と感じたのが、導線分析による最適化が行われていない（と思われる）ことだ。

　EC の発想で考えた場合、コンバージョン（成約率）向上の基本であり最も重要な要素のひとつは、「回遊導線の把握と最適化（最短化）・離脱防止」だ。

　商材などにより違いはあるが、基本的にはできるだけ少ないクリック数やページ数で短時間で発注に至らせることを狙う。そのために、「どのようなものを買った（買わなかった）客が、サイト内でどのような行動をして、どこに長く滞在して、どこで離脱したのか」といったデータを細かく蓄積し、レイアウトや写真の選定からボタン色や形状まで、あらゆる表示要素のA／Bテスト[20]と改善が常に施され続ける。

　陳列や導線の最適化は EC だけでなく、店舗小売でも行われている。アパレルやコンビニエンスストアの大手は限られた店内面積を最大限有効に使うべく、社内に設けた実験店舗内を実際に回遊してもらってその

---

[20]　最適な広告コピー、ウェブサイト、バナーデザインを見つけるために実施するテストのひとつ。他の要素を統一した上で「色だけ」「字句だけ」のように特定要素だけを変えたパターンを複数用意して実際の訪問者に表示し、より高い成果を得られるパターンを見つけだす。「A／B」テストという名前ではあるが、3パターン以上でテストすることもある。

様子を観察するといったことを頻繁に行い、それをもとに棚や陳列商品を入れ替える。

　実際に運営されている店舗向けに「店舗の Google Analytics」を掲げて客流分析ツールを提供する事業者などもいるし、RaaS を掲げて 2020 年に日本にも進出した米 b8ta も、こうした顧客の店内回遊データ分析を提供している。

b8ta有楽町店

　しかしフーマーの店舗では、おそらくこのような最適化は行われていない。私自身、中国各地の多くの店舗を訪れて観察したが、一般的な万引き防止カメラなどの設備が見られたのみだ。また、同一店舗を定期的に訪れても、棚配置が大きく変わったという記憶はない。中国メディアでフーマーが取り上げられた記事の中でも、客流導線の最適化に関するものを見たことはない。

　では、なぜこうしたことを行わないのか？　仮説ではあるが、いくつか理由を挙げてみたい。

　まず根本的には、フーマーのビジネスモデルは、EC を優先して設計されていることが理由だろう。

---

*21　Retail as a Service(小売のサービス化)の略。

　前述のように、フーマーはオンラインの比重比率を高めることを目標としており、未利用者の初来店（＝後でアプリで買ってくれる可能性のある）人数は増やしたいが、だからといって、必ずしもその場の売上を伸ばすことを狙っているわけではない。

　また、便宜的に店舗とECの売上は分けて開示されているが、前述したように、使われているのは同じシステムなので、見方を変えれば売上のすべてがEC経由とも言える。

　つまり、実店舗はECと比べると分析のためのサンプル数（＝来店客）が非常に少なく、例外的ないわば外れ値にすぎないのだろう。

　またECと比較すると、レイアウトなどの変更に時間的・労力的なコストが大きく、トライアル＆エラーで最適解を見つけるのが現実的ではないことも理由として挙げられる。

　サイト上のボタンの色を変えてＡ／Ｂテストをする感覚で、棚の色が赤か青かで塗り分けてみてどちらが売れるか試すというわけにもいかない。また、ECが得意とする利用者ごとの導線パーソナライズやレコメンデーションはほぼ不可能でもある。

　以上をまとめると、まずフーマー全体から見ると、店舗はそもそも直接的な売上への貢献よりも、「信頼獲得」と「エンタテインメント」という情緒的価値の付与が役割であると理解できる。その上、問題点を炙り出すためのサンプルが少なく、その仮説検証や改善のための試行コストも非常に高い。

　これだけ理由を挙げれば、誰しも合理的な経営判断と感じると思うが、こうした絞り込みのうまさは、すべての面で合格点を狙う総花的な制度設計を好みがちな伝統的日本企業とは正反対かもしれない。

　一定の成功を収めたフーマーは、拡大にも意欲的だ。しかし、紹介したように利用者は一級都市が大半で、人口密度が薄く物流のコスト効率が低い地方への進出には壁があった。同時に、業界内の競争が激化する中で、調達コストの低減と高付加価値商品の開発の必要性にも迫られて

いる。

　ここでは近年のフーマーの様々な方向への拡大の打ち手を紹介してい
こう（図表2-2）。

図表2-2　フーマーの「拡大」

Ⅰ　業態の多様化（密度）
すでに一定のブランドがある
大都市の利用者の利用頻度
を上げるために様々な利用
シーンを合わせた業態を展開

Ⅱ　地方への拡大（エリア）
既存ECの仕組みではコストに見合
わない地域に向けて社区グループ
購買の「盒馬集市」ブランドで参入

Ⅲ　商品ラインナップ強化
すでに一定のブランドが生産
地開拓などによりPBの供給
安定化・高付加価値化により
比率を高める。3R事業部設
立で加工食品も強化

公開資料より筆者整理

〈Ⅰ　都市店舗高密度化と業態多様化〉

　まず、地理を軸に業態の多様化を進めている点が目立つ。主戦場の一
級都市内により利用者の生活導線に密着した多くの業態の店を開業し、
また弱かった二級以下の都市では、「社区」単位へのデリバリー業態へ
参入している。現在のフーマーは配送専門を含め合計9業態に分かれて
いる（図表2-3）。

　とはいえ、これは開業当初から進められていたわけではない。2016
年に1号店が開業した後、しばらくは標準化された4000㎡程度の店舗（こ
こまでで取り上げた一般的なフーマーの最も標準的な業態）の大都市内
展開がほとんどだった。

　この標準店舗は海鮮の生簀（いけす）やイートインなど、ひととおりの機能を備
えている。スーパーとしては大面積だが、そもそも立ち上げ当初はフー
マーという誰も知らない生鮮ECブランドの特徴を伝える役割も担って

図表2-3　2021年現在のフーマーの9業態

規模	面積(㎡)	業態名	説明	用途・ターゲット	ライバル
大	40,000	盒馬里	多業態を備えたショッピングモール	週末の家族連れ	百貨店
	18,000	盒馬X会員店	コストコに似た年会費制大面積スーパー	まとめ買いなど。配送距離も長いが半日必要	他会員制スーパー
	4,000-5,000	盒馬鮮生（従来型店舗）	ー	ー	ー
	500-1,000	盒馬鮮生菜市	従来店に比べて生鮮比高	大都市中心部。少し年齢層高め。	農産物市場
中	500-800	盒馬F2	すぐに食べれる加工食品や飲料などが多い	オフィス街のホワイトカラーのランチや間食需要	コンビニ
	500-1,000	盒馬mini	従来型の小型版店舗	大都市周辺の市街地	地元密着小型雑貨スーパー
小	ー	盒馬Pick'ngo（盒小馬）	アプリ経由事前注文品のピックアップ拠点	出勤途中のホワイトカラー	コンビニ
倉庫のみ	300-500	盒馬小站	アプリ経由の注文の配送拠点	市街地	ー
配送専門	ー	盒馬集市	日本の生協に類似した社区配送専門	二級都市以下の住宅地	地元密着小型雑貨スーパー

公開資料より筆者整理

　いるので、すべての機能を備えている店が必要になる。

　同時に、拠点数がまだ少ないフーマーにとって、各店舗で配送や加工など一定のバックヤード機能を持つ必要があり、大規模店のほうが高効率だったという側面もあるはずだ。

　しかし、開業から時間が経って一定の知名度を得たこと、恐らく好条件で出店できる場所への進出が一巡し、より小規模な代わりに立地ごとの細かいニーズに合わせた業態を開発する必要性に迫られたことなどから、9つの新業態での出店を始めた。

　「菜市」は伝統的な生鮮市場、「F2」「Pick'nGo（2020年に盒小馬^{フーシャオマー}に名称変更）」はコンビニを競合とする小規模業態、「X会員店」はコストコのようなまとめ買いを狙った（こちらは本当に会費を払わないと入店できない）業態で、生活の中での様々な利用シーンに応じて品揃えが違う。

　同じブランドの下にこうしたバリエーションを持たせることによっ

て、すでに会員になった利用者の総合的な利用頻度を上げるという目的だ。

　「スーパーマーケットではなく、生鮮ECである」のに、「なぜ、新業態を開発してまで店舗を増やし続けるのか」という疑問を持たれるかもしれない。

　先ほど述べたように、最も大きい理由は「信頼獲得のデモンストレーションの場」だが、もう1つECとしての「配送拠点の確保」という意味合いも大きい。

　生鮮ECの要は配送網の構築で、コストとバランスがとれる範囲内でできるだけ高密度で倉庫と配送スタッフを配置することが利便性に直結し、勝敗を分ける。大型店だけでは一定以上に密度を上げることはできず、こうした小規模店の新業態も配送拠点網の密度を上げるための措置でもある。

　単純に「倉庫を増やせばいいのでは？」と思われるかもしれない。実際にこの新業態の中には「小站」という、店舗機能がない倉庫タイプもあった。小站は前線倉庫と呼ばれる方式を採用している（第1章の図表1-5中の自宅配送の「前線倉庫型」）。

　しかし、店舗機能がないということは、その家賃を自分でまかなう営業能力もなく、フーマー本来の二毛作による高収益を得ることもできないことになる。またこの業態では、ロス率の上昇と品揃えの不足も問題だ。

　この2つには相関関係がある。小さな倉庫を設置しても、フーマー本来のフルラインナップを置くことはできない。付近の顧客の購買履歴など得意のビッグデータからある程度品筋を絞り込むことになるが、絞り込みすぎるとそもそものECとしての利便性が減少する上に、売れ筋ばかりで他社との差も少なくなる。

　したがって、多少の余裕を持って在庫を置く必要があるが、生鮮食品

は足が速く、売り切れずに廃棄せざるを得ない比率が上がってしまう。

　店舗があれば仕事帰りなどで翌日の食材を求める客が遅い時間でも訪れるため、夕食時間帯前に集中するEC注文で売り逃した食材を値下げして売り切ることもできるが、そうした在庫の有効利用も難しい。

　代わりにテコ入れされたのが、その名のとおり小型版フーマーである「mini」である。配送可能範囲は1.5kmと通常の半分でさらに狭く、取り扱う商品SKU[*22]も2,800と約半分、店舗面積は4分の1以下。在庫の問題を完全に解決することはできないが、「mini」としての店舗機能を持たせることで、最低限の収益能力を担保することを狙っていると言える。

　フーマーCEOの侯毅は、2019年時点で2020年の目標として、新規に従来型の「盒馬鮮生」100店舗とともに同じく100の「mini」型店舗を新規に開設するとした。大型店だけでなく、物流倉庫としての機能を持たせた「mini」をその周辺に増やしていくことで、配送可能範囲を増やしていくことを狙っている。

　第1章で紹介したように、競合には無店舗である倉庫型やプラットフォーム型を採用している会社もあるが、あまり順調とは言えない。

　倉庫型は先ほどのロス率と差別化のジレンマを解消しづらい。また、プラットフォーム型はウーバーイーツのような仕組

フーマーCEOの侯毅

---

*22　「Stock Keeping Unit」の略。在庫管理上の最小の品目数を数える単位を表す。たとえば同じ名前の商品であっても5個入りと10個入りでは違うSKUとみなす。

みで地元の八百屋やスーパーなどと提携してそこから届けるが、それぞれの店が仕入れたものを売るので実際に届く商品は時によって違い、品質を担保できない。

現状で業界1位の「多点」（ドゥオディエン）も既存スーパーを拠点として面を広げており、2位がフーマーだということを考えても、軍配は店舗型に上がるのではないだろうか。

〈II 地方への拡大〉

こうした本来の需要源泉である大都市での「密度」向上の他に、地方進出の布石も打たれている。その核となるのが、新しく2021年4月に創設されたMMC事業群だ。[*23]

フーマーと同じ戴珊が責任者を務め、事業群なのでフーマーと同格のグループ組織の最高位部門ということになる。そのMMC事業群の中にも他のいくつかのサービスと並んで「盒馬集市」（フーマージーシー）というサービスが名を連ねている。

これはいわゆる「社区グループ購入（社区団購）モデル」と呼ばれる流行のビジネスモデルに、フーマーの生鮮ECを組み合わせたものだ。ただし、流行のビジネスだけあってライバルも多く、圧勝という状況ではない。

「社区」は日本語で一般的に「コミュニティ」と訳されることが多いが、精神的な（たとえば同じ趣味といった）ものだけでなく、団地など一定の地理的範囲の中の「地域コミュニティ」と理解するともっとわかりやすい。

人間関係の濃い中国の地方都市では、この社区はその基盤でもあり、隣が何を買っているか、友人が何を勧めているかなどが購買行動にも大きな影響を及ぼしやすい。

---

*23　MMCが何の略かは、未発表であるため不明。

15 年ほど前、広東省に駐在していた日系広告会社の先輩から聞いた話に、こういうエピソードがあった。

その当時のクライアントである日系（合資）自動車は、価格が高いことと知名度の不足により苦戦していた。

普通なら本業である広告でどうにか解決する方法を考えるはずが、当時はまだ中国での広告業界はビジネスが確立されておらず、未成熟で即効性にも欠けていたため、先輩らは得意先と一緒にローカルのスタッフなどとも話し合い、「社区ローラー・オセロ作戦」を実施した。

具体的には、一定程度裕福な社区のキーパーソンを数人見つけ、こっそり大幅な割引を提示して、その車を買ってもらう（もしくは貸し出す）。そうすると、駐車場でそのブランドの車を見た近所の人が徐々に気になりはじめ、おそらくそれより安いものを買うと自分のメンツが立たないといった事情もあって、オセロの駒をひっくり返すようにどんどんその車を買うようになったのだという。

単純で泥臭く手間のかかる方法だが、社区に住む人たちの心理をよく読んで考えられた方法だと思う。この話はかなり前なので現在でも同じ手法がそのまま通用するとは思わないが、消費単位としての社区の特性がよくわかるエピソードではないだろうか。

現在流行し、フーマーも参入した社区グループ購入モデルは、この濃厚な人間関係と第3章でも登場するソーシャルコマースを掛け合わせたものだ。

まず、ウィーチャット上で最低 100 人規模程度のグループを管理する顔役を「団長」としてスカウトする。団長はグループ内に生活情報やセール情報などを流しつつ、注文を取りまとめて発注する役割を担う。

プラットフォームは効率的な配送によりコストを圧縮できるので、その売上から団長に注文額の 10％程度のキックバックを支払う。

この方式はフーマーのようにすぐ届くわけではなく、翌日配送が主流

になる。しかし、そもそもスーパーでの買い物は週3回以下が多く、そのほとんどは翌日到着でも事足りるとされる。配送時間に余裕があり、届ける先も少なければ今までのような高密度な物流網を築かなくても対応が可能なので、大都市部でなくてもビジネスとして成立しやすい。

　このビジネスモデルの要は、社区内で影響力を持つ団長をどれだけ囲い込めるかになる。しかし、こうした人物が1つの社区にたくさんいるわけではない。中国ビジネスではよく見られるように、参入者が増えて競争が激しくなると、キックバック率を上げてそうした人物（団長候補）を取り合うという消耗戦に陥り、一時期大流行したものの停滞していた。
　しかし、新型コロナの影響で外出が抑制されたこともあり、2020年6月までの上半期で20億元とも言われる投資を集めるなど、再び息を吹き返した。独立専業事業者だけでなく、ECの京東、デリバリーの美団、さらにはライドシェアの滴滴といった大手事業者の系列までもが、相次いで参入を表明している。

　実は、このビジネスモデルは日本の生協（生活協同組合）の共同購入と少し似ている。都心部では配送の個別化が進み少なくなってきているが、今でも地方の生協では何世帯かがまとまって週に1回程度班配送を受け取るという仕組みが継続している。
　生協は統一的な組織ではないので地域によってシステムは異なるが、「一定数以上のグループで発注すれば値引きを受けられる」といった仕組みも、地域によっては導入されている。

　生協という組織は日本だけのものではないが、共同購入は日本独自に発達した仕組みとされる。団長役にインセンティブを与える中国式に対して、日本ではあくまで互助組織として順番にその負担を引き受ける（もしくは誰か1人が我慢して務める）かたちになっているのが、文化の違いを表しているようで興味深い。

　実はアリババ傘下の各サービスも、MMC
事業群設立前からこの「社区」ビジネスに
数多く参入していた。フーマーも元々手が
けていたし、フードデリバリーの「餓了嗎」、
物流・宅配ボックスの「菜鳥驛站（CaiNiao
Station）」、小規模のパパママショップへの
DX導入の「零售通（LST）」などが、本来
の事業分野と隣接しているということで進出
し、相互に競争状態に陥っていた。

　アリババは昔から「様々な部門同士が競争
しあってより良いサービスを生む」という企
業文化だ。しかし裏を返すと、グループ内で
同じ事業を手がけて潰し合うような関係にな
ることが多く、これはその典型例だと言える。

　今回のMMC事業群の設立は、全国に600
万軒あるというパパママショップのDXを掲

一部地域でのみ展開中の「集市」は
独自アプリがなく、ウィーチャットの
ミニプログラム機能を利用

げるLSTチームを核にしている。そこにあまりに増えすぎた似たよう
な事業を束ねることで、内部での無用の競争を緩和する目的もあるので
はないかと言われている（戴珊は元々LST事業のトップでもある）。

　その傘下にある新ブランド「盒馬集市」は、通常「団長」という個人
が担う注文集約の機能を、地域にある小さなパパママショップ（オー
ナーも当然その地域に居住しているし、一定の人脈を持つ）に担わせる。
すでに競合が密集する団長争奪戦参入による消耗を防ぐと同時に、LST
のシステム導入促進も狙っているのだろう。

　ただ、より俯瞰して見ると、社区グループ購入というビジネスカテゴ
リは「テンセントの牙城」と見られることが多い。事業者の大部分はテ
ンセント系のウィーチャット内のグループで注文を取りまとめ、顧客を
管理し、ウィーチャット内のミニプログラム（アプリ内アプリ機能）で

発注管理を行うなど、ウィーチャットの利用が前提となっているからだ。
　テンセントはまた、自ら 2020 年 7 月に「興盛優選」という社区生鮮
EC の事業者に投資も行っているなど、非常に力を入れている。

　アリババは従来、天敵であるテンセントのサービスを利用することは
なかった（むしろお互いに自社勢力圏のトラフィックを相手側に「逃が
さない」ために積極的に様々な妨害を行っていた）が、盒馬集市はそん
な中、アプリではなく初めてウィーチャットのミニプログラムへの出店
を申請して許可されたことも話題になった。

　近年、ユーザ本意ではない勢力争いによってライバルを排除する行為
に対して、当局からたびたび指導が入っていることも背景にある。
　文字どおりのブラック・スワン[*24]だった新型コロナによって息を吹き返
した面があるとはいえ、根本的に「事業者同士の差別化が難しい」とい
う基本構造は変わっていない。
　大都市では優勢なフーマーが地方でも勝つのか、「社区」ビジネスで
はすでに多くの事業者に利用されるテンセントが裏で笑うのか。これか
らも競争の行く末が楽しみな領域だ。

〈Ⅲ　商品ラインナップ強化〉
　何が届くか実物を見ることができないのが、生鮮 EC にとって大きな
利用の障壁であり、そのために信頼を勝ち取ることが必要であると述べ
てきた。その獲得とともに、他者との付加価値の違いを明確に示せれば、
利用単価を上げることもできる。

　そのためにしばしば行われるのが、プライベートブランド（PB）の
開発だ。フーマーの場合、「日日鮮（野菜）」「帝皇鮮（海鮮）」がメイン
の PB だ。新しい会員専用店舗では「MAX」というブランドも導入さ

---

*24　めったに起こらないが壊滅的な被害をもたらす事象のこと。

れており、2020 年の段階で 10％ 程度の対売上比率を、5 年以内に 50％
まで伸ばすことを目指すとしている。

　商品としての加工程度が少ない生鮮食品では、産地や製法がブランド
の大きな拠り所になる。前述したように、フーマー事業のトップ 2 人が
ともに農業 DX 事業部のトップを兼務していることには、恐らくこうし
た意味合いもある。

　これは文字どおり仕入れ先である農場の DX を推進する部署で、全国
1,000 以上の「スマート農業基地」でスマホや各種ビッグデータなどを
使った収穫予想や作業、物流のデジタル化・効率化を進め、2019 年の
双 11 当日の 70 億元以上を超える農産品の売上に貢献したと報じられて
いる。これはアリババ集団全体としてのビジネスだが、フーマーの名義
でも全国に専用の「フーマー村」を設け、サプライチェーンを強化して
いる。

　日本と同様か、それ以上に中国でも農産や畜産などの大規模集約化・
標準化は大きな課題となっている。まだまだ昔ながらの人手に頼った管
理が一般的で、単位面積あたりの売上効率が低いのだ。

　また一般的なスーパーにあるのは、トマトであれば「トマト」1 種類
で、日本のような産地や農家、製法によるブランド化はまったく進んで
いない。生産や流通の過程にブラックボックスが多いことが、このブラ
ンド化を阻む 1 つの原因と言われる。

　したがって、農業のスマート化とブランド構築は大きなビジネステー

 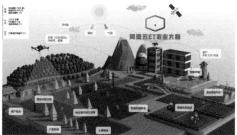

農業DXを進める「フーマー村」（左）、アリクラウドを利用したスマート農業の模式図（右）

フーマー店舗のフードコートの火鍋

マであり、アリババだけでなく、ファーウェイやネットイースなどの大手インターネット企業もこぞって参入している。デジタルとはまったく無縁の領域の農業や畜産が最先端のITに結びつくというのも、面白い現象だろう。

　　　　　　　　　　ブランドと単価を引き上げるためのもう1つの鍵が、独自商品である加工食品を増やすことだ。フーマーは2019年末には火鍋のデリバリーに参入、2020年から店舗併設のフードコートでも提供している。

　火鍋は様々な食材を加工しセット売りすることで単価を上げられる。また、生食ではなく味の濃い調味料につけて食べるので、鮮度への要求も低い。日本のスーパーでも一定時間が経過した生鮮食品を弁当など加工食品として売ることが行われているが、同じような考え方だろう。

　そして2020年3月には、コロナ後の需要激増に対応するかたちで3R（Ready to cook, Ready to heat, Ready to eat）事業部を立ち上げ、調理不要ですぐ食べられる惣菜など、いわゆる中食への本格参入を表明した。これもまた同じ流れの中での打ち手と言っていい。

　こうした個別の打ち手は「点」で見れば、恐らく日本で小売を手がける事業者から新しいとは映らないだろう（それが「フーマーは新しくない」という感想につながってしまう）。
　3R事業部は、トップの侯毅自身が「フーマー事業を立ち上げるにあ

---

*25　惣菜や弁当などの調理済み食品を自宅で食べること。レストランで料理を食べることを「外食」、手づくりの家庭料理を自宅で食べることを「内食」と呼ぶのに対し、外食と内食の中間に位置づけられることからこのように呼ばれる。

たって、日本で視察してアイディアを得た」と語っているし、同業比で
高いと言われる店舗の坪単価も、実は日本のスーパーと比べるとかなり
低い。これはまさに SKU の少なさや付加価値商品の少なさが原因と考
えられる。

　PB の推進も、日本のスーパーでは 1980 年代、1990 年代のテーマで
ある。たとえば、日本の GMS[*26] の代表格であるイオンは、2009 年にイオ
ンアグリ創造株式会社を設立し、20 の直営農場を持つ。さらに言えば、
近所への配送も（所要時間は長いが）日本でも普通に行われている。

　しかし繰り返しになるが、フーマーが新しいのはそうした要素が「線」、
あるいは「面」としてつながった「生鮮 EC」というエコシステムを備
えていることだ。その一部であるスーパーマーケットの機能は日本に一
日の長があることは事実だが、EC としてのアプリの使用感やオンライ
ン／オフラインをまたいだ在庫管理、配送網の構築、店舗での「買わせ
る演出」などが組み合わさった「総合的な顧客体験」においては、圧倒
的な違いも感じる。

　このようにオンライン・オフラインだけに限らず、多業態の様々な接
点がそれぞれの強みに特化したかたちで存在し、利用者に総合的な体験
を与えられるのが、本書で定義するところの「オムニチャネル」なのだ。

　そうしたことを念頭に置いた上で視察に訪れたら、フーマーはまだま
だ様々な学びのあるブランドではないかと感じる。

─── ②省人化が実現する「欲しいときにすぐ買える」

　前項では「融合」として、フーマーの業態と拡大を例に紹介した。実
店舗が EC の一部として、時には物流の拠点、そして時には商品の信頼
性を保証するショーケースとしての機能を担うという位置づけだった。

---

*26　「General Merchandise Store」の略。米国では日用品を幅広く取り扱う郊外の雑貨店や大衆品
や実用品を幅広く扱う大規模な総合小売店を指すが、日本で、総合スーパーのことを指す。

生鮮EC拡大にとってのボトルネックは、ECという電子的な手段では解決できない配送の物理的距離だった。

　利用者の立場から考えた場合、ECで絶対に解消されないのは「すぐに届くことはない」というストレスだ。最も速い個別配送のフーマーでも最短30分かかる。ヒトが店舗に行くにせよ、モノが家に届くにせよ、そのふたつが同じ場所にたどり着かないといけないので、どんなに技術が発展しようとも、移動時間はどうしてもかかってしまう。

　しかし、現実には「喉が渇いた」「通勤途中に朝食を買いたい」「料理を始めてから調味料を切らしていることに気づいた」など、「すぐに入手したい」ニーズは根強く存在する。

　本項で紹介するのは、そうした「すぐに品物が手に入る」ことをいかに実現するか、というケースだ。そのためには店舗数や密度を上げ、さらに生活導線に沿って合理的に配置することで「買いたいと思ったときにわざわざ移動する」手間を省くことが重要だ。

　小売業でまさにこれを実践しているのが、コンビニエンスストアだ。日本のEC化率が低い理由は、単に遅れているというわけではなく、特に都市部でこうした店舗の分布が非常に合理的で数も十分にあるため、すでにかなり便利だからということの裏返しでもある。

　店舗数を増やす上での最大のネックは、資金調達と人材だ。だからフランチャイズのような方式が生まれ、開業・運営の資金や教育の負担を分かち合うことで拡大のスピードを担保する。ECとの競争に勝つためには負担をさらに低減し、生活の中での体感店舗密度を上げる必要がある。

　コンビニの運営コストの中では、人件費の占める割合が高いと言われている。これを低減する試みとしても注目されたのが、2017年頃に中国で大流行し、日本でも注目を浴びた「無人コンビニ」だ。本項ではこ

の様々な技術の集合体である無人コンビニの出現と失敗、その系譜の日中での現状を紹介することを通して、その可能性を探ってみたい。そこからは中国をはじめとした諸外国にはない、意外な日本の強みも見えてくる。

また、コスト削減としての無人コンビニ業態に加え、後半では「生活上の体感密度」を上げるための効率的な店舗配置についてもいくつかの実例を紹介する。

〈そもそも「無人コンビニ」とはなんだったのか？　初期型とその失敗〉

「無人コンビニ」という言葉はある種のバズワードで、言葉だけを見ても正確に意味がつかめない。この業態はこの言葉によって注目を浴びたと同時に、それが持つ過剰な期待感に苦しめられてきたのではないだろうか。

まず具体的に何が通常の店舗と違うのか、よく見てみることから始めよう。

すると実際には「レジ要員がいない（＝レジレスの）無接客店」と言ったほうが正しいことがわかるだろう。無人といっても、品出し・陳列や清掃といった業務は人間が担当しており、結局「レジ処理をする常駐スタッフ」が減っているだけなのだ。

だから現在の日本の大手コンビニやスーパーがリリースする類似のサービスで「無人」をうたうところはなく、一般的に「レジレス」「省人化」という言葉が使われている。

常駐者がいない省人店舗業態では万引きのリスクが高まるので、その防止・抑止対策も不可欠になる。したがって、どのタイプの事業者でもこの２つをセットで行うが、それぞれにいくつかの手法があり、長所・短所もある。

省人化ストアに用いられるレジ効率化の技術は、読み取り方式によって以下の図表2-4のように大きく3つに分けられる。

図表2-4　省人化ストア　タイプ別の利点と欠点

名称	事業者の利点	欠点	ブランド別
RFID	商品形状を気にしない。認識ミス有	タグ原価+貼り付けコスト増	BingoBox、ローソン
ウォークスルー（カメラ+画像認識）	タグ不要、レジなしなので設置コスト／滞留なし	利用者は支払情報を事前登録要、全商品登録要、設置コスト増、認識精度に課題、非定型商品に弱い	Amazon GO、TOUCH TO GO、雲掌
スキャン&ゴー（バーコード）	従来のバーコードをそのまま利用可。スキャンを売り場で行わせることでレジ時間短縮可	利用者の手間増	多くのスーパー

公開資料より筆者整理

それぞれに利点・欠点があり、万能の正解は今のところ存在しない。それぞれの仕組みと利点・欠点を、事例を基に紹介しよう。

ここでRFID型の例としてまず取り上げるのはBingo Box、日本で「中国の無人コンビニ」が注目されたきっかけとなったブランドだ。その仕組みと失敗は、この課題を非常にわかりやすく教えてくれる。

「コンテナ型」とも呼ばれるBingo Boxは設置とランニングコストが極端に安いため、簡単に収益化が可能という触れ込みだった。「コストを下げて大量に出店し、ECに立地で勝つ」という発想から考えれば、論理的には最も有望な業態だったと言っていいだろう。

特に上海郊外のスーパーマーケット「欧尚（Auchan）」の駐車場に設置された店舗は、国内外から多くのメディアが取材に訪れ、日本でも少し有名になったので、ご記憶の人も多いはずだ。

Bingo Boxの場合、レジレスに関しては商品へのRFIDタグ貼り付けとそれを読み取る形式のセルフレジを採用し、万引き防止として店舗をSNSウィーチャットのQRコードで開錠入店する「閉じ込め式」を採用した。会計が終わるまでは店内ドアがロックされているため、逃げら

れることはない。

　しかし、当初は投資も多く集め、非常に順調に見えた Bingo Box はすぐに行き詰まった。その原因はそもそもビジネスモデルとして成り立っていなかった上に、有人店舗に比べて利用者のメ

上海郊外のスーパー駐車場に設置されたBingo Box店舗（2017年7月撮影）

リットが少なかったこと、と言ってしまってもいいだろう。

　まず、利益見通しの不透明さが大きな問題だった。レジレスのために導入した RFID タグは、使い捨てなので原価に上乗せされる。しかもすべての商品ごとに手作業で貼り付けなければならないため、作業コストも発生する。

　中国のコンビニの平均単価は 10 〜 20 元程度とされる。日本同様、営業利益率が 2 〜 5% 程度だとすると、利用者 1 人あたりの利益は 0.53 元前後。それに対して RFID タグのコストが 0.3 〜 0.8 元程度かかる上に、取り付け作業費用が別途かかる。

　「これは推測も含めた幅のある、しかも机上の計算にすぎない」といえば、否定はできない。しかし、多少の原価低減や作業合理化を行ったとしても、あまり旨みのあるビジネスになるとは思えないのも事実だろう。もしあなたが投資家だったとして、毎年数倍成長するようなベンチャー企業がひしめいている中で、これに投資しようとはなかなか思えないのではないだろうか。

　私が訪れたことがある Bingo Box の店舗には、コカ・コーラなど定価が固定的で有名な商品は非常に少なく、逆に見たことのないローカル

ブランドが大半を占めていた。

　おそらく無名ブランドの大量仕入れなどで原価を浮かせた分で利益出しを試みたのではと推察するが、かなり切羽詰まった危ういテクニックだろう。

　また、スタッフが常駐していないので、おにぎりやサラダなど賞味期限は短いものの比較的単価の高い食品も置けない。RFIDの利点（でありカメラ型の弱点）のひとつは、タグだけで商品を管理するため、逆に言えばタグを貼り付けてしまえば、どんな形状のものでも商品として扱えることだった。

　これにより野菜や果物といった個体差が大きいものでも対応できる。しかし、そもそもスタッフがいないため、こうした生鮮食品の管理は困難で、この強みを生かすこともできていなかった。

　元々中国のコンビニは、営業免許の問題などから揚げ物などの現場調理ができず、センターから送った商品を並べるだけだ。公共料金の支払などはウィーチャットを使ったほうが便利でもある。

　だから売上構成は朝のパンやコーヒー、たばこや飲料水などが中心になり、そもそも日本に比べて単価が上げにくい。また、雑誌が日本のようには読まれないので、それを目的に定期的に訪れる客もいない。先ごろローソンが中国進出から25年でようやく黒字化を果たしたように、日本に比べると所得水準差だけでは説明できないビジネスとしての難しさがある。

　そんな状況の中で、重要な来店のモチベーションになるはずの商品がよくわからない無名ブランドのものばかりで、しかも安いわけでもないとなれば、固定客はつかないだろう。

　また、万引き防止のためにウィーチャットとSMSを利用した施錠方式が採用されたが、開錠が面倒だとも言われた。入り口のQRコードを読みとった後に出現する画面に電話番号を入れるとSMSで認証コード

が届くという一般的な方法なので、面倒といってもさほど複雑なわけではない。とはいえ、普通の店の扉は押せば開くものだ。

　それより大きな問題は、施錠により1回あたりの入店人数が限られることだ。これは特にピーク時の売上に響く。
　都市型のコンビニは、出勤前、昼食時、帰宅時間帯などにラッシュ時間がある。Bingo Boxの場合は、仕組み上1回に1人しか入れず、似たような方式の店舗で多くても同時入店は3人程度、もし利用したければ店舗の外で待つことになる。
　売上面でも、仮に1人の客が開錠してから店内を歩き回って会計を済ませる時間を3分と見積もった場合、1時間に最大20人、先ほどの客単価10〜20元を掛け合わせても最大400元にしかならない計算だ。

　採用した方式の持つ欠点を補えなかったことに加え、出店戦略もかなり粗雑だった。コンビニに代表されるフランチャイズ・チェーンストアビジネスでは、地域内の出店密度を上げてブランドの認知度や配送の効率性を高めるドミナント戦略が採られる。しかし、Bingo Boxは全国各地でとにかく手当たり次第に店を増やそうとしたようだ。店が地理的に分散した結果、配送物流が滞って欠品が相次いだことも人気を落とす原因になった。
　店舗の地理的な配置が影響するのは、配送だけではない。常駐者がいないので、本来営業の片手間にできる簡単な清掃やフェイスアップ（棚前面の商品を整える作業）なども、いちいちコストをかけて人員を派遣する必要が出てくる。地域に1店舗しかないのにそのために人を雇えば、本来店舗の無人化でコスト低減するはずだったのに元も子もない。ということでこうした管理も満足に行われず、店は荒れていった。

　このように今から振り返ってみれば、Bingo Boxのビジネスモデルはどういう勝ち筋を見込んで立ち上げたのか不思議と言っていいほど、問題に溢れていた。

しかし、RFIDを利用するという仕組み自体に罪があるわけではない。事実、日本でもユニクロなどではRFIDタグを利用したセルフレジが成果を上げている。製造工程の管理などにも使われるRFIDは、売り場陳列前の検品効率化にも非常に役立つともされている。

　Bingo Boxは注目を集めたものの、それはビジネスモデルが優れていたという理由ではなかった。しかし、出店戦略は論外にせよ、ここで採用されたRFIDや入店方式はその後改善され、あるいは新しい方式が生まれることで解消されていく。

〈Amazon Goも採用したカメラ方式の未来体験と日本での実用例〉

　次にカメラを画像認識の方式として採用している例だ。米AmazonGoやNTTデータと協業を発表している中国の雲拿（クラウドピック）などが、現在この方法を採用している。「店に入って好きな商品を手に取って外に出るだけ」という体験の目新しさが話題になった。

　この方式の最大のメリットは、店内で精算が不要なことで、レジもない。カメラとセンサーによってどの商品を棚から取ったかが記録され、退店が確認されたらあらかじめ登録したクレジットカードなどから、その金額を引き落とす。だから万引きの心配もない。

　またRFIDと違い、物理的なタグを貼り付けるわけではないので、商品ごとの追加コストはかからない。レジ用のスペースも不要で、店内面積の有効活用にもつながる。

　先行したBingo Boxが大失敗したこともあり、そのRFID＋コンテナ方式と比べていいところばかりと思われるかもしれない。しかし、そんな美味しい話は残念ながらないようだ。たしかにその問題を解決した一方、支払情報の取得と高い固定費といった違った課題が浮上したのだ。ただし、すでに日本でも実用に耐えるシステムとして使われ始めている点は大きく違う。

　日本におけるその代表格が、JR 東日本系とサインポスト社による
株式会社 TOUCH TO GO（以下 TTG）のシステムだ。山手線の新駅
「高輪ゲートウェイ」構内の独自店舗のほか、KINOKUNIYA やファミ
リーマートなどとの提携店舗も運営しており、目下、商業化の実績が最
も多い。

　ここからは日本の読者が比較的気軽に訪れることができる TTG 方式
を解説していくが、それも Amazon GO と完全に同一ではないので、
比較しながらの紹介としたい。
　大きな違いは、画像認識の使われ方と退店前にセルフレジでの支払い
が必要になるというプロセスだ。

　画像認識に関しては、公式の情報がないため、実際に店舗内の観察を
もとに簡単に紹介する。
　Amazon GO はカメラで顔と商品画像を認識し、誰が何を手に取った
かを記録し、請求する。それに対して TTG は、来店客の位置情報のみ
をカメラで追尾、具体的に何を手に取ったかは商品棚に設置された秤の
重量変化を検知し、2 つの情報を掛け合わせて「誰が」「何を」ピックアップ
したかを判定しているとさ
れる。

　TTG 店舗では入店の
際フラッパーゲートを通
過するが、特に認証手続
きの必要はない。[*27] 同時入
店人数は、後述のように
システム負荷の上限の関
係で制限されており、そ
の制御とおそらく前述の

高輪ゲートウェイ駅構内のTOUCH TO GO店舗

---

*27　報道によれば、赤羽駅での実証実験段階では、入場時にSuicaのタッチが必要だったとのこと。

位置追尾用カメラの初期位置設定のためのゲートだろう。

　レジの存在については、利用者の支払情報を持っているかどうかが関係してくる。Amazon Go はアマゾンアカウントを使う。そこには支払情報が登録してあるので、入店時にその存在さえ確認できれば、請求漏れはない。多くの人がすでに持っているので、改めて作成する必要もない。

　こうした母体を持たない TTG は、代わりに東京圏では 8 割以上が保有している Suica などの交通系 IC カードやクレジットカード[28]で支払う。ただし、Suica は事前に必要金額をチャージして使うプリペイド方式[29]であり、個人情報と紐づけずに買うことも可能だ。必ずしも口座やクレジットカード情報とも紐づいておらず、後日請求の機能もない。だから店舗にレジを設け、必ず精算を完了してから退店してもらう必要がある。
　ただ通常のセルフレジと違い、レジ前に着いたときには店内でピックアップした商品がすでに登録されている。精算といっても、その内容を確認の上、問題なければ Suica でタッチするだけなので、一般的なレジ作業に比べると時間も手間も少ない。

TTG方式を採用した「ファミマ‼サピアタワー／S店」入り口

しかし、TTG はこのレジがあることが原因で、「来店客がレジに到達する前にピックアップした商品のデータを処理し、レジに送らなければいけない」という Amazon Go にはない厳

*28　開業当時は、交通系ICのみで、クレジットカードは後から追加された。また、ファミリーマートとのコラボ店舗「ファミマ‼サピアタワー／S店」では現金の使用も可能。
*29　対して、Amazon Goが採用するのは、クレジットカードを前提としたいわゆるポストペイ方式。

しい時間制限がある。

　現状では、そのシステム負荷上限が同時入店可能な人数を制約するボトルネックになっているとされ、高輪ゲートウェイ駅では 60㎡、日販 30 万円という一般的なコンビニの半分程度の営業規模にとどまる。

　整理すると、レジは支払情報を事前に取得できないことから設置必須で、その存在が間接的に店舗の面積に上限を設けているということになる。

　同じく画像認識型カメラ型のクラウドピックのシステムなどのように、会社施設内で社員証を利用するなど閉鎖空間を前提に業務設計することで、このボトルネックを解消しているサービスもあるが、この場合公共の場所に設置することはできなくなる。

　とはいえ、5G の普及による通信容量・速度向上や運営見直しによるデータ量の削減などでここが改善されれば、将来的には TTG 方式も通常規模店舗にも対応できるようになっていくのではないだろうか。

　また、RFID 式は、レジに読み取り設備がありさえすれば運営が可能だが、この方式はカメラやセンサーを大量に導入する必要があり、店舗の初期コストは面積に応じて相対的に高くなる。

———————

　EC にない「欲しいときにすぐ手に入る」という利便性を提供するためには、省人化してコストを抑え、大量に出店するだけでなく、その効率的な配置も必要だ。

　需要地点は大きく住居付近、職場や学校、そしてその移動経路に分けられる。

　Bingo Box の 1 号店舗は広東省中山市の高級団地の中に設置されており、その住民が主な利用者だった。また日本でも、NEC 系など 3 社が

長崎でマンション居住者向けに限定した無人店舗を運営している。利用者を限定することで、置ける商品の数に限界がある小規模店舗のラインナップを絞り込めるし、同時に外部者が少ないので万引きや損傷のリスクを抑えることもできる。

生活導線の起点・終点になるオフィスも当然ターゲットになる。新型コロナ流行後テレワーク導入が進んだとはいえ、それが可能な業種ばかりではない。

日本では600株式会社が「オフィス向け無人コンビニ」として展開しているサービスがあり、月額3万円から自動販売機のようなキャッシュレス筐体<ruby>筐体<rt>きょうたい</rt></ruby>を設置することができるとする。同社は集合住宅内への設置も同時に進めている。

この600方式の「無人コンビニ」は、自動販売機に酷似していると思われないだろうか？ 日本では非常になじみ深い自動販売機は、実は現在の無人店舗の持つ課題の解決方法のひとつかもしれないと私は考えている。

通常の店舗の利用フローは入店後「①商品探索とピックアップ→②レジへ移動→③会計（商品読み込み＋精算）」という順番になる。売上と顧客体験を最大化するためには、できるだけ入店者数を増やしながら、

「無人コンビニ600（公式サイトより）」

その後の店内で過ごす時間を短縮する（と同時に滞留させない）ことが大切になる。

たとえば、商品をピックアップしたらそのまま店を出られるAmazon Goは、②と③を丸ごと削減しているということ

になるので、インパクトが大きい。

　自動販売機は、①扱い商品は一覧性高く表示されるため探索の手間はなく、ボタンを押せば取り出し口からすぐに商品を取り出せて、②移動の必要もなく、③自分で商品のバーコードなどを読み取る必要もなく、最近では Suica などでの支払いも可能だ。慣れている商品を買うのには 5 秒もあれば十分だろう。定期的なメンテナンスは必要だが、陳列や清掃の必要もなく、完全に無人で運用が可能なので人件費もかからない。

　Bingo Box の少し後、中国では「F5 未来商店」というブランドが、実質的には巨大な自動販売機を「無人スーパー」として売り出していたことがある（ちなみに中国の Bingo Box も、法律上は大型自動販売機という立て付けで設置されており、通常の店舗建物建設に必要な申請を出していなかったことが原因で地元当局と紛争になったことがある）。
　しかし、これはおそらく自動販売機としては段違いに大規模な設備の導入・運用コストと、その割には扱える商品が少なく売上が伸びないといった事情で、あっという間に名前を聞かなくなった。レジ要員数人を削る代わりに高額で巨大な機械を導入しなければならないとすれば、それもまた本末転倒だろう。

　とはいえ、F5 未来商店はセントラルキッチンで途中まで加工済みの食品を注文を請けてから加熱して提供する形式が人気で、無人コンビニをうたうスタートアップのほとんどが淘汰された 2021 年現在でもしぶとく生き残っている。運営システムについての詳細が明かされていないため断言はできないが、加工食品によって利益率が高まる反面、それらを扱う機器の導入・運営コストは安くないはずで、どのような収支になっているかが気になるところだ。設立から 5 年経ってまだ 50 店舗という店舗数は、その道のりの困難さを表している。

　ただし、中国において F5 や他の自動販売機型無人店舗が成功しなかっ

たからといって、このアプローチ自体が否定されるものではないと思う。

　中国は日本と違い、自動販売機は非常に少なく、20万台程度と言われる（日本は飲料だけで約250万台、同米国300万台）。技術・ノウハウ・経験すべてが少ない中で、自販機をさらに進化させた業態に挑戦した勇気は称賛に値するが、やはりそこには難しさがあったに違いない。

　しかし、日本ならば可能性があるかもしれない。日本は人口あたりの自動販売機の数や利用頻度が他国に比べて段違いに多く、利用者側も自動販売機でモノを買うことに慣れている。

　実は他国の自動販売機は数だけでなくバラエティもあまりなく、ホット＆コールドの両方を1台で売る機械や、飲料以外の物販用途の自動販売機が多いのも日本の際立った特徴だ。たとえば、2019年末には松屋が牛丼を売る自動販売機ビジネスに進出したことも話題になった。

　日本では自動販売機で飲料以外を売る場合、その商品ごとに飲食店や喫茶店としての営業許可が必要な場合が多い。また、それぞれの業界団体のガイドラインなどもクリアする必要があるため、簡単には参入できない。特に大きな収益源とされるアルコールやたばこは、現状の法規では成人であるかをいちいち確認する必要があり、全自動化が難しいといったハードルがあるのは確かだ。

松屋の牛丼自動販売機（公式サイトより）

　しかしコロナ流行後の非接触需要の高まりもあってか、餃子、ラーメン、ハンバーグなどの冷凍食品、イカの塩辛、海苔やエビフライといったものまで、一層多くの商品が自動販売機で売られるようになっている。

　また、ダイドーの新型自販機は、顔認証＋パスコードで商品購入

ができたり（要事前登録）、日本コカ・コーラが1日1本飲める自販機サブスクリプションサービス「Coke ON Pass」を開始したりと、自販機での買い方や使い方にも新しい方式が続々と生まれている。

　こうした技術やノウハウの蓄積は他国にはないものであり、ある程度品筋や用途、設置場所を絞るかたちであれば、日本ではこのような自動販売機の発展形としての「超小型無人店舗（もはや店舗と呼べるかはわからないが）」に可能性があるのではないだろうか。

　先払い後出しであり物理的に破壊しないと品物を持ち去ることができない自動販売機は、万引き防止にも効果が高い。とはいえ、常にメンテナンスや補充が必要でもあり、大都市圏のエキナカやショッピングモール、オフィス、マンション敷地内などが適しているだろう。

　F5が失敗したのと同様、自販機は設置コストと取扱商品点数の少なさにおいてはハンディを抱える。日本のコンビニのSKUは平均して1店舗あたり3,000程度と言われる一方、たとえば比較的収容点数が多い飲料の自動販売機でも1台あたりその1/100程度の30〜36SKU程度しか売ることができない（ちなみにTTG高輪ゲートウェイ駅店は600程度）。まさか1つのコンビニの代わりに100台の自動販売機を置くわけにはいかないだろう。

───────

　では、棚を固定しなければどうだろう？　自動販売機にしろ店舗にしろ、SKUが増やせない理由は1つの棚を1つの商品が専有していることだ。
　それなら、たとえばアプリ経由で注文を受けてからスタッフが倉庫からピッキングしてロッカーに補充し、利用者は到着次第そのロッカーから受け取る方式にすれば、解消できるのではないか。完全な無人ではな

くあくまで省人化ではあるが、接客の必要がなくなる上に、こうすれば扱う SKU をはるかに拡張することができる。

　実は、これはフーマーが都市向けに多様化させた業態の1つ、盒小馬（2020 年 7 月に Pick'nGo から名称変更）で実際に採用している方式だ。同時に、これは自宅とオフィスの中間、通勤経路を狙って設置されているという意味でも、よく考えられた事例だ。

　盒小馬は店舗右側の緑部分がロッカーになっており、事前にアプリ経由で注文しておけば自分の買ったパンやコーヒー、まんじゅう、粥などがここに入れられ保温されている状態で提供される。すでにアプリ経由で決済されているのでレジはもともと不要だし、登録者でないとロッカーが開かないので、万引きされる心配もない。業態開発当初は想定されていなかったはずだが、特に新型コロナ流行後の非接触への要望の高まりにも対応している。

　この業態では、とにかく暖かいものを好む中国人の食習慣に合わせて用意された簡単な現場調理のためのスペースが大きな面積を占めている。ここに人間の担当者がいるので防犯効果もあり、清掃や簡単なメン

上海の盒小馬と実際のメニュー（右）

図表2-5　省人化ストア設置メリットおよびコスト

	自動販売機	ウォークスルー型		盒小馬	RFID
		カメラ画像認識	カメラ+センサー		
適した設置場所	閉鎖空間	閉鎖空間/公共空間	公共空間	公共空間	公共空間
設置コスト	×	×	○	○	◎
運用コスト	○	○	○	×	◎
品揃え	×	◎	○	◎	×
利用者メリット	◎	◎	○	◎	×

公開資料より筆者整理

テナンスを行える反面、バックヤードが狭いので直前注文で提供できる
商品は限られる。ただし、フーマー自体の配送網があるので、翌日受け
取りであれば、事実上 EC によく見られるデリバリーボックスのような
使い方が可能で、選択肢が大幅に広がる。

　日本での適切なレイアウト・商品はまた違うだろうが、「事前注文・
決済が必要な代わりに店内回遊が不要で、待たずにその場で受け取れる」
という特性は、同じ商品を毎日反復的に指名買いすることが多いコンビ
ニ需要には合致しているのではないかと思われる。

　なお冒頭に挙げた 3 つの方式の最後が、利用者自身がバーコードを読
み込む「スキャン&ゴー」方式で、日本の大手スーパーのイオンやトラ
イアルなどで導入されている。

　これはボトルネックになりがちなレジ作業を「商品読み込み」と「支
払い」の二段階に分割し、前者の読み込みを手元端末で店内を回遊しな[30]
がら行うことで、セルフレジ前での作業を支払いのみに減らしてボトル
ネック化を防ぐものだ。TTG 方式が秤で行っている作業を来店客が人
力で行っている、とも理解できる。

---

*30　方式によって、買い物カートと一体化されているもの（トライアル）、別途端末を貸し出すもの（イオン
の「レジゴー」旧式）、独自アプリを用意しているもの（2021年4月より展開するイオンの新式）などがある。

大手スーパー「トライアル」のレジカート（左）、イオンのレジゴー（右）は貸し出し端末かスマホアプリで読み込む

　従来型セルフレジはもともとスタッフが行っていた読み込み作業負荷を利用者にそのまま転嫁するもので、個人的にはあまり好ましいこととは思えない。

　しかし、実際に体験してみると、商品をピックアップするごとに行う読み込みは軽快で、作業感はあまりない。トライアルのレジカートの場合、商品レコメンデーションやクーポン発行などのベネフィットも提供しており、総合的に考えれば、win-winであるということなのかもしれない。

　ただし、この方式は滞在時間が長く購入点数も多い大型店舗向けのもので、「コストを抑えて出店を加速させることでわざわざ行かなくてもいつでもすぐ近くにある店になり、ECとは違う価値を提供する」という本項の趣旨からは外れるものとなる。

──── ③ECでは提供できない「店の楽しさ」を追求する

　ここまで「ECの一部としての体験の場」としてフーマー、「『欲しいときにすぐ買える』というECにない価値を提供する」TOUCH TO GO（TTG）、そしてその先の自動販売機の可能性を紹介した。

　しかし、実は日本にはその一角である「速い（＝すぐに見つかる）」検索性や視認性の高さを捨てるどころか、あえてその真逆、利用者を店内に滞留させ、楽しさを演出することを方針とする会社がある。それがドン・キホーテ（PPIH、株式会社パン・パシフィック・インターナショナルホールディングス）だ。

　ドン・キホーテは「時間消費型アミューズメントディスカウンター」と自らを定義してきた。店舗の魅力を「魔境感」という言葉で形容するドン・キホーテが行う、現場への大幅な権限移譲による店ごとにまったく違う品揃えと独特の圧縮陳列、大量のPOPや曲線を用いた導線設計は、通常の小売業が目指す整然・効率といったものとはかけ離れているようにみえる。

　しかし、「雑然とした陳列から自分の欲しいものを宝探しのように探し出すのが逆に面白い」ということで業績を伸ばし続け、2020年6月期まで31期連続増収増益を達成していた。新型コロナによるインバウンド免税需要が一気にゼロになったことで、足元のドン・キホーテ単体事業では減収減益だが、海外需要や後述するUDリテール（ユニーとドン・キホーテ業態を合体させた業態）の好調が全体を支えている状況だ。

　2018年のインタビューで、大原孝治HD社長（当時）が「音楽でたとえればアマゾンはストリーミング、ドン・キホーテはライブ会場だ。ストリーミングが広がったからといって、ライブを楽しむ人が減るわけではない。ドンキはライブ会場として、お客さまに楽しんでいただくためのエンタテインメント性を高めていく」という言葉はまさに、情緒的価値の追求そのも

一見雑然とした「圧縮陳列」と大量のPOPで知られるドン・キホーテ店内

ドンキの「魔境」とは
What's "Magical Space"?

非合理でアナログの極致とも言える、当社独自のワクワク・ドキドキする買い場
Our unique exciting and heart-pounding sales space. It is an extreme example of irrational and analog space.

出典:ドン・キホーテ(当時)2018年6月期決算発表資料より

のだろう。

　一般的に店舗もまた効率を求めるが、効率だけを追求するならば、いくら努力をしても最終的にECには勝てないということになる可能性もある。そうした競争に踏み込まないための差別化としてのエンタメ要素の組み込みは逆張りではありつつ、理に適っている。

　とはいえ、その店頭は単に楽しく見えるものを雑然と並べてつくられているわけではない。定期的な来店が見込める食料品を地下フロアなど、導線の奥で安く提供し、そのエサに至るまでの導線上に利幅の大きい雑貨を詰め込み、「ついつい」一緒に買ってもらうことを狙っている。そうした大きな仕掛け以外にも、有名商品の隣に類似のプライベートブランド商品を比較できるように並べて安さを強調したり、棚を斜めに並べて陳列が目に入る可能性を高めたりといった陳列の工夫の徹底も、ドン・

キホーテの特色としてメディアによく取り上げられている。

こうした「考え抜かれたセレンディピティ（偶然の出会い）」の演出がもたらすエンタテインメント性は実店舗でありながら、実は第 1 章で取り上げた中国ライブコマース各社が描く将来像とも共通点がある。

ドン・キホーテは、創業者の安田隆夫氏が 1978 年西荻窪に開業した「泥棒市場」という名の店が原点だ。そのときから「ナイトマーケット」、つまり他の店が閉まった深夜の時間の夜遊び需要を取り込んで成長した歴史もあり、どうやって余暇時間に来店させ「暇つぶし」してもらうかを考え抜くことで拡大してきたと言っていいだろう。

ドン・キホーテがこうした DNA を生鮮スーパーに持ち込んだのが、新会社 UD リテールだ。この会社は 2019 年に完全子会社化したユニー傘下のスーパーであるアピタとピアゴの一部を改装した「MEGA ドン・キホーテ UNY[*31]」を運営している。

これは通常のドン・キホーテ業態の 1 フロアを生鮮スーパーとして使うものだが、そのレイアウトや陳列に「ドンキらしい」要素を付加して売上向上を狙うというものだ。実際に訪れた店舗では、有名なあの BGM だけでなく、トレードマークである圧縮陳列や POP などで一般的な生鮮スーパーとは様子がかなり異なっていた。

旧アピタを「ドンキ化」したMEGAドン・キホーテUNY大口店(左)、地下の生鮮食品フロアも「ドンキ化」している(右)

---

*31　生鮮食料品の扱いがない店舗は、MEGAのない「ドン・キホーテUNY」と区別。

ドン・キホーテの「主役」が店舗であることは確かだろう。また、「EC市場で大きなシェアを占めるアマゾンと同じ土俵で戦うのは愚の骨頂（大原孝治社長・当時）」として、いったん始めたEC事業から撤退した過去もある。

　しかし、コロナの影響もあってか、2020年8月に開催された決算説明会において、ECへの再参入を表明、DXもまた独特のかたちで進められている。

　まず、対顧客のコアバリューである「魔境感」と関わらないバックヤードや報告業務のデジタル化と効率化を積極的に進めている。その他に、アプリ「majica」は傘下のカード会社UCSの提供する金融機能を組み込むことで、ECやポイントカードのデジタル化に加え、電子マネーや保険など金融サービスにまで踏み込もうとしている。

　また、専用子会社マシュマロを設けて進めている複数の「マシュマロプロジェクト」は若者対策や事業投資、メーカーとの協業や店舗オペレーション改善など幅広い課題を対象にしているが、その中でも概要が公表されている「ブルーマシュマロ」プロジェクトが興味深いので、最後に紹介したい。

　「ブルーマシュマロ」では、AI（人工知能）やビッグデータを使った適切なプライシングモデルの構築を目指している。それ自体は他でも行われている取り組みだが、面白いのが、店舗はそのAIモデルを必ずしも採用しなくてもよいとなっているところだ。

　ドン・キホーテの店舗では、価格決定権もそれぞれの店長に委ねられている。店長は自らの裁量でAIの提案を採用してもいいし、従来どおりの経験と勘での値づけを行ってもよい。

　ただし、その結果を評価・検証し、AIをさらに学習させることが必須になっている。おそらく当初は経験豊富な店長の圧勝だが、学習が進むにつれてAIのパフォーマンスが改善されていくことを狙っているの

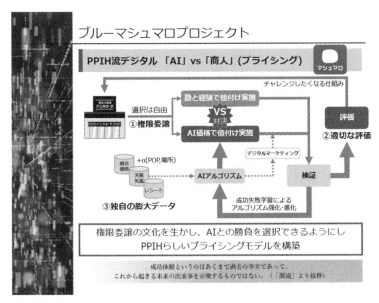

2020年2月に発表された新中長期経営計画より「ブルーマシュマロプロジェクト」概要

だろう。

　ただ、ドンキで扱う商品の価格は店舗ごとに相当違っていると言われている。立地によって利用客層も違うので、最適解も店舗ごとに違うことが予想される中、少ないサンプル数でどこまで精度を上げられるのかはわからない。とはいえ、頭ごなしにすべてを AI に丸投げするのではなく、「人間の知恵を AI と対決させ、取り込んでいこう」という発想はとても興味深い。

　「時間消費型ディスカウンター」を標榜するドン・キホーテだが、スマホ上で提供されるエンタテインメントと若者の暇つぶし余暇時間を奪い合う現状で、ディスカウント（＝安値）についても他の EC との厳しい競争に迫られているのも事実だ。
　しかし、「楽しい」「安い」の両方あるのがドンキであり、その強みを

余暇ではなく必需消費である生鮮スーパーに移植し、注力することは合理的な転換でもあろう。

　DX といっても、そこに画一的な正解があるわけではない。売り場から様々な要素を引き算して、効率化を進めることが多い中で、「魔境」ドンキが現場の知恵や売り場の雑然さといった一見無駄なものを生かす足し算のかたちで改革を進めるという点もまた、読者それぞれが自社の取り組みを考える上で、何らかの示唆があるのではないだろうか。

第 3 章

KOL：1,000万人インフルエンサーが
狙う巨大消費市場

第1章で紹介したライブコマースは、ECとしての本来の機能である販売（「何を」「いくらで」売るか）に販売員という人を介在させ、「誰が」「どのように」といった要素を足してコンテンツ化したものであると整理することができる。その販売員として活躍したのは様々な知見や特技を持ったKOLたちだ。

　とはいえ、KOLはライブコマースの流行によってはじめて生まれたわけではない。本章ではKOLの類型とそれぞれの抱える課題を改めて整理し、なぜ彼らがECと手を結ぶことになったのかを導き出す。

　KOLはKey Opinion Leaderの略で「多くの人に影響力を与える人」、日本では「インフルエンサー」と呼ばれる存在とほぼ同じだ。

　現在の日本の広告業界内では、インフルエンサー（中国語では網紅が近い）は「影響力（一定以上のフォロワー数）を持った発信者全般」、（使われる機会は多くないが）KOLは「その中で発信内容に専門性のあるもの」と区別して説明されることも多い。

　しかし私の知る限り、米国などでも初期にインフルエンサーという言葉が指していたのは「影響力のある専門家」で、KOLという言葉は存在しなかった。しばらく経って「インフルエンサー」が乱用されるようになって陳腐化した結果、本来のインフルエンサーとほぼ同じ範囲を意味する新語としてKOLが誕生した、と理解している。中国のSNSが盛り上がったのは少し遅い時期のため、ちょうどそのころ他国で流行っていたKOLという言葉が輸入され、主に使われるようになったのではないだろうか。

　現在の中国のKOLも、実態として専門性のない発信者でもKOLと呼ばれるなど、結局のところ意味上はほぼ同じものと考えて差し支えない。本書では中国の事例が多いことを鑑みて「KOL」に統一した。

　SNSを主な活動の場とするKOLは、データの時代に生まれた新しいタイプのスターだ。しかし、自らの芸ひとつで数百万、ときには数千万のフォロワーを動かす彼らといえども、決して怖いものがないわけでは

ない。その舞台であるSNSプラットフォームは、人集めと場の活性化のために多様な才能を必要とする一方、それらが自身でコントロールできないほど大きくなることを嫌い、巨大化したKOLとの間で摩擦が生まれる。

定義にもよるが、一説には中国には1,000万人以上のKOLがいると言われる。生まれて間もない業界であるにもかかわらず、中国国内で高まった投資熱にも背中を押されるかたちで様々な試行錯誤が行われ、現在では経済規模としても、活躍するKOLの幅においても、世界最大の市場となった。

本章では中国の様々な人気KOLを、①「その本質であるコンテンツクリエイターとしての側面が強い『発信型』」、②「ECやライブコマースを中心に活躍する『販売員型』」、そして③「技術の発展により生まれたVTuberのような『ヴァーチャルヒューマン型』」の3種類に分けて紹介する。

ブランドの具現化としてのKOLは言うに及ばず、カリスマ販売員KOLの登場は、「何を買うか」だけでなく「誰から」「どのように」買うかの占める比重の高まりという新しい消費の価値観を象徴していると言える。あるKOLが人気を集める背景には、核家族化、愛国心の高まり、あるいは通信技術の発展やメディアの急速なデジタルシフトなど、どの国でも起こっているような社会の変化がある。そうした点で見ると、日本で次にどのようなタイプが流行するのか、見えてくるかもしれない。

3−1 「究極のKOL」マーサ・スチュワート

　中国の例ではないし、現代の例とも言えないが、本章で最初に紹介したいのが「ライフスタイル提唱者の元祖にして、究極のキュレーター／KOL」、アメリカのマーサ・スチュワートだ。

　マーサのライフスタイルリーダーとしてのキャリアは、1982年に

出版され、現在でも人気の初の著書『Entertaining』のほか、多くのレシピ本をヒットさせたところからはじまる。

　1990年から発刊されている雑誌『Martha Stewart Living』は後にゲストとのトークや料理を中心にしたTV番組となり、優れた番組に与えられるエミー賞を6度受賞、1992年から20年以上放映された。

マーサ・スチュワートの著書『Entertaining』

　マーサは、こうしたメディアへの露出と並行して大手スーパーとタッグを組んで、自らの名前を冠した食器やインテリア、衣料品、クリスマスデコレーションなどを次々に開発・販売することで成功し、1999年にはニューヨーク証券取引所に自らの会社MSLOを上場させている。

　だが、2002年に未公開株のインサイダー取引で逮捕、5カ月の懲役を宣告され、その余波で自社の役員を辞任したほか、TV番組からの降板を余儀なくされる。

　しかし、マーサのキャリアはここで終わらず、その後復活するばかりでなく、さらに飛躍した。出獄後すぐにテレビやラジオのレギュラー番組を再開、映画に出演したり長年の友人である大物ラッパー、スヌープ・ドッグとの異色のコンビの料理番組をヒットさせたりと、活発に活

動した。

　メディアのトレンドの変化を敏感
に読み取り、ウェブや SNS を早く
から活用しているという点も際立
つ。もちろん公式サイトでは彼女が
プロデュースした様々な商品を買う
ことができる。また、自らのブロ
グやオンラインコミュニティでファ
ン同士の交流を促進させるだけで

なぜか仲の良いマーサ(右)とスヌープ・ドッグ

はなく、番組に有名ブロガーを呼ぶなど交流を図ったほか、Twitter や
Instagram でもそれぞれ約 360 万のフォロワーを抱える。
　現代の SNS 事情に詳しい読者はこの数字を見て、「今の世界のトップ
は 1 億フォロワー」などと思われるかもしれないが、マーサは最初の本
を出版したときすでに 41 歳、今年 2021 年は御年 80 歳になる（ちなみ
に離婚後、現在も独身で、71 歳の頃個人的にマッチングサイトに登録
していたことが発見され話題になった）。

　白人中流社会の誰しもが憧れるライフスタイルを体現するマーサは、
こうしてデビュー 40 年近く経った今でも、高い人気と知名度を誇る。
　実は、彼女は「モデルから株式ブローカーを経てケータリングビジネ
スを起業、自らのキュレーション力を生かしてマスメディアで活躍し、
その知名度を生かして自らの名を冠した商品を（大手小売と組んだ店舗
販売だけでなく、自らの運営するウェブショップでも）販売し、その会
社を上場させ、スキャンダルでの挫折にも負けず、時代の波に合わせて
自らの身を変え、SNS をも使いこなす」という、この後本章で紹介す
るほぼすべての手法をとっくの昔に行い、ここで登場する誰よりも大き
な成功を収めている。
　もし半世紀遅く生まれていれば、現代の誰よりも突き抜けた「究極の
KOL」になっていたことは確実だろう。

3−2　プラットフォームとKOLとの複雑な関係

　次にKOLとその活躍の場であるSNSプラットフォームとの関係について確認しておきたい。よく「ネットの時代は個人の発信力が強くなる『個の時代』だ！」と鼻息を荒くしてサロンを開いている「インフルエンサー」を日本でも見かけるが、実際のところ、その多くはプラットフォームという大きな釈迦の手のひらの上で踊っているに過ぎない。

　世界最強の国家であるアメリカの前大統領が常々プラットフォームから警告や制限を受けていたことを思い出していただきたい。

　ただし、KOLも単に支配されているわけではなく、プラットフォームを拡散＆マネタイズ装置として利用する。

　プラットフォーム側もまた、自らのユーザ規模拡大にKOLの人気を利用したいという思惑から、設備を貸し出す、育成プログラムを提供する、あるいはもっと直接的にトラフィックを流し込むなどで成長を後押しする。ある種の相互依存関係にあるのだ。

　またKOLが集まってMCN（第4章で紹介）を結成することがあるのは、こうした綱引きの中で少しでも発言権を増し、プラットフォームとの交渉を有利に行いたいという意図もある。

　多くは元々個人であるKOLにとって、プラットフォームから与えられる支援はありがたい。しかし、1カ所に頼りすぎてしまうと、生殺与奪の権を握られることにもつながりかねない。また知名度が上がれば、他から良い条件で声がかかることも多い。

　一方プラットフォームは、せっかく金をかけて育てたKOLは囲い込みたい。そうした事情から、ある程度人気になったKOLとプラットフォームは微妙な関係に陥ることも多い。

　この綱引きの最もひどい結末が引き抜きや移籍で、特に有力プラット

フォーム同士の競争が激しく、まだ決着がついていない状況で起こりやすい。

Twitch上のNinja公式ページ

たとえば、2019年8月、マイクロソフト系のMixerというライブストリーミングサービスが、競合関係にあるアマゾン系のTwitchからNinjaという有名なゲーム配信者を3,000万ドル以上支払って引き抜いた事件が代表的だ。

引き抜く側にすれば、この配信者が持つファンをそのままライバルから減らして自分たちのトラフィックとして増やすことができて二度おいしいということになるが、この裏にはKOLが高まった自分の価値を両者の間で天秤にかけ、「売っている」可能性も考えられる（ただし、Mixerは2020年7月にサービス終了し、Ninjaも結局同年9月にTwitchに復帰）。

定量的なデータに基づく最適化をひたすら繰り返すプラットフォームの方法論では、「個性があること」が売りのKOLを生み育てることはできない。個性は最適化にとってはノイズでしかないからだ。だから、プラットフォームは圧倒的な力を持っているにもかかわらず、KOLを完全に支配できない「金の卵を産む鶏を絞め殺してしまう」ジレンマがある。

中国では、アリババとテンセントがこのジレンマをわかりやすく体現している。「淘宝」「天猫」という2つの超巨大ECプラットフォームを擁するアリババは、中国のEC全体のGMVの5割を1社で占めている。

その反面、エンタテインメント分野の動画やゲーム、音楽には買収などで何度も進出を試みるが軒並み上手くいっておらず、その多くで「送り込まれたアリババ側幹部が目先のコスト効率化を指示し、事業全体をダメにする」と言われる。逆に動画やゲームなどエンタテインメントに強いテンセントは、EC分野ではさっぱりうまくいっていない。

　洋の東西を問わず成功したプラットフォームは、自社制作に手をつけることが多いが、豊富な資金量にもかかわらず、一定以上の成功を収められないことが多い。それもコンテンツが情緒的な価値の塊であり、その成否を客観的・定量的な尺度で判断できないという、同じ理由だ。
　だからアリババの例のように、データドリブンな意思決定が徹底されているプラットフォーマーであればあるほど、個人的なコンテンツやクリエイターは評価されづらいということになる。

　このように、規模と効率の申し子であるプラットフォームと個性と多様性のKOLは根源的な価値に矛盾がある一方、連携し、あるいは相互に依存しあいながら成長発展していく関係でもある。

─── 容器の流行が中身の流行を左右する

　このようなKOLとプラットフォームのつかず離れずの関係は、いつの時代も変わらず、ある種普遍的なものと言っていい。
　一方、別の軸で考えると、KOLは何かしらの情報（＝コンテンツ）を創り発信する存在である以上、どのようなKOLが人気になるかは、どんなコンテンツが流通するメディアやプラットフォームが主流になるかとも強く関係する。
　著名なメディア学者マーシャル・マクルーハンが「メディアはメッセージ」と述べたように、それ自体で形を持たない「情報」であるコンテンツを誰かに伝えるためには、必ずそれを入れる「容器」が必要で、だか

らこそ容器（＝プラットフォーム）の持つ性質からの影響を免れること
はできない。

　ネット上でよく使われるプラットフォームの主役は、通信技術発展に
伴う表現のリッチ化につれて徐々に変わってきている。大まかには「①
文字のみ→②文字＋画像→③同時並行で少し遅れて文字主体や画像主体
などの一点突破型→④動画→⑤ショート動画」という順番だった。

　この構図はどこの国でも同様だ。日本であれば「①テキストサイト
や 2 ちゃんねる→②ブログや Facebook →③ Twitter や Instagram →④
YouTube や Netflix →⑤ TikTok」、中国であれば「①論壇（BBS）→②
ウェイボー→③ウィーチャット→④優酷・愛奇芸などの動画→⑤抖音や
快手といったショート動画」となる（ただし、これらは当然重複して
いるし、次のものが流行したからといって、廃れてしまうものではない）。

　初期の中国インターネット界において、（当時はそう呼ばれていなかっ
たが）KOL としてもてはやされたのは、表現方法が文字に限られてい
たこともあって、元々影響力を持った経営者やタレントか、そうでなく
ても文才に長けた比較的高学歴な人物が多かった。
　写真が投稿できるようになると、外見の美しさ・カッコよさが加味さ
れるようになり、動画の世界では面白い芸（動き）ができると人気にな
る……といった具合だ。この辺りもどこの国でも大まかには同様だろう。

　向こう数年で 5G が普及期を迎えると言われる。ではそのとき、どん
なコンテンツ、ひいては KOL が流行するのだろうか？
　素直に考えれば、4G に比べて数十倍になるという通信速度を生かし
た xR（AR や VR などの総称）やさらに下がる通信料金を利用した動
画チャットなどがプラットフォームとして盛り上がることが考えられ
る。
　しかし、任天堂のゲーム機や Twitter など、あえて先端技術を使わな

いものがヒットする場合もある。そのときの社会の雰囲気などの影響も大きいので、もう少し近づいてみないとわからないというのが正直なところだ。

　プラットフォームと同様、マネタイズの方法も KOL の在り様に大きく影響を与える。中国の KOL と彼らを取り巻くビジネスが他国に比べ圧倒的に先行しているのは、動画やライブ配信、文章や写真といったコンテンツに直接課金させるのではなく、実体のあるモノを介する EC という手段の存在感の影響が大きい。第5章で触れているように、モノを介さない投げ銭の市場規模は、ライブコマースなどに比べれば圧倒的に小さい。

　各国の EC 化率はいずれも年を追うごとに上昇している。その先頭にいるのが中国であるということを考えれば、各国で次に流行する KOL は EC を組み込んだ「中国型」である可能性が高いと言えるだろう。5G が浸透しその技術でルールを変えるのは、おそらくその次の段階ではないだろうか。

———————

　次項からは中国の KOL を便宜的に3つのタイプに分類して紹介する。

　最初が、従来型のマスメディアコンテンツに近い「発信型」だ。視聴者とのコミュニケーションというよりは、自分の視点で選んだ情報をコンテンツとして紹介する、そのクリエイティビティやキュレーション力に価値があるタイプだ。情報やエンタテインメントなどのコンテンツ提供が主目的で、広告や物販は「あくまで（多くはマネタイズのための）副次的産物」という位置づけになる。

　次が、中国で現在非常に勢いのある「販売員型」だ。発信型とは正反対で、彼らは元々モノを売るために存在するし、視聴者も基本的にはモノを買いたいから、彼らのコンテンツを見る。

　長らくKOLたちにとって、自分が集めたトラフィックをマネタイズすることが課題だった。このタイプはいわばそのためにECと手を組んだもので、現在は最初からモノを売るために参入するKOLも多い。視聴者の意見を取り入れる双方向性も重要なポイントで、昨今流行しているライブコマースはリアルタイムでKOLと交流ができるのが魅力のひとつだ。双方向的コミュニケーションの必要性からも、販売員という個人が前面に出る必要があり、それは訴求力にも、時にリスクにもなる。こちらは販売することが主目的なので、世界観の打ち出しは発信型に比べると弱い。

　これら2つから発展したのが、最後の「ヴァーチャルヒューマン型」だ。以前はアニメ風の動かないアバターでしかなかったが、技術の発達により人間にかなり近い外見を得たり、姿はデフォルメされていても「魂」として人が演じることで、リアルなコミュニケーションができるようになったりと、近年急速に存在感を高めている。タレントとしてのヴァーチャルヒューマンの活躍のほか、「動く企業のシンボル」としてブランドを背負い、人々とコミュニケーションする窓口になる企業ヴァーチャルヒューマンの現状を紹介したい。

3-3　発信型①:2,750万人が見守る李子柒の「理想の田舎暮らし」

李子柒

中国にKOLは多いが、田舎暮らしを推す李子柒のコンテンツは（少なくとも人気になった当初は）かなり珍しいタイプと言える。

中国ではまだ経済的な成功を非常に重視する人が多く、「いい仕事を探すならば、都会に行かなければならない」という考えが一般的だ。流行は都会から生まれ、KOLもファッションやメイクなどトレンドを追いかけている人が多い。

若者にとって、「田舎」という言葉は別に気になる新しいことなど何もない遅れた場所、たまに帰ると両親がうるさく結婚や子供を急かす場所という印象だった。そんな中でわざわざ田舎の動画を撮ったところで、誰も見ないだろうというわけだ。

しかし、故郷は都会の厳しい競争に疲れたとき、懐かしいと思い出す場所でもある。特に好景気に陰りが見られ、給料も思うように上がらず、簡単に解雇されたり、いわゆる「996（朝9時から夜9時まで6日間勤務）」と呼ばれるような厳しい労働環境で働かざるを得ない人が増えてきた近年は特に、都会で暮らす人たちの間でそうした望郷の念が広まってきたのかもしれない。

こうしたムードから生まれたヒットは彼女だけではない。

2020年11月に突然四川省の田舎に住む少数民族チベット族のイケメン青年・丁真の写真がSNSを通じて広まり、つたない標準語で話す様

子がカワイイとして一気に知名度が上がった背景にも、同じような事情があるだろう。

ネット上の KOL ブームだけにとどまらず、2020 年の国慶節*32向け目玉映画として公開された

丁真が出身地である四川省甘孜藏族自治州理塘県のアンバサダーとして撮影した動画のポスター

チャン・イーモウ製作総指揮の『愛しの故郷（原題：我和我的家郷）』も田舎の村おこしや成長して里帰りした子供たちの物語などを描き、通年 2 位となる 30 億元近い興収をたたき出した。

　また、中国の伝統的な暮らしや文化を紹介する李子柒は、第 5 章でも紹介する伝統文化再評価運動の「国風」を代表する存在でもある。彼女はこうした社会の空気をいち早くとらえて人気になった KOL だと言える。

────────

　李子柒（本名：李佳佳）は、四川省の綿陽市という人口 500 万人弱の地方都市に 1990 年に生まれた。生い立ちはあまり幸せではなく、父母は幼い頃に離婚し、継母には虐待され、14 歳で育ての親である祖父が亡くなったことをきっかけに、いよいよ生活に困ったため、学校をやめて都会に出稼ぎに出た。

　ウェイトレス時代には月に 300 元（≒ 5,000 円）の給料からグラスを割ったからとさらに罰金を引かれて 200 元ちょっとで暮らしていた。その頃は音楽を学びながらクラブで DJ などもしていたという。

────────

*32　10月1日からの建国を記念する連休。長期休暇のため春節と並んで大作映画が公開されることが多い。

8年後の2012年に育ての親である祖母が病気になって看病が必要だということで故郷に戻った。働きに出ることもできないのでECサイトの淘宝（タオバオ）に店を開き、服を売っていたがあまりうまくいかなかった。そんな暮らしの中である日、弟に教わった動画撮影に興味を持ち、2016年から淘宝の売上を上げるために自分でショート動画を撮影し、投稿しはじめる。

　当初は伝統的な食にまつわる動画が多く、今見ると撮影にしろ編集にしろ、技術的に特に優れているとは言えない。
　しかし、他の動画インフルエンサーと違って、過度に刺激的な字幕や効果音を入れず（動画の中では彼女自身もほぼ声を発しない）、農村での四季や素朴な生活を織り交ぜながら自身のスマホやカメラ、三脚や身の回りの小道具を組み合わせて作品を構成している点には確かに個性があった。

　この彼女自身が撮る素朴な動画はたちまち人気になり、2016年11月にアップした蘭州ラーメンを粉から作る動画で5,000万再生を達成した。人気になって以降の彼女は、食べ物だけでなく刺繍や染め物など、食以外の伝統文化も取り上げるようになっている。

動画の中では自分で粉から麺を打ち、伸ばす（蘭州ラーメンの回より）

「（動画の中のような）何も心配することがない自給自足の生活が理想」と語る彼女の動画で紹介されるような家族（現在でも一緒に暮らす祖母はよく動画にも出てくる）や伝統を大切にし、日が昇るとともに起きて農作物や家畜を育て、生活や

料理に必要な道具はできる限り手づくりする様子は、まさに都会の競争に疲れた中国人の原風景であり、理想のライフスタイルに映る。

　彼女の紹介する農村生活は、西洋人のイメージする「東洋的なスローライフ」のイメージにもぴったり合致したこともあって、次第に国外にも広がっていった。YouTube 上にある彼女の公式チャンネルの登録者は、中国語の発信者として初の 1,500 万人超え、最も再生数の多い動画は 9,000 万回を超えている。

　あまり言葉を発しないため外国人でもわかりやすいということもあってか、コメントを見てもその多くが英語圏の視聴者であることがうかがえる。

　とはいえ、ここで繰り広げられるのは現実の田舎の暮らしではなく、あくまで「心の中の理想の故郷」にすぎない。日本ではＩターンやＵターンブーム、あるいは 1990 年代中盤からテレビでも『鶴瓶の家族に乾杯』『ザ！鉄腕！DASH!!』などの田舎を題材にした番組が人気になったが、こうしたものは素朴な田舎の風景や地元の人との交流に焦点を当てていることが多い。また米国の YouTuber の間でも「Home steading（ホームステッディング）」と呼ばれるジャンルが成立しており、こちらも農作業や牛鶏の世話など田舎暮らしの楽しさをリアリティ風に取り上げているものが多い。

　もちろん、どれも作品である以上すべてが真実であるはずもない。しかし、李子柒の作品はこれらと比較しても「つくり込み」の度合いが激しい。

　李子柒に限らず、日本人から見ると中国のコンテンツづくりは全般的に大味でわざとらしいと感じることが多い。国民性と言ってしまえばそれまでだが、わざとらしさはわかりやすさの裏返しでもある。

　文化的な背景が大きく異なる多様な人々が住む中国でマスに注目されようとするならば、ある程度そうした割り切りが必要だということだろ

う。これは日本のコンテンツを海外に輸出する際も同じだ。

　私自身も中国で広告というコンテンツづくりに関わっているが、正直今でも直感的には「こんな露骨でいいのか」「笑いのレベルが低くないか」と思うことが多い。しかし、これはレベルが高い低いという話ではない。国が違えば受け取り手の状況や好みも違う。我々は芸術で自己表現をしているわけではない以上、そうしたことを知らずに異国である日本の基準でだけ判断するのは正しくない、と自分に言い聞かせる日々だ。

───────

　ファンから「仙女」と称される李子柒であるが、もともと自分のEC店舗のプロモーションのために動画を投稿しはじめたということからもわかるとおり、霞を食べて生きているわけではない。2016年からMCNに所属、2018年8月には自分の名前を冠したショップを淘宝上に改めてオープンさせ、最初の1年で7,100万元（≒12億円）を売り上げるなど非常に好調だ。

　李子柒が他の服や化粧品を売るKOLと違うのは、そのマネタイズの方法だ。彼女はありがちな動画内へのプレイスメント広告や他のブランドへの代言人（＝ブランドアンバサダー）としての出演を今のところ行っていない。その収入の多くは、淘宝上のショップで売る自社開発、もしくは他の有名な伝統ブランドとのコラボ商品による売上だ。

　後者の代表的な例が、中国最高のIPであり観光名所でもある「故宮（紫禁城）」[*33]とのタイアップによる豆板醤に似た調味料の開発だろう。その調味料「蘇造辣醤」は中国最後の王朝・清の第六代皇帝である乾隆帝に料理を提供する部署「蘇造局」で使われていたものを改良したとのこと。

[*33] "Intellectual Property"の略で、直訳すると「知的財産」。一定以上の知名度がありファンがいる商品、キャラクターや場所、史跡などを指す。日本語で俗に「ブランド」と言われるものが近い。

淘宝上の李子柒のショップ

　李子柒の動画は「農村の自給自足的生活」がテーマで、そもそも物質社会での経済行為や消費とは遠い世界観だ。そんな動画の中に広告主の商品が出てくるとかなり興ざめ、かといって広告主は契約する以上、最大限の露出を望むのが当然と思うと、いっそ発信コンテンツと広告を切り離すという判断は正しい。

　KOLにとって、本来プロダクトプレイスメントやそこから派生した動画内での物品販売はかなり重要な収益源となる。

　ハリウッド映画などで若干不自然で広告臭のする映り込みを見たことがある人は少なくないと思うが、逆に言えば、観客にそう思われるのを承知でもやりたいくらい、そこで得られる副収入が魅力的だということでもある。それを「世界観」のために切り捨てるというのは、ビジネスとしてはかなりの思い切りと言っていい。

　また、同時期に流行したライブ配信では、視聴者とのリアルタイムなやりとりができることがウリだ。そうした場での当意即妙な受け答えに加え、タイムセールなどのゲーム性を加えて視聴者にモノを売るのがいわゆるライブコマースだ。

しかし、李子柒はこうしたライブ配信ではなく、つくり込んだ比較的長時間の動画を定期的に配信している。

また、今人気の抖音（中国版 TikTok）は、基本的に 15 秒という短時間の中でアピールする必要があり、興味がなければすぐにスルーされてしまうので、一瞬で注意を引ける一発芸やギャグが多い。

しかし、李子柒の世界観はこうした手法との相性はよくはない。プラットフォームとして有力であることもあり、抖音でもアカウントを開設し動画を投稿しているが、短くても数分と抖音の動画としては長い作品が多い。無理に今流行しているものに合わせるのではなく、自分のスタイルを貫くことができる長尺動画を選んだのは、広告同様ある意味での逆張りだが、今のところ成功している。

─────── 動画 KOL の祖「Papi 醤」の成功と転身

少し時を遡り、動画系 KOL としての李子柒の前、第一世代と言ってもいい「Papi 醤（パピちゃん）」についても触れておこう。彼女の成功と転身はまさに「つくり込み」から「ライブ感」への時代の移り変わりを表しているからだ。彼女は物販に頼らずにトラフィックを集めて広告などでマネタイズするタイプとしては、目下最後の大物 KOL と言える。

オークションに出品されたPapi醤の広告は2,200万元（約3.6億円）で落札された

　Papi醤は、ボイスチェンジャーを使った独特の「鬼畜ボイス」と頭の回転の速さから生まれるツッコミのすれすれな鋭さのトークが持ち味の動画KOLで、現在ではウェイボーで3,350万人のフォロワーを擁する。豊かな田舎暮らしを描く李子柒とは正反対の、大都会で働くホワイトカラー OL のぼやきといった内容だ。

　しかし、李子柒の約 1 年前、2015 年後半から活動を始めた彼女のクリエイターとしてのピークの訪れは早く、2016 年 2 月に広告枠がオークションで2,200万元（≒ 3.6 億円）もの金額で売れた頃だった。
　その後、同年 7 月に初めてのライブ配信を行い、史上初の 2,000 万人同時視聴を達成したものの、「声が野太い」「話題がつまらない」などと、評判は散々だった。

　もともと章子怡や鞏俐、姜文などの名優や監督を輩出した名門・中央戯劇学院で映画監督としての教育を受けていた Papi 醤の芸は、即興に見える動画の印象とは裏腹に、かなりつくり込まれたものだった。

Papi醤

しかし、ライブ配信で求められるのは、つくり込みよりも、その場その場でのユーザとの対話での機転や「生」の自分の個性と面白さであり、結果から見れば彼女にはそれが足りなかったということなのだろう。

　ただPapi醬が他の一発屋と違ったのは、本来のクリエイターとしての専門性と経験を生かし、活動を続けながら経営側にも回ったことだろう。周冬雨やAngelababyなど有名タレントが所属する大手芸能事務所のCEOとともに、2016年6月にpapitubeというMCNを設立し後進の育成をはじめた。

　本書で繰り返し述べているように、情緒的価値は複製が難しい。そして、その結晶であるタレントはその最たるものだ。しかし、papitubeは3年で200人の社員と150人以上のKOLを抱えるまでに業容を拡大させた。所属KOL数が多いだけでなく、その中のトップクラスは1,500万以上のフォロワーを擁し、所属KOLすべてのフォロワー数の合計は5億に達しているというデータからも、その成功具合がわかる。

　KOLとしてのPapi醬本人も最盛期ほどではないとはいえ、依然大物であり、その言動は注目を集める。

　結婚後2020年5月に出産したPapi醬夫婦は父親の苗字を子供に与えた（中国では父母どちらの苗字を使うかは、出産時に選択することができる）。Papi醬は動画の中で強い独立した女性を演じていたため、彼女をフェミニストと認定していた一部のファンが「なぜこんなときに母の苗字をつけないのだ」と激怒して攻撃を始めたのだ。

　そもそもどちらの苗字を使うかは二人の自由である上、実際は父の苗字を使う習慣の地域が多い。他人が口をはさむような問題ではないはずが、この程度で大騒ぎになるのは、いかに人々の間にPapi醬の（勝手な）イメージができ上がっているかがわかる。

3−4　発信型②:孤独なおひとり様生活をどう楽しむ?
空巣青年たちの「一人食」
<small>イーレンシー</small>

「空巣」といっても、泥棒のことではない。「空巣青年」とは、巣を空ける、つまり地元ではない場所に住む若者のことを指す言葉だ。

2019 年の政府調査によると、中国では 7,700 万人もの人が一人暮らしをしており、2021 年には 9,200 万人まで増えると予測されているという。その多くは田舎から出稼ぎに北京・上海・深圳・広州などの大都市に出てきている若者で、地元とはまったく違う生活のペースに戸惑いながら、日々仕事に追われて生活している。

在外日本人が様々な国で日本人会や校友会を組織しているのと同様、広大な中国の大都会には省や町の出身者が集まる同郷会や、よりインフォーマルな血縁者や友人のつながりがあり、助け合うことも多い。

とはいえ、親族や家族のつながりをことさら大事にすることが多い中国で、故郷から切り離されて暮らしていくことは、日本以上に孤独を感じることは想像に難くない。

広い中国では、国内であっても違う地方に行けば食べるものも気候もまったく違う。それでもそこで生きていかなければならない……そうした中で生まれたのが、1 人の生活をポジティブに描く・楽しむという風潮だろう。

日本でも 2000 年代中盤〜後半に、「おひとりさま」という言葉が流行ったことをご記憶の読者も多いはずだ。2005 年に「ユーキャン新語・流行語大賞」にもノミネートされたこの言葉は、流行のきっかけとなった岩下久美子著のエッセイ『おひとりさま（中央公論新社）』で「個が確立できた大人の女性」と書かれたように、主に女性を指す言葉だった。

しかし、中国における「おひとりさま（＝空巣青年)」の定義はもっと広く、男女を区別しない。

「一人食」は、そうした社会情勢を背景に人気になった発信型のKOLだ。KOLというと特定の個人を思い浮かべるかもしれないが、一人食はいわば番組の名前のようなもので、ディレクターの蔡雅妮（Yani）は出演者として登場するわけではない。毎回異なる登場人物が黙々と自分の得意料理を作るという内容だ。

　「一人食」は当初、アリババ系の動画サイト「優酷」とSNSのウェイボーにアップされていたが、徐々に他の動画サイトやSNSにも公式アカウントを開設し、投稿されるようになっていった。

　著名な経済雑誌の編集者だったYaniは、2012年に退職後、身の回りの一人暮らしの友人が自分のために料理をする様子を撮影し、毎週1回動画サイトにアップしていった。彼女は最初期には自分のiPhoneで撮影するなどしながら継続的に投稿し、大ヒットした。ウェイボー公式アカウントのフォロワーは130万を超えている。

　動画は終始独特の静かで抑制的なトーン＆マナーを保ち、決して派手さはなく、想像するようなギラギラとした中国的なコンテンツではない。これはおそらくYani自身の個性の反映だろう。

　2年ほど前になるが、私が彼女と一緒に食事をしたときも、仏教学者・鈴木大拙の思想や京都で訪れた障がいがある人々のホームで取り入れられている食養生の話など、次々に興味深い話をしてくれた。彼女自身は日本語を話さないが、頻繁に日本を訪れている。

　また、「一人食」では、在上海日本国総領事館の公邸料理人の1日を題材にしたエピソードもある。

　中国語では「食」という字を日本語のように動詞として使うのは古語の用法で、日常生活で一般的には使われない、少しかしこまった表現[34]だ。しかし、この「一人食」のヒットにより市民権を得たと言ってもいいか

---

[34]　現代中国語では代わりに「吃(chī)」という字が日本語でいう「食べる」という意味の動詞として使われる。

もしれない。その後 Yani は、同名の書籍を出版し、こちらもヒット。現在は、様々なフォーラムに登壇して、食と生活について講演をするなど、忙しい毎日を送っている。

「一人食」はビジネスありきではじまった KOL ではない。しかし、知名度の高い屋号を使ったイベントなどの他にも Airbnb や小米のスマホ、あるいは日本の焼酎「いいちこ」とのコラボ動画を製作しており、結果として収入源になっている。

中国では長い間、1 人で外食をする際の選択肢は多くなく、そのほとんどがラーメン屋かファストフードだった。
しかし、日本のマンガを原作とするドラマ『孤独のグルメ』がヒットして中国版が製作されたり、実際に火鍋チェーンの「呷哺呷哺（「しゃぶしゃぶ」と読むが、提供される料理はしゃぶしゃぶではなく、中国式火鍋）」や、1 人向けの座席を大幅に増やして全国で 360 店舗まで広がった女性ターゲットの鍋店「壹食一」が成功するなど、その選択肢は徐々

『孤独のグルメ』がきっかけで人気になった主演の松重豊は、ウェイボーに30万人のフォロワー

に広がりつつある。

　2020 年 1 月に発表された淘宝（タオバオ）のレポートによると、2019 年の 1 人用
キッチンウェアについての検索数は、前年比 200 倍にもなったという。
　また、コロナの影響で長く外食ができなかったことで、最近改めて自
炊にもスポットが当たっている。友達と気軽に会うこともできないので、
その多くは 1 人で作って 1 人で食べることになる。元々高まりつつあっ
た健康志向と組み合わさった「一人食」ライフスタイルは、今後も都市
部を中心に広がっていくのではないだろうか。

3−5　発信型③：雑誌の発展形としての「一条」

　第1章で紹介したように、日本での「ライフスタイル」探求は、雑誌に代表されるマスメディアによって主導された側面がある。

　しかし、中国の場合、ポスト大量消費時代を迎えたときには雑誌はすでに力を失い、もっぱらインターネットと SNS が影響力を持つ時代になっていた。中国における伝統メディアからネットメディアへの切り替わりの速度は日米のそれと比べてもより急激だ。

　そんな中、この「一条」は最も雑誌らしい雰囲気を残した発信型の KOL と言っていいだろう。

　有名ファッション雑誌『外灘画報』の総編集長だった徐滬生により 2014 年に創業されたこの動画メディアは、ショート動画流行の波に乗って開始、15 日で 100 万人のフォロワーを獲得し、一気に有名 KOL のひとつとなった。6 年経った現在ではウェイボーで 1,000 万以上、ウィーチャットでも 3,500 万のフォロワーがいる。

　そこでは、北京郊外に 800 平米 3 階建ての家で 100 以上の椅子やレトロな家具に囲まれて暮らす男、600 以上のアンプを買ったが満足できずに自分で中国初の Hi-Fi アンプをつくった人物、都会での豪華な生活を捨てて安徽省に農場付きの家を建てて移住したテンセント元CTO の魏震、あるいは日本からも長野県松本市の木工作家・井藤昌志など、多くの人物、あるいは芸術作品などが紹介されている。

「一条」に登場する中国で初めてのHi-Fiアンプをつくった曾さん。600以上のアンプを収蔵していると語る

「一条」もまた、前項の「一人食」と同様に番組形式で、毎回特定の登場人物がいるわけではない。その代わりに「こんな面白い人もいたのか」と思わせるようなゲストや物の選び方を通して一貫した世界観を確立し、高い映像クオリティとともに揺るぎないアイデンティティを獲得している。
　しかし、こうした一目でわかるアイコンのない世界観は、つくり上げるのも伝えるのも非常に長い時間がかかる。一般的に「機を見るに敏であること」が美徳とされがちで、逆に長い時間軸での行動があまり評価されない中国においては珍しいタイプのメディアだろう。

　「一条」の主なマネタイズの手段は、タイアップコンテンツとEC だ。開始からしばらく経った後、毎日の配信の中にスポンサー企業の商品を紹介する動画が含まれるようになった。そして 2 年ほど経った 2016 年 5 月に自社運営の EC プラットフォームを開始、当月中に 1,000 の出品者を集め、そこでの販売手数料を収益として取り込んでいった。

　EC に取り組む場合、自社でサイト運営を行うか、淘宝などの大手プラットフォーム上に出店するかは、両者とも良い点も悪い点もあり、万能の正解はない。
　たとえば、最初に紹介した KOL の李子柒（リーズーチー）は、同じく収益化として EC を開始した際、自社ではなくプラットフォームである淘宝への出店を選んでいる。
　これはマネジメントを担当する MCN「微念科技有限公司」の経営者が元々 EC サイトの SNS マーケティングに関わるビジネスを行っていたことで淘宝との関係が深く、有利な取引条件を引き出せたからだと言われている。

　淘宝のような大手 EC プラットフォームは、膨大な顧客を抱えている反面、そこを経由すると当然マージンを徴収され、売り手が得られる情報は少なく、その情報を利用した精緻なマーケティングは行いにくい。

　また、リピートにつながる比率も自社 EC に比べて低い。[*35]そして特に
ブランドを気にする出店者には、大手 EC 内ページのデザイン面での自
由度の低さにも抵抗感がある場合が多い。ただし、集客面ではプラット
フォームのほうが圧倒的に強い。

　「一条」が自社 EC を中心に置いたのは、そうした点を考慮した上で、
すでに自らの SNS アカウントにある程度のフォロワーがおり、プラッ
トフォームの力を借りて集客する必要性が薄いと感じたからだろう。

　「一条」は EC に続いて 2018 年 9 月には、本社のある上海に同時に 3
つの実店舗を開設し、アプリ上で紹介している商品を実際に手に取るこ
とができる場所を作った。
　店舗では各商品すべてに QR コードがつけられ、それをスキャンする
ことによって EC ページに飛んで、詳細な商品紹介を見ることができる。
また、現代の人気書店同様にくつろげるカフェスペースを併設、店内だ
けで手に入るフリーペーパーなども用意され、長く滞在できるように設
計されている。
　創始者の徐氏はインタビューで、「この店を始めるにあたって、日本
の代官山蔦屋や隈研吾による la kagū などを参考にした」と語っている。

　「1 つのコンセプトあるいは世界観を持ったブランドがキュレーショ
ンした様々なアイテムを紹介するライフスタイルショップ」という形式
を見ると、日本で発達したアパレルのセレクトショップが思い起こされ
る。
　その代表格であるビームスの設楽洋社長が述べているように、セレク
トショップもまたライフスタイルを提唱する存在として仕掛けられた業
態だ。一般的な認知度を獲得したのは前述のような時代の変化、1990
年代に入ってライフスタイル消費が広まり、2000 年前後のルミネなど、

[*35]　プラットフォームと自社ECの選択に関しては、第1章のECプラットフォーム紹介や第5章のD2Cの
項目で取り上げる。

「一条」の実店舗

商業施設への進出によって店舗数が急激に増えた影響が大きかったと言われる。

　「一条」に話を戻そう。「一条」がヒットした後、ライフスタイル系を名乗る類似の動画 KOL は最盛期にはラウンド A 投資を受けた会社だけで 100 社以上に上るほど、隆盛を極めた。
　しかし、その競争と淘汰は激しく、数年経った現在では「一条」とそこから半年ほど遅れて登場した「二更（「一条」の創業者は雑誌出身だが、こちらは映像制作会社が母体）」というよく似たタイプの KOL が、このジャンルのシェアの大半を握っていると言われる。
　ちなみに「一条」という名前は、動画の数を数えるときの量詞（日本語の〜本にあたり、一条、二条、三条と数える）からきており、他にキュウリ、腕、河、道など、細長いものを数えるときに多く使われる。それだけでなくなぜか犬やロバといった動物、場合によっては男性、命、意見などにも使われる、よく見る単語のひとつだ。

3-6　販売型①:店から出て「攻める」販売員たち

　次に紹介するのは、モノを売るための KOL だ。従来の KOL は自らの容姿や才能を文字や写真、動画として発信して人を集めることでビジネスとしたが、このタイプはより直接的にモノを売る手助けをすることでそこから報酬を得る。

　ここではまず、仕組みとしての販売のオンラインへの移行トレンドや組織としての「オンラインで売る」販売員の育成について紹介する。
　従来、店舗の販売員は店内にいて、来店した人に対してアプローチするというのが仕事だった。しかし、多くの人がスマートフォンを持ち、インターネットというヴァーチャル空間へのアクセスを得て EC で買い物をするようになると、店舗への来客数は減少し、ビジネス全体における店自体の位置づけが変わる（第2章で詳しく取り上げている）。同時に、「接客」という概念自体も大きく変わった。店で客が来るのを「待つ」のではなく、身体は店内にいながらにして外に打って出る、「攻める」ことができるようになり、求められるようにもなってきたのだ。

　そこに大きく影響を与えたのが、「何を買うか」に加えて「誰から／どのように買うか」というライブコマース同様の変化だ。
　モノそのものの価値が重要であった頃は、誰から買おうが、安くて早く手に入ることがすべてだった。
　しかし市場にモノが溢れ、何を買っても大して変わらないとなったとき、モノ自体の価値だけでなく、買い物のプロセスが与えてくれる「体験」の楽しさもまた差別化要素になる。
　販売員のちょっとした気遣いや一言が、実際に「あの店ではなく、この店で」「同じ店でも、店員 A ではなく、B から」買う理由になるのだ。本項の後半で登場するカリスマ販売員は、このようにして自然に生まれる人気販売員の最も成功したかたちと言っていいかもしれない。

こうしたオンライン接客で使われるツールとして、中国で最も一般的なのは、中国人なら誰でも使っているSNSであるウィーチャットだ。

現在12億を超えるMAU（月間アクティブユーザ）を抱えるウィーチャットは、中国では仕事とプライベートの両面で最も使われているコミュニケーションのインフラとなっており、ウィーチャットのIDを交換することは、名刺交換と同じくらいの気軽さで行われる。

私は以前、中国で自動車業界を担当していたため、地方出張の機会に必ず自動車販売ディーラーの現場を視察した。その際、優秀な店であれば、店員に話しかけるとあいさつもそこそこに「ウィーチャットで友達になりませんか？」と必ず聞かれた。紙の名刺も併用するが、そこには必ず店やブランドのオフィシャルアカウントと並んで、個人のウィーチャットアカウントのQRコードが刷ってある。

そのときには商談までいかなくても、後でもっと知りたいことがあれば、ウィーチャットでその人に訊けばいい。何人かの店員に聞いたところ、「実車の写真を送ってほしい」というリクエストが多いという。

毎回要望に応じて撮影するので、カタログにはない角度や部分のアップなども柔軟に対応できる。最終的に自分の客として店舗を訪れ購入してくれるのであれば、これも立派な接客と言えるだろう。「見たければ店に来い」ではなく、販売員がこうして情報を送ってくれるというのも、選ばれる側の売り手と選ぶ側の買い手の力関係の変化の象徴だ。

そうしたわけで私のウィーチャットの友達には、何人もの自動車セールスパーソンがいるが、彼らは「朋友圏（モーメンツ。Twitterのタイムラインに似たウィーチャットの機能のひとつ）」に自社商品やキャンペーンの情報を頻繁に投稿している。これは多くの場合、ディーラーやメーカーから原稿が提供され、それをコピペして投稿すればよいので、本人にとって手間でもない。

ウィーチャットを通じたやりとりは、顧客を囲い込むために重要であ

る一方で、リスクもまた存在する。こうしたやりとりの多くは、セールスパーソン個人のアカウントを通じて行われるため、会社側が把握できない。また雇用の流動性が高い中国では、個人アカウントに紐づいた顧客情報は転職とともに失われてしまう（最悪、競合にそのまま持ち込まれる）可能性が高い。

ウィーチャットは生活・仕事上のあらゆる情報が集中する割には、UI がそこまで優れているとは言えない。中国人のほとんどが使い、毎日膨大な情報がウィーチャットを通じてもたらされるようになった現在、多くの人々がすべてに目を通すことをあきらめているのが実情だ。朝起きると未読の情報が 100 件以上といったことが普通の状況では、セールスパーソンがアプローチしても、気づかれなかったり無視されたりといったことも多くなる。

こうした状況に対応して、現在では自動車メーカーが提供するオーナー向けアプリに独自の SNS やメッセージング機能が用意され、そちらを使うよう推奨されている場合も多い（第 5 章で、国産高級 EV ブランド「NIO」を例として取り上げる）。

企業側もセールスパーソンと顧客のやりとりを把握でき、そのセールスパーソンが辞職しても顧客の情報はメーカー側に残り続けるからだ。

とはいえ、これは売る側の都合で、利用者にとってわざわざアプリを新しく入れるのは面倒でしかない。だから何かしらのインセンティブをつけるなど便宜を図る必要がある。

そうしたコストをかけてでも独自アプリを通じた関係構築を試みるのは、扱うのが自動車という高額商材であるため、検討期間が長く、買った後もメンテナンスなどでやりとりが継続的に発生する特殊性によるところも大きいだろう。

ここからは店舗販売員を KOL 化するための百貨店やメーカーの取り

組み、そして元々周囲に対して影響力がある組織に属さない個人を通じたオンライン販売網拡大についてそれぞれ紹介する。

――― インハウスの MCN をつくったアリババ系百貨店「銀泰」

近年非常に盛り上がっているライブコマースもまた、芸能人や有名企業経営者が行うだけでなく、徐々に普通の店員の販売行為として、広く行われるようになってきた。

特に新型コロナの影響で店が開けられない、開けたとしても人が来ない状況下で、売上、ひいては雇用を維持するためという目的もあり、爆発的に普及が進んでいる。自動車業界の例では、コロナ前はディーラーの1%しか配信を行っていなかったが、コロナ後の2020年3月には、86%が配信を行うようになったという調査結果もある。

ただ、ある日突然、普通のセールスパーソンに「ネットで売れ」と命令したところで、言われた側も何からどうすればいいかわからない。新入社員に対して販売研修があるように、企業側もある程度のノウハウを教える必要がある。

まず取り上げるのは、こうした従業員教育のための専門機関を設立した百貨店のケースだ。

その百貨店とは、アリババ系の「銀泰百貨店」。銀泰は1998年にアリババと同じ浙江省杭州市で開業したデパートで、香港株式市場に上場していたが、2017年にアリババに買収されて非公開化された。

アリババの持つテクノロジーを大量に投入して「改造」された銀泰は、2018年には前年同期比37%売上増を果たし、客単価も2019年までの2年間で2.1倍になるなど、今では小売業のDXのお手本として紹介されることも多い。

店頭に並ぶECで売れた商品を回収してバックヤードに運ぶロボット、ヴァーチャル試着、淘宝と接続されたアプリで便利に買い物がで

きるといった売り場のデジタル化の他にも、アリババ系の物流企業・菜鳥（CaiNiao）の技術を使った倉庫の効率化などにより、24 時間発送が可能になるとともに、多くの店舗で 5km 以内なら 30 分、10km 以内であれば 2 時間での配送を行うようになった。

　銀泰が売り場や物流の DX に続いて手がけたプロジェクトこそが、テナント販売員のネット販売支援（＝ KOL としての育成）だった。

　百貨店は通常、テナントに場所を貸して、賃料や売上コミッションを収益にするが、それを払うテナントが期待するのは、自分たちだけではできない、その百貨店のブランド・知名度や施設全体の魅力による集客能力だ。

　日本のデパートでよく物産展や音楽、展示などのイベントを行うのも、こうした集客強化の一環だ。テナント販売員の KOL 化支援は、こうした流れの中で始まっている。

　当初ショート動画が流行していたことから、銀泰はテナントの販売員に自分の取り扱う商品に関するストーリーを紹介したショート動画制作方法を教えようと試みた。

　しかし短い動画とはいえ、撮影にも技術が必要だし、編集もしなければならない。これは素人が簡単にできるものではなく、あまりうまくいかなかった。

　次に銀泰はライブコマースに目をつけ、その教育機関として自社MCN「喵客」を設立する。

　喵客は一般的な MCN と違い、銀泰に入居するテナント向けにオンラインで売ることに長けた販売員を派遣したり、普通のテナント販売員にトレーニングを行ったりといったサービスを提供する。

　テナントは配信を行った後、そこで売れた金額の一定割合をマージンとして銀泰側に収めるだけでよい。人材発掘、トレーニングや管理の費用はすべて銀泰が負担している。

　「ライブコマース」というビジネスモデルは、アリババ系の淘宝ライ

銀泰のライブ配信

ブが切り開いてきたも[*36]のと言って、差し支えないだろう。

2020年になって、快手や抖音も急速に追い上げ存在感を示しつつあるが、特にKOLの層の厚さで言えば、まだまだ淘宝が圧倒的と言っていい。

グループ企業である銀泰は、そこから有名な配信者を派遣したり、ノウハウを伝えたりといった実際に役立つ支援を行うことができた。

また、銀泰自身のアプリにも1,000万人の登録会員がいて、そこで告知を行えばテナントが自分で集客するよりもはるかに多くの来場者が見込める。この銀泰販売員のKOL化施策は、自らの持つリソースを十分に活用した打ち手だと言えるだろう。

――― 個人の影響力を利用したソーシャルコマースによる
　　販売網拡大

自らのフォロワーやSNS上の友達のネットワークを通じてモノを売ってその対価を得るというビジネスモデルは「ソーシャルコマース」と呼ばれ、中国ではかなり普及している。呼び方こそ違うが、スキーム自体は日本でも以前から行われているアフィリエイトとほぼ同じだ。

ただ中国でのソーシャルコマースは、より手軽に、普通の人も参加して行われている。また対象となる商材もより幅広い。

2018年のクリスマスシーズンからKFC（ケンタッキー・フライド・チキン）がはじめた「口袋炸鶏店（ポケットフライドチキンショップ）」

---

*36　第1章で触れたように、このモデルを最初に採用したのは「蘑菇街（MOGU）」というファッションECで、淘宝はそれを真似て（もしくは偶然同じ時期に思いついて）普及させたというのが正確。

は、ソーシャルコマースをうまくキャンペーンに仕立てて話題を呼んだ。

　ウィーチャットユーザなら誰でも、簡単にカスタマイズした自分の「ショップ」をSNS上に開店できるというのがウリで、そのショップの情報をウィーチャット上でシェアすれば、それを見た友達が買う、という仕組みだ。

　このショップには毎日様々なクーポンが届くので、それをシェアするだけだから投稿ネタにも困らず手軽だし、友達にもそこから買うメリットがある。そして売上が一定金額に達すればコミッションも貰える。このプログラムにはKFCの従業員も参加している。

　「中国全土には5,800以上のKFC店舗があるが、14億もの人口から考えるとまだまだ十分ではない……」という前置きで始まったこのキャンペーンは、結局200万ものショップがウィーチャット上にオープンし、当初売上目標の9倍を達成して、「KFC史上最も成功したコマースプログラム」と言われた。2019年には世界的に権威のある広告賞「カンヌライオンズ」のCreative Effectiveness 部門にて金賞を受賞している。

筆者が開設したポケットストア（上左）、現在では芸能人も参加している（上右）、キャンペーン成果をまとめたポスター（下）

「フライドチキンは嫌いではないが、かといって毎日連続で食べるわけではないので、たくさん売るのは難しい」と考えた商魂たくましいあなた向けには、淘宝や京東など多くのECが同様のソーシャルコマースプログラムを用意している。

　たとえば淘宝であれば「淘宝連盟」というアプリがそれで、起動すると最初に大きな文字で「気軽に稼げる　投入コストゼロ　使用無料」という、見ようによっては怪しささえ感じる直球のコピーが目に入る。そして、「どのアイテムを売ればいくら儲かるか」が一覧表示されており、それ以外にも自分で淘宝内の商品を自由に選んで紹介し、売ることができる。

　こうした店は「微商」と呼ばれ、手軽な副業としても行われている。私の「友達」にもサラリーマン業の傍ら、毎日せっせと謎のブランドバッグや健康食品の情報などを大量にモーメンツに投稿している人がいる。

「儲けたい!」という気持ちにストレートに響く「ゼロコスト、無料利用で気軽に金儲け」というコピー(左)、中には1日で10万元以上稼ぐ人も(中)、筆者の周囲の実際の「微商」の例。シャネル(?)などのバッグを売っている(右)

─── 想定外の大スターを生んだロレアルの
　　　「セールスマン KOL 化計画」

　メーカーによる販売員 DX の取り組みでは、化粧品大手の仏ロレアルのケースが最も早期に成功したものと言えるだろう。

　ロレアルは中国でも人気ブランドで、多くの BA（ビューティーアドバイザー、いわゆる販売員）を抱えており、日本同様、全国の百貨店のコスメカウンターなどで接客を行っている。しかし、百貨店に代表される実店舗は、近年 EC に押されて軒並み来店客数が落ち続けており、危機感を持っていた。

　そこで天猫美妆（Tmall コスメ）、および「美 ONE」という MCN との協業により 2016 年 10 月に始めたのが「BA の KOL 化プロジェクト」だ。

　美 ONE は 2016 年 1 月にアリババ系のファンドから投資を受けており、恐らくそのつながりで座組みに参加したのだろう。また、2016 年末というのは、アリババの創業者であるジャック・マーがちょうど「ニューリテール」というコンセプトを発表し、OMO、つまりオンラインとオフラインの融合を推進しはじめた時期と重なる。

　一期生として選ばれた BA200 人は、それぞれライブコマースプラットフォームの淘宝ライブでアカウントを開き、同時に美 ONE はそれぞれの技術や個性に合わせて、ライブ配信という場で人を引き付ける話術や売り方などを教えた。

　結局、この候補生 200 人の中から 7 人が選ばれ、後にその中には「Oh my God!」という決めセリフととも淘宝トップクラスの配信者になる、李佳琦（英語名：Austin）もいた。

　李佳琦はそのあだ名「口紅王子」のとおり、男性でありながら元 BA としての知識や話術を生かして、ライブコマースで口紅や化粧品を売りまくって有名になったカリスマのひとりだ。現在ウェイボーのフォロワー 2,937 万、2020 年の双 11 キャンペーンの初日配信時には 1 人で

GMV34.3 億元を打ち立て、大型連休である国慶節の映画興収総額とほぼ同額と騒がれた。

　一方、KOL 量産プロジェクトからは結局この 7 人のうち李佳琦を除いた 6 人も脱落することになる。当初は 200 人を育成するはずだったこのプロジェクトは、一旦彼 1 人に持てるすべてのリソースを投入することに決め、その支援も受けた彼は急速に知名度を上げていく。

　ライブコマース普及のかなり早い時期に行われたこの育成プロジェクトは、結果として元々の目的だった「普通の販売員のオンライン販売員化」から、「販売員からスターをつくる」へと方向転換を行ったということになる。
　とはいえ、大スターを生んだという点では十分に成功と言えるだろう。外資系企業であるロレアルが小売環境の変化を鋭敏に察知し、2016 年という非常に早い時期に、店舗販売員である BA をオンラインでも売れる人材に仕立てようと考えたことは興味深い。

　このプロジェクトはさらに発展し、2017 年に淘宝ライブ内でコーナー化され、双 11 の期間中 10 日間にわたって「リアリティショー×ショッピング番組」として配信された。そして、翌年には再びロレアルの 1,500

名の BA が 3 カ月かけて様々な技術を競う育成番組に姿を変え、12 名が優勝をかけて争う最終回には、卒業生である李佳琦も審査員として参加した。

李佳琦

3−7　販売型②:ECショップモデルからナスダック上場に たどり着いた張大奕の成功と凋落

　ここから紹介するのは、中国の若者なら誰でも知っている、販売員の中でも飛び抜けている3人のカリスマKOLだ。

　時系列で有名になった順番に紹介していく。まず、いわゆる一般的なECで成功したモデル出身の張大奕、ライブコマースの女王・薇娅、そして新興ショート動画アプリの快手のECで「家族」をなした辛巴は、それぞれ少しずつ活躍の時期や場所が異なり、成功の方法論も違う反面、カリスマであるからこそその共通の悩みも抱える。それらを比較することを通してKOLとECの関係を見ていただければと思う。

　最初に登場する張大奕は、ライブコマースより前、図文電商（写真と文章を使った伝統的なEC）から生まれたスターだ。

　2009年頃から雑誌や淘宝ショップのモデルを務めていた彼女は、そのビジネスパートナーのひとりに誘われ、2014年7月に自らも投資したブランドを立ち上げる。翌2015年の双11セールでオープン1年という短期間にもかかわらず1億元の売上をあげ、彼女自身も2015年の中国KOLランキングの9位に選ばれた。翌2016年の双11では、女性ファッション分野の売上トップ10にも入った。

　モデルとして人気があった張大奕は、もともとウェイボーに数十万のフォロワーを抱えていた。しかし彼女が選んだのは、当時非常に流行していたライブ配信で歌や踊りを披露しておひねりを貰ったり、企業の

モデル出身の張大奕

商品を宣伝してギャラを稼いだりという方法ではなく、自分のファッションセンスとモデルとしての影響力を使って、自社ブランドの服や化粧品をつくってウェイボーで宣伝し、淘宝で売ることだった。

　張大奕の店で売られる服は、海外の流行を巧みに「取り入れて」いたものの、非常に安価で若者でも手が届く範囲だった。
　幾度かにわたる商品そのもののデザインや宣伝用素材の盗用疑惑（その中には資生堂の洗顔料も含まれる）を乗り越え、彼女とビジネスパートナーのMCN「ルーハン（如涵）」は2019年4月に168人のKOLを抱える規模に成長して米ナスダックに上場を果たし、中国EC上場銘柄の新星と目された。

　張大奕の成功は決してひとりで成されたものではない。それは彼女のビジネスパートナーがルーハンの株式の過半数を持っていることからも明らかだ。元々2014年に始めた店も、彼女が商品企画、ブランディングや宣伝を行い、注文の処理や物流、アフターサービスなどは、パートナーが請け負うかたちでの分業だった。

　独自ブランドの商品を企画し売ることは簡単ではない。単に仕入れて売るのと違い、商品企画、生産工場探しや原材料の手配、生産スケジュールや倉庫の管理から顧客向けアフターサービスまで、多くの付帯業務が発生する。
　モデル出身の張大奕自身にこうした知識や経験があるわけもなく、それぞれの分野の専門家がチームを組んで業務を行うことになる。それを請け負うのが第4章のテーマでもあるMCNだ。

　しかし、2020年11月、ルーハンは大きな転機を迎えることになった。上場して1年少々で、米ナスダックからの上場廃止を発表したのだ。実は株価は上場以来ずっと低迷しており、日本語で言うところの「上場ゴール」であると揶揄されるような状態だった。結局、株価は2021年2月

の時点で上場初値と比べて、4分の1にまで落ちこんでいる。

　上場当時の株価が「劇的な伸びを見せる中国のEC市場」「KOL＋EC という新しいビジネスモデル」という海外投資家による期待先行で膨らみすぎた面は否めない。それでもここまで評価が下がった原因の一端は、張大奕個人のトラブルだった。

　ルーハンという会社なしに、張大奕がここまでの成功を収めることはなかったことは事実だ。しかし、このナスダック上場会社のGMV[*37]総額の半分以上は、彼女1人が稼いだものであり、依存度が非常に高かった（図表3-1）。これは外部から度々指摘され、アニュアルレポート上にもリスクとして明記されている。
　そこに発生したのがスキャンダルだった。上場から半年も経たない

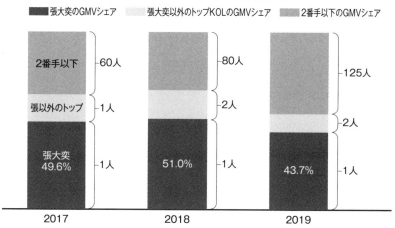

図表3-1　張大奕ひとりがルーハンのGMVの半数を占める

分類の基準の「トップ」は過去12カ月のGMVが1億元以上、「2番手」は3000万以上
出典:Ruhan Holdings 2019,2020 annual report

*37　張大奕は、仲介者ではなく売り手なので、通常であればGMVという表記は使われないが、ここではナスダック提出書類の表記を正式なものとして扱っている。会計上の都合など何らかの意図のもとにこのように表記している可能性はあるが、実態は不明。GMVについては14ページの用語解説を参照。

2020年4月、最大の取引先でもあり3億元もの投資を行う株主でもあるアリババの幹部、蒋凡（アリババ2大ECの淘宝、天猫、およびそのビッグデータを活用して外部販売する阿里媽媽事業部の総裁）の妻がウェイボー上で張大奕へ突然メンションし、「これが最後の警告よ。次に私の夫に近づいたらもう私も遠慮しない」と投稿したのだ。

　当然すぐ大騒ぎになり、ウェイボー上でも関連キーワードがホットトピック入りした。これらはなぜか、ただちにウェイボーの検索結果などに現れなくなった（ちなみにアリババはウェイボーを運営する新浪の大株主でもある）が、それでも騒ぎは収まらなかった。

　巨大ネット企業EC部門の若きトップと、そのECプラットフォーム上で巨額の売上を上げる会社の顔である美女。2人の間にどのような関係があったかは今に至るまで明かされていない。しかし、私的な男女関係にとどまらず、アリババによる出資や淘宝内での扱いにこの2人の関係が影響していたとしたら、ルーハンの成功自体が公正な競争の結果ではないということにもなりかねない。

　結局、アリババ側は内部調査の結果として、蒋凡はこうした重要な意思決定に関わっていないとしながら、「家庭内の問題を適切に処理できず、会社の名誉を傷つけ、広報上の危機を招いた」として、蒋凡の降格、合伙人資格の剥奪などの処分を行った。そしてルーハンの株価も、一晩で10%以上暴落した。たった1人のイメージに頼って築いた数十億円もの売上は、またその1人のイメージが悪化することで簡単に吹き飛んでしまう、ということだ。

＊38　グループ最高幹部が持つ肩書で、法律事務所などのパートナー制度が近い。2021年8月現在、アリババには38人の合伙人がいる。

3-8　販売型③：「ライブコマースの女王」薇姫^{ウェイヤ}

　2018年末から盛り上がりはじめたライブコマース。薇姫（英語名
viya）は、それを牽引する「女王」とよく呼ばれる。
　毎日のように長時間の配信を行い、少ししゃがれた独特の声でテンポ
よく様々な商品を紹介し大幅な割引とともに売っていく。淘宝^{タオバオ}ライブ専
属の薇姫は知名度・売上ともに圧倒的なトップ選手だと言ってよい（図
表3-2）。

　2003年、当時17歳だっ
た薇姫は、北京動物園近く
に小さな服屋を当時の彼
氏であり現在の夫である
董海鋒^{ドンハイフォン}とともに開店した。
最初の投資はわずか6,000
元（≒10万円）だったと
いう。その後、西安に移り、
一時は7軒もの服屋を経
営するまでに成功したが、

薇姫

2012年に家賃の高騰とECの急速な成長を見た夫は、これらの店舗を
閉鎖、ネット販売に絞ることを決定した。その狙いは大きく当たること
になる。

　薇姫はライブコマースに参入する前、淘宝上で普通のECショップ
を経営していた2015年にはすでに年3,000万元を売っていたと言われ、
個人商店としては相当な成績を収めていた。また、実は前項の張大奕^{ジャンダーイー}と
年齢も近く、活動期間もそう変わらない。
　それがライブコマースの波に乗ってさらに伸び、2019年は年間で300
億元（≒5,100億円）、日本で言うとフジ・メディア・ホールディングスや

図表3-2　2020年ライブコマース配信売上ランキング

順位	プラットフォーム	名前	売上(億元)	フォロワー数(万)
1	淘宝	薇婭	310.9	3759.5
2	淘宝	李佳琦	218.6	3786.6
3	快手	辛巴	121.1	7110.2
4	快手	蛋蛋小朋友	75.2	2508.4
5	淘宝	雪梨_Cherie	39.8	1804.9
6	快手	愛美食的猫妹妹	37.8	3887.4
7	快手	時大漂亮	33.3	1773.2
8	淘宝	列爾宝貝	23.2	751.3
9	快手	瑜大公子	22.4	1329.4
10	淘宝	華為終端	21.4	2818.6

出典:電商報「2020年直播帯貨総榜TOP20」

日清食品HDなどの企業と同等の売上にまで伸びたということになる。

　多いときで4,000万人が見る薇婭の配信が売る力はすさまじく、1分で430トンの米を売り、タイからの配信では王族と面会して1回の配信で125万個もの商品を売り、定価4,500万元のロケットを、「今日手付金50万元を払えば500万元引き」と言って、わずか5分間で800人に払わせるなど、逸話には事欠かない。

　彼女のカメラの前でのパフォーマンスは素晴らしく、そのお得な価格とともに視聴者を「買う気」にするプロ、一流のセールスパーソンであるというのは、衆目の一致するところだ。とはいえ、舞台に立つのが彼女であることは、それをすべて1人で取り仕切っていることを必ずしも意味しない。

─── 薇婭が統べる500人のチーム

　KOLとしての薇婭は夫が経営するMCN「謙尋文化」に所属する。謙尋の本社は、浙江省杭州市のアリババ本社敷地内に置かれていることからも、アリババとの関係の深さがわかるだろう。

　その建物は10階建てで総面積3.3万㎡、ここだけで500人以上の従

業員を抱え、他に北京と広州にも
支社を持つ。そこにはスケジュー
ル管理を行うマネージャーやアシス
タントだけではなく、SNS の運営
や宣伝、動画担当や商品管理、物
流、アフターサービスなど多くの
部門が入居している。

杭州のアリババ本社エリア内にあるこのビルは、謙
尋文化が一棟丸ごと使用している

　コロナの影響で遅れているよう
だが、この他にも薇婭専用の 1 万㎡もの面積を有する「スーパーサプラ
イチェーン基地」が本来 2020 年 1 月に開設される予定だった。
　この「基地」には 1,000 以上のブランドが常駐し、その中を配信者で
ある彼女が歩いて当日紹介する商品を決める。彼女の会社には、他にも
40 人ほど配信者が所属しているが、今のところ売上のほとんどは薇婭
本人が占めている。

　いくら頻繁に配信されているとはいえ、薇婭という人間は 1 人しかお
らず、総放送時間には限りがある。したがって、扱う商品は審査をクリ
アし、取引条件で合意されたものだけとなる。化粧品や食品などジャン
ルごとに、その業界出身のプロ 200 人が一次審査を行い、その後本人
チェックで合格したものが放送枠を得ることができる。毎日 1,000 の引
き合いがあるというが、3 〜 5 時間の配信の中で実際に紹介されるのは
その中のごく一部だ。
　特に有名配信者は自分の専門分野でないものも依頼を受けて紹介する
場合も多い。だから本人よりも専門のスタッフが判断するほうがよいと
いうのも合理的ではある。とはいえ、こうなると配信者は番組のいわば
一出演者でしかない。しかし、薇婭は最終的な商品選択権を彼女自身が
持っていると言われ、自分で試し、納得したものだけを売ることで自分
の権力を守っている。
　だが、権力が彼女に集中することは、裏を返せば会社が彼女自身のキャ

図表3-3　とある番組内で紹介された薇婭の1日

15:00	起床
16:00〜19:00	会社着、1,000品ほどの中から商品選択
19:00〜19:30	脚本リハ、配信ティザー
19:30〜20:00	メイク
20:00〜00:00	配信本番
00:00〜06:00	反省会、商品選択、出品企業との打ち合わせ
06:00〜10:00	帰宅、食事

自分ですべてをチェックする薇婭の1日は非常に多忙

パシティを超えては成長できず、彼女以外のタレントが育ちにくいということにもつながる。ビジネスの展開として考えた場合、超スゴ腕の販売員であっても何かの専門家ではない彼女は、自分のブランドを張り付けた商品を開発することも難しい。

　たとえば、薇婭は2019年に「四季日記」というPBコスメブランドを立ち上げたが、あまり話題にならずにひっそりとクローズしている。彼女自身はコスメの専門家でないため、既存の取引先と競合しない。またコスメ自体は一般的なライブコマースの人気商品ではあるので売れるのではという見込みだったと思われる。しかし裏を返せば、わざわざ彼女からコスメを買いたいと思う人は少なかったということだろう。

　ルーハンが第二の張大奕を生み出すことができなかった二の舞になるのか、別のアプローチがあり得るのか、この先が楽しみだ。

3-9　販売型④:獅子王「辛巴(シンバ)」とそのファミリー

　前述したように、張大奕(ジャンダーイー)と薇姫(ウェイヤ)という2つの時代の女王が苦しんだのは、カリスマ販売員としての自らの才能を複製できなかったことだ。

　いくら優れていても1人の人間がこなせる仕事の量には限りがあり、ライブコマースは生放送なので1日に売ることができる時間も限られている。しかも苦労して築いた名声も、スキャンダルに巻き込まれれば一瞬で吹き飛んでしまう。

　その点、少し遅れて人気になった辛巴(本名の辛有志(シンヨウジ)で呼ばれることもある)は、同じカリスマ販売員型でありながら、その点を克服するべくいくつかの新しい方法を採っている。

　彼はまだ31歳にして、出身地である黒竜江省全体人口の3倍に迫らんばかりの9,124万人のフォロワーを持つ。

　元々快手(クアイショウ)というショート動画アプリ内の人気者にとどまっていた辛巴

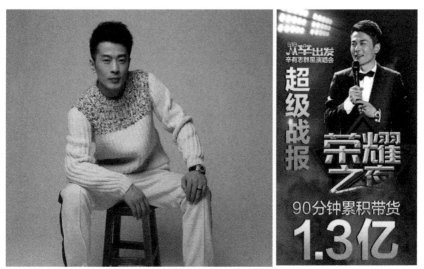

辛巴(左)、結婚式で行った90分の配信で1.3億元を売り上げた成果を誇るポスター(右)

が全国的に知られたのは、7,000万元以上を費やして、ジャッキー・チェンなどを含む大物芸能人を40人以上招いて行った結婚式だろう（ちなみにそのときの結婚相手である初瑞雪（チュールイシュエ）も、フォロワー2,000万人以上の大物KOL）。

しかもただの結婚式ではなく、そこでも90分間の配信と販売を行い、1.3億元を売り上げたというのが、さらに話題に拍車[39]をかけた。新型コロナ被害が最も深刻だった武漢に1.5億元を寄付したということもまた話題になった。

─── 「土味」あふれるTikTokのライバル快手

辛巴の主戦場である快手は、MAU（月間利用者数）10億と抖音（ドウイン）（中国版TikTok）と肩を並べる存在でありながら、抖音に比べてあまり日本での知名度が高くないので、少し補足しよう。

快手は元々2011年に創業された。その頃は「GIF快手」という、そ

創業当時の「GIF快手」のアプリは、その名のとおりGIF動画加工用だった。

---

*39　ただし、売上やかけた経費に関して、本人側は一切否定。

の名のとおり自分の顔写真などを GIF 動画として SNS で使えるよう加
工するための今とはまったく違うツールだった。そこから 2013 年にピ
ボット（事業方針転換）して改名、現在のようなショート動画アプリと
なった。

　「『快手』という名前は動画とはあまり関係ないのでは？」とよく言わ
れるが、もともとは GIF を快速（＝素早く）生成できるというところ
からつけられている。実は日本ではよく知られる抖音のサービスイン
は 2016 年と快手よりだいぶ遅く、先行する快手をかなり「参考にした」
と言われている。

　快手は主に地方小都市や農村、日本で言うマイルドヤンキー層のユー
ザが田舎の日常生活のちょっと面白く、「土味（ダサさ、田舎臭さ）」溢
れる光景を共有する風景などを共有する動画が多いというので人気にな
り、クールな都市住民が使う抖音と対比された。

　ちなみにこのマイルドヤンキーたちは、中国語では英語の「バディ」
や「ブラザー」のようにお互いを「老鉄（ラオティエ）」と呼ぶ。2018 年中盤までの
快手は、大都市部の若者には「わざわざダサく撮った動画を田舎者同士
がシェアする田舎で人気の変なアプリ」としてしか認識されていなかっ
た。

　私もその頃何回か快手とのコラボ企画のアイディアを出したことがあ
るが、毎回「あんなダサいアプリでキャンペーンを行うと、ブランドイ
メージを損なう」とクライ
アントの社内で反発されて
いた。その頃すでに抖音は
認知されており、こちらに
はみな積極的だったのと対
照的だ。

　確かに私が快手で見たこ
とがあった動画も、日本で

2019年1月には快手発の「ダサいウルトラマン」が日本でも話題に

も少し話題になった「ダサいウルトラマン」のように、素朴で田舎っぽいものが多かった（ただし、快手の制作者もそう見られるのをわかった上で、わざと「都会の人が思うだろう田舎っぽさ」を加えたコンテンツを創っているという側面もあったのではと感じる）。

　UIにも特徴がある。動画をずっと見せ続けることを志向する抖音に対して、快手はよりユーザ同士のコミュニケーションを促す設計になっており、エンゲージメント率（「いいね」やコメントなどの数）も抖音よりもかなり高い（図表3-4）。また、意図的にプラットフォームが見せたい動画に集中して誘導する傾向が強い抖音に対して、快手は70％をロングテールに流すと言われている。

　日本も同様だが、地方都市や農村では、都会以上に現実の人間関係が濃い。こうしたアプリやSNS上でのつながりも、リアルの人間関係を反映していることが多く、アプリがその人々の間のコミュニケーションを促すことは、ある種自然なことだった。

　快手は2017年にテンセントから投資を受け、その人気コンテンツであるゲームや動画（これらも地方での利用者が多いジャンルでもある）などとの結びつきを強めていく

　快手は徐々に都市部の若者にも浸透し、現在では地域別のデータを見

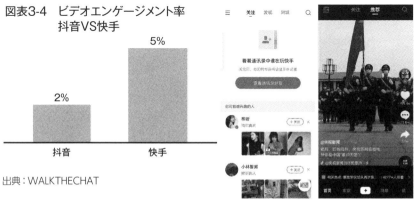

図表3-4　ビデオエンゲージメント率
抖音VS快手

5%

2%

抖音　　　　　快手

出典：WALKTHECHAT

抖音に比べてエンゲージメントが高い快手(左)、快手の初回起動時はアドレス帳にある友達を探す機能が表示され(中)、いきなり動画が再生される抖音(右)との思想の違いがわかる

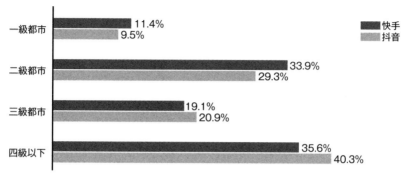

図表3-5　抖音と快手のユーザ地域分布はすでに大差ない

出典：Quest Mobile 2019.10

ても抖音とそこまで変わらない構成となっている（図表3-5）。

　さらにその豊富な資金力で 2020 年、毎年旧暦大晦日に国営放送の CCTV で放送される定番番組『春晩』に 30 億元を費やして協賛、幅広い層から圧倒的な人気を誇る歌手・周杰倫（ジェイ・チョウ）の中華圏初の SNS アカウント開設と新曲の独占先行配信を取り付けるなど、抖音を猛追している。

　また 2018 年 6 月にはショッピングカート機能を追加して EC に参入、そこからライブコマースを全面的に取り入れ、2020 年の GMV は約 3,812 億元に達している。2021 年 2 月には公開価格の 3 倍もの初値をつけて香港上場を果たし、先行きの明るさを印象づけた。

─── ファミリーによる「助け合い」とサプライチェーンの掌握

　辛巴の話に戻ろう。彼はそんな快手で圧倒的なトップ人気を誇る KOL だ。彼は 2017 年に広州に貿易会社を設立するとともに、快手での動画投稿を始めた。他の KOL と少し違うのは、他人の商品を紹介するのではなく元々自分ブランドの商品（後述）があり、その生産と販売を手がけていたことだ。

　当初は主戦場とした快手にまだ EC 機能がなかったので、成功した企業人として起業とビジネスの経験などを動画として投稿していたらし

辛巴とそのファミリー

い。そこから 2019 年の結婚式で注目されるまでは、彼の姿はそこまで
目立たなかった。その原因のひとつは、その頃の快手が田舎という通常
流行の発信源になることがほとんどない地域の人気アプリでしかなかっ
たということだ。

　配信者としての辛巴の特徴を 2 点に分けて紹介しよう。
　まず 1 つは「ファミリー」と呼ばれる 10 人ほどの KOL のグループ
を従えていることで、これは快手のトップに共通する（たとえば、辛巴
と頻繁に「抗争」を行うもう 1 人のトップ KOL 散打哥も、同じようにファ
ミリーがいる）。
　ファミリーに固定の名称やメンバーがいるわけではなく、時によって
「辛巴チーム」「辛巴 818」「辛巴家族」などと呼ばれる。徒弟と呼ばれ
る中核メンバーはいずれも 1,000 万以上のフォロワーを持つ。ファミリー
もそれぞれに得意分野があり、独自で配信を行うほか、辛巴とのコラボ
も行われる。
　たとえば、辛巴が散打哥との抗争の末に一時期配信を取りやめていた頃
には、ファミリー総動員で「父のために」をテーマに配信を行っていた。
　もちろんファミリーの中で辛巴本人が飛び抜けたトップではあるもの
の、その稼働なしでもある程度その穴を埋められる存在になっていると
いう布陣は、先行者である張大奕や薇婭が欲しくても手に入れられな
かったものだ。

快手の「6大家族」

配信側が先行事例を研究したという面もあるだろうが、この「ファミリー現象」が観測されてしばらく経ったにもかかわらず、他の同様のプラットフォームに波及せず快手内のみの現象にとどまるのを見ると、おそらくユーザ同士の交流を歓迎する快手のコミュニティとしての雰囲気や仕組みが、同時に配信者同士のコラボも促進し、トラフィックを融通する効果に秀でていたということになるだろう。

　快手のライブコマースは「売り場」でもあるが、ショート動画という出自からして、見て楽しむエンタテインメントでもある。ファミリーの交流やライバルとの抗争などのウェットな演出方法は、ヒップホップなり、アメリカのWWEプロレスなどのブックやアングルを思わせる。

　辛巴ファミリーの成績は他ファミリーと比べても圧倒的で、合計フォロワーは3.2億人にも達する。同じファミリーである以上かなり重複があることを割り引いても、快手自体のMAUが10億であることを考えると、その存在の大きさがわかるだろう。コラボで自分の持つファンの

トラフィックを他の人に流し込むということは日本のYouTubeでも行われているが、圧倒的なスケールの違いがわかる。

───────────

　辛巴が興味深いもう1つの理由が、最初にも触れたように販売員であるだけでなく、生産者でもあるということだ。

　そもそも辛巴は広州時代、「棉密碼（M.password)」というブランドで生理用品を生産・販売していた。その後、ラインナップの拡大とともに、2019年7月にブランドを統一し「辛有志厳選」と呼ぶようになった。その後、妻のブランド「ZUZU」も合流し、この「厳選」のラインナップには次第に独自商品が増えてくる。

　様々な顧客から依頼されて宣伝・販売を請け負うKOLの中には、こうした独自ブランドを持たない、または前述の薇婭のようにうまくいかないものも多い。

　しかし、辛巴は元々自分が生産を行っていたことなどから、違う考えを持っていたのだろう。それを発展させたのが2019年末に予告なく突然公開された「辛選帮」だ。公開1年経った現在でも招待コードがないと参加できず、SNSでもほぼ話題になっていないこのアプリは、報道によればライブコマース配信者向けの商品卸を行うという。自分が何を

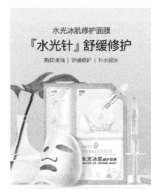

シャンプー、フェイスパック、子供用の枕など取り扱い品目は多岐にわたる

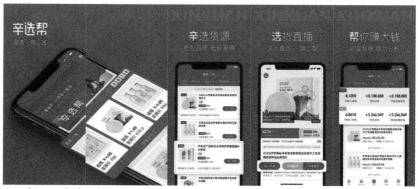

辛巴が立ち上げた「辛選幇」

売ったらいいかわからない配信者は、辛選幇に集まった高品質な商品から選べば間違いがない、ということのようだ。

辛巴は配信者としてすでにトップクラスであり、またライバルたちと比べれば後継者候補も育っており、相対的に彼個人への依存度も低い。事業拡大の次のステップとして、後続の配信者たちにB2Bのサプライチェーンを提供する新規事業に進出したということだろう。ただ、このアプリに関しては発表時のプレスリリースを除いて取り上げた記事もなく、利用のためにはサプライヤー登録が必要なのでわからないことも多い。自ら配信で大成功した彼は「何が売れるのか」を誰よりも知り、説得力もある。単に自らの名を冠した商品をつくって売るだけでなく、「プラットフォームとなって商品選別とマッチング機能を提供する」という発想は、他の大物配信者たちにはないもので、非常に興味深い。

─── スキャンダルをきっかけに裏方に?

様々な方法でこれまでの先輩カリスマ販売員KOLたちが越えられなかった壁を越えようと試みている辛巴もまた、スキャンダルによる逆風に苦しむ。

2020年11月に快手が「双11」に乗じて行ったキャンペーンに主役として登場して売った燕の巣を使った健康食品に燕の巣由来の成分がほぼ

含まれておらず、単なる砂糖水だったと暴露されたのだ。

　当初はいちユーザの告発であったこともあって、黙殺しようとしていた。だが、ニセモノ摘発の専門家を名乗る人物が実際に売られている商品の詳細な検査結果をネット上で公開し、逃げ切れなくなった辛巴は謝罪に追い込まれる。

　結局、自らに課したルールに従ってすでに売れていた57,820件もの注文に対して返金するとともに、6,200万元（約10億円）のペナルティを支払うと発表した。快手もプラットフォームとして、辛巴とそのファミリーの一部に60日の活動停止と罰金を申し渡した。

　この「燕の巣事件」においては、彼もまた詐欺に遭った被害者であり、真の加害者はこの製造元であることは間違いない。

　ただ、大量の観客を集め売りさばいている以上、売り子であるKOLもまた責任から逃れることはできない。

　ロレアル出身の「口紅王子」こと李佳琦は、メンバー全員が修士号以上を持つ専門の品質管理チームを置いていると公言しているほか、有名配信者は多かれ少なかれ、社内にこうしたチェック機能を備える。

　しかし、それでもこのような事故を完全に防ぐことは難しいということだろう。

　処罰を免れた辛巴ファミリーの何人かは、活動停止中も配信を続けた。結局、辛巴本人は活動禁止解除からかなり経った3月27日になって配信を復活、その第1回は累計2.6億人もの人を集めて12時間42分にわたってぶっ続けで91もの商品を売り、20億元のGMVを達成した。

　彼は復帰直前のインタビューで、これからの経営方針について、自社で築いたサプライチェーンを他社や他プラットフォームに公開すること（明言されていないが、恐らく上記の辛選幇のことを指す）、そして自分の配信を減らす代わりに今後多くのKOLを育て、「辛巴」という自分1

人ではなく、「辛選」というブランドが必要とされるように、自分がいなくても会社が同様に運営できるような体制を引くと明確に述べている。

─────日本製紙おむつを転売してつくった軍資金

　ちなみにこの辛巴は、中国最北部・黒竜江省の寒村の貧乏な家庭で育ち、12歳の頃には道端のカエルを拾って近くのレストランのコックに売り家計を助けた苦労人だが、一時期日本で生活していたことがある。

　当時21歳だった彼は事業に失敗して借金を背負っており、日本に行けば金を稼げると聞いて留学生として日本に渡り、当時の妻とともに台湾料理屋をオープンさせる。

　その頃、折しも日本の様々な商品を中国で売れば儲かるという個人輸入代行（いわゆる「代購」）ブームだったことから、彼は料理人としてのビザで入国していた3名の中国人従業員に報酬を渡して日本製の乳幼児用紙おむつを大量に買わせ、中国で転売した。

　しかし、この従業員が逮捕され、24歳の辛巴は兵庫県警に入管難民法違反（不法就労助長）で逮捕される。2013年の1年間で1.4億円もの売上があったという。

　2カ月の拘留の後に帰国した彼は、今度は中国でその紙おむつを輸入する事業を興し、大手ECプラットフォーム各社に売りさばいた。本人にとってまさしく「黒歴史」であるものの中国では割と有名なこのエピソードが物語るのは、辛巴の現在に至るまでの大きな飛躍の第一歩は、日本でせっせと買い集めた紙おむつだったということになる。

3-10　動き出すヴァーチャルヒューマンたち

　最後のヴァーチャルヒューマン型 KOL は、文字どおり技術の力で生み出された仮想の存在だ。

　前項までで述べたように、KOL ビジネスの大きなボトルネックは、かたちのない世界観をコンセプトにするとイメージの確立に時間がかかる上に、マネタイズが難しく（「発信型」の「一条（イーティアオ）」など）、販売員のようなヒトを前面に立てればわかりやすく伝わりやすい反面、その個人の能力や外見の魅力に依存するため、リスクが高まる（「販売員型」の張大奕（ジャンダーイー）など）ことだった。

　ヴァーチャルヒューマンは人格を持ったヒトのかたちをとる。だから表現したい世界観が伝わりやすく、双方向のコミュニケーションも可能で、しかもデジタルデータなので複製が可能、スキャンダルのリスクも少ない。また 24 時間不眠不休で働くこともできるし、同じ時間に複数の場所に出現することも可能だ。

　本当の人間とのもう 1 つの大きな違いが、「身体（外見や動作）」と「魂（声や思考）」が分離できることだ。

　1 人の人間であればこの 2 つは当然不可分だが、いわば「デジタルな着ぐるみ」であるアバター（＝外見）はいくらでも変えることができる。もちろん声優にあたる人物が交代することも問題がない。

　こうした利点はありつつも、稼働コストの高さやアニメ風が多い外見によって敬遠されてしまうなど、架空の存在であることに起因する限界も存在する。KOL を紹介する本章最後の一項として、コンテンツを創り、モノを売り、企業やブランドのマスコットにもなるヴァーチャルヒューマンの現状を紹介したい。

　最初にアバター、つまりヴァーチャルヒューマンの外見について触れておきたい。ジェームズ・キャメロンによる同名の映画をご覧になった読者はご存知かもしれないが、ここでいうアバターは特定の有名キャラクターや「ファンタジーの世界で魔法使いになりきる」といった“ごっこ”ではなく、「電脳空間における自分の分身（の外見)」を指す。

　コミュニケーションツールとしてのアバターの歴史はそれなりに長い。日本では 2000 年代前半の「ハンゲーム」「モバゲー」「GREE」「カフェスタ」などの SNS やゲームによって広がったのが実質的な第一世代と言っていいだろう。

〈マイページ〉

〈アバターステージ〉

ハンゲームのアバター

　こうしたサービスの中では、自分のアバターの顔や服装、動きや表情などをカスタマイズできる。「分身」といっても、現実の自分と同じ顔形にする必要はなく、なりたい自分になることができる。一緒にゲームを遊ぶ友達などと交流するために使われた。

　その後 2006 年末からの米「セカンドライフ」の瞬間風速的な流行と衰退を経て、2009 年に開始されたアメーバピグ（サイバーエージェント）

が 2013 年末には 1,600 万人弱の利用者を集めるなど、二度目の盛り上がりを見せる。

　時代の変遷に伴い、利用されるサービスや好まれるデザインは変わっていった。しかし、ハンゲームの運営担当者が「アバター導入目的のひとつはマネタイズ」と語ったことからもわかるように、そこで利用されたアバターのデザインや身に着けるアクセサリー、服の多くはサービス提供側が作り、有料で販売したものだった。「セカンドライフ」では、運営側が用意したものだけではなく、自分で作成した3Dモデルをアバターとして利用することができた（ただし、アップロードにはゲーム内通貨であるリンデンドルの支払いが必要）。

　とはいえ、一般人が3Dモデルをつくることは難しいし、ゲーム世界の中で自由にビジネスを行うこともできたため、作成したアバターを販売する業者も多数存在した。

　後述するように、2021 年現在 1 万人以上の VTuber が配信を行っている。そのアバターも必ずしも手づくりではなく、いわゆるクラウドソーシングサイトを通じて委託制作されたものも多い。

　また、アバター用の衣服などのアイテムを売るオンラインイベント「バーチャルマーケット」は 70 万人以上を動員し、1,400 組以上のクリエイターが参加している。ここにはディズニーやタカ

アパレルショップ「WEGO」は2020年に参加し、実際の店舗スタッフがアバターを使って衣服データを販売（画像提供:WEGO）

ラトミーといった企業以外にも、ビームス、WEGO などのアパレル企業も参加している。

　元々がアニメ調だったため、「アバター」というと今でもそうしたものを想像することが多い。
　しかし、本質的に「デジタル着ぐるみ」であることを考えれば、AIによるディープラーニングを利用した顔の入れ替え「ディープフェイク」や、新型コロナ後に流行した「Zoom 飲み」で使われたすっぴんなのに化粧したように見える機能など、カメラで撮影した顔情報を後から加工処理することも、広義のアバターと言えるだろう。

─── 二世もいる、案外長い日本のヴァーチャルヒューマンの歴史

　マンガやアニメの（当然架空）構成要素としてのキャラクターは、昔から数多く存在するが、そうした背景を持たない独立したヴァーチャルヒューマンの歴史は決して長くはない。
　おそらく世界で最も早いのは 1996 年に「キャラクターに強い」日本のホリプロがデビューさせた CG アイドルの「伊達杏子」だ。

　伊達杏子は大手芸能プロダクションがデビューさせただけあり、おそらくタレントとしての活動を大きく見込んだ投資だったと思われる。しかし、通産省（当時）の広告に出演したという記録はあるものの、実際の活動はそこまで頻繁ではなく、主にラジオなどヴィジュアルが不要な、声だけでの活動が多かったようだ。
　後の制作者インタビューでは、全身での出演だと毎回衣装を変えることが求められ、その負担が大きかったことが理由として述べられている。

　その後、1998 年になって、マンガ家のくつぎけんいちが発表した「テライユキ」は、より幅広くテレビへの出演や歯磨きペースト、自動車などの広告などにも出演した。

その後、この流れは後述するVTuberへとつながっていく。その端緒となったのが、Ami Yamamotoだ。ただし、「VTuber（ヴァーチャルYouTuber）」という言葉自体、Amiより後の2016年末にデビューしたキズナアイが名乗りはじめた言葉であり、

テライユキ ©くつぎけんいち

この時点では存在しなかった。だから、2011年から投稿を始めたAmiは「Virtual Vlogger」と呼ばれることが多い。

　流暢な英語で海外から投稿を行うAmiの「中の人」は明かされていない。しかし、時折Twitterでの投稿やコメントに自然な日本語が使われることから、母語かそれに近いかたちで日本語を学んだ人物ではないかと言われているため、ここでは日本のヴァーチャルヒューマンの歴史として記述している。

　なお、元祖ヴァーチャルヒューマンの伊達杏子には実は「娘」である

「元祖VTuber」と呼んでいいAmi Yamamoto

「伊達あやの」がおり、2018 年にヴァーチャル YouTuber としてデビューしている。娘のほうもホリプロの関連会社ホリプロデジタルエンターテインメント所属で、20 年前に比べれば大きく進化＆変化した技術や環境で再度こうしたヴァーチャルヒューマンをビジネスとして展開したいという試みなのだろう。

　ちなみにこの会社に所属するのは、ほとんど若手の実在する TikToker や YouTube 配信者ばかりで、伊達あやのは唯一のヴァーチャルな存在だ。「伊達杏子の娘」という看板が 2020 年代にどこまで一般に通用するのかはよくわからないが、ヴァーチャルヒューマンがすでに二代目になっているというのは、日本だけの非常にユニークかつ面白い現象だろう。

伊達杏子(左)と「娘」の伊達あやの(右)©horipro digital entertainment Inc.

─────ファッションモデルとしてのリアル型ヴァーチャルヒューマン

　こうして日本から生まれたヴァーチャルヒューマンは、外見の人間への近さを重視するリアル型と、前項でも登場したアニメ系のデフォルメ型の 2 タイプに分岐して進化していく。他の様々な創作分野同様、前者は欧米に多く、後者はアジアに多い。

　リアル型のヴァーチャルヒューマンが最も活躍しているのは、ファッションモデルの分野だろう。ファッション業界がトレンドに敏感という「らしい」理由だけでなく、元祖であるテライユキの時代から、ヴァーチャルヒューマンは常に稼働コストの大きさに悩まされてきた。モデルに求められるのはリアルな動作や会話ではないので、その点についてはある程度ハードルが下がる。

世界的に最も有名なのは2016年、米カリフォルニア州ロサンゼルスを拠点とするBrud社により生み出されたLil Miquela（リル・ミケーラ）で、Instagramを中心に活動するヴァーチャルヒューマン／インスタグラマーだ。

　シャネルやプラダといった数多くのハイファッションブランドともコラボしている彼女は現在、Instagram上で250万人近いファンを持ち、2018年には米TIME誌の選ぶ「ネット上で最も影響力のある25人」に選ばれ、また歌手デビューも果たしている。また、2019年には自身のファッションブランド「Club 404」を立ち上げた。

　日本にも著名なリアル型ヴァーチャルモデルがいる。それがimmaだ。Instagramを中心に2018年7月から活動し、2021年3月時点でフォロワーは33万を超える。2020年には、雑誌Forbesが選ぶ「Woman of the year 2020」にも選出され、SK-IIやバーバリー以外にも、ポルシェジャパンの広告に登場したり、北欧家具のIKEAとパートナーシップを結ぶなど、活動は多岐にわたる。東京2020パラリンピックの開会式にも登場したので、ご記憶の方も多いだろう。

Lil Miquela(左)、GRAZIA中国版に登場したimma

　またファッションブランドのGUは、女性200人を実際に測定し、その体型の平均から作り上げたヴァーチャルヒューマン「Yu」を2020年から広告に登場させている。

　理想のイメージを伝えるファッションモデルではなく、あ

くまでユーザを代表する存在としてヴァーチャルヒューマンを位置づけるのは、世界でも珍しいのではないだろうか。いかにも日本的な発想と感じる。

─── 世界へ羽ばたくアバター文化の申し子 VTuber

ヴァーチャルヒューマンのもう1つの大きな流れが、アニメ調にデフォルメされたVTuberに代表されるデフォルメタイプだ。こちらはリアルさをある程度捨てることで稼働コストを抑え、より「動く」ことができる。

2018年3月には1,000人程度しかいなかったVTuberは、2年半後の2020年11月には1.3万人を突破するなど、現在も市場が広がっている。その先駆者である冒頭で取り上げたキズナアイの公式チャンネルは2021年3月時点で400万人弱が登録、YouTubeによればVTuber関連動画の再生数は2020年10月には合計月間15億にまで達している。

本章冒頭で紹介したコミュニケーションツールとしてのアバターの進化と普及に、日本でそもそも盛んだったアニメ・マンガ・ゲーム、ニコ

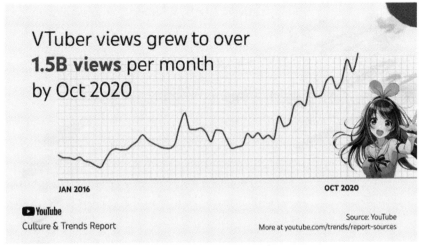

VTuber動画の閲覧数は月間15億に成長（YouTube発表資料より）

チャンネル登録数229万人越えの英語VTuberがうる・ぐら ©2016 COVER Corp.

ニコ動画の歌い手、ボーカロイドの初音ミクを育てたクリエイターコミュニティなどのCGM文化が混ざり、それがYouTubeという動画プラットフォームで花開いたのがVTuberという独特の存在だろう。

同時に、これは日本好きの外国人にとっても「とても今の日本っぽい」ものだったので非常に歓迎された。ブームの立役者であるキズナアイもまた、最初に海外で注目されたことで広がり、2018年にはその知名度を見込まれて訪日観光大使にも就任した。2019年4月には、キズナアイのファンの70％以上は海外在住者とも言われている。

海外のファンが増えれば、英語などでそのファンに向けた発信も増えてくる。日本の大手VTuber事務所ホロライブEnglish所属で英語で配信を行う「がうる・ぐら（Gawr Gura）」のチャンネル登録者数は2021年2月末で229万人を越え、VTuberとしてはキズナアイに次ぐ2位だ。

また2020年11月には英語圏のトップVTuberであるNyanners（登録数109万）などが参加したVTuber事務所（MCN）がアメリカで発足した。CEOはゲーム実況プラットフォームTwitchの創設メンバーだ。

——— 「魂」の器としてのヴァーチャルヒューマン

動くヴァーチャルヒューマンは、現時点では人間が「中の人」として声優のようなかたちで演じている。

しかし、完全に役になり切って脚本を読む声優と違い、ライブでのやりとりも多いヴァーチャルヒューマンの中の人は「素」を出すことが多く、「魂」と呼ばれる中の人と演じられるアバターのアイデンティティの関係がより複雑だ。その例をいくつか紹介しよう。

まず魂を持たないケース。同じヴァーチャルなアニメっぽい存在であるということからよくVTuberと混同されるヤマハ製のボーカロイド「初音ミク」は、基本的に特定の人格や意思を持たないアバターだけの存在だ。あくまでボーカロ

新華社の英語YouTubeチャンネル上で公開されているAIアナウンサーの動画

イドという「入力した歌を歌わせるキャラクターのかたちをした楽器」だ。

　これも魂を持たないケースに含めてもいいかもしれないが、AIが魂というものも存在する。例としては中国国営通信社の新華社が大手ネット企業捜狗（SOGO）と共同開発した「AIアナウンサー」が挙げられる。
　2018年11月に実際に放送に登場し、以来実在のアナウンサーをアバター化した複数のAIアナウンサーが起用されている。詳細は公開されていないが、聞いた限りではおそらく音声も本人の声をもとに合成しているようだ。ただし、こちらも意思を持って発話しているというよりは、「人間のアバターを着たニュース読み上げ装置」と理解するほうが正しいだろう。

　魂は「分裂」「転生」することもできる。「VTuber」という言葉の生みの親と言われるキズナアイは、一時期公式動画の中で同時に4人（名前と姿は同じだが、それぞれ違う「魂」を持つ）登場し、結局そのうち2人の魂が別の身体（＝アバター）を得て、独自の活動を始めた。
　別のケースでは、用意されたアバターの魂を決めるためのオーディションとして、全候補者（魂）が同じアバターを使って同時に配信を行っていたこともある。同じ瞬間に外見も名前も同じだが魂が違うアバター

が複数存在するというのはかなり不思議な絵面だ。

　完全にアバターの表すキャラクターを演じずに、「魂」の現実の生活中での悲喜こもごもが配信に持ち込まれることもある。

　多少極端な例を1つ紹介しよう。

　こうした界隈で近年使われている「バ美肉（バビニク）」という言葉をご存じだろうか。これは「バーチャル美少女受肉」の略語で、一般的には「男性であることが明らかな演者（魂）が美少女アバターを演じる」ことを指す（元々は「バ美肉おじさん」と呼称されていたが、現在は短縮されて「バ美肉」と呼ばれることが多い）。

　当事者ごとに定義や理解が違う場合もあるので一概に決めつけることはできないが、その多くがいわゆるセクシャルマイノリティとしてではなく、単に「かわいくなりたい」「男性だけど美少女として扱われたい」という願望（？）によって「バ美肉」として行動しているだけだ。

　ネット上で（主に男性が同じ男性を騙す目的で）性別を偽る「ネカマ」は昔からあったが、「バ美肉」は魂の性別を隠さないという点で大きく異なる。だから美少女のビジュアルなのにYouTubeで配信するときには野太い男性の声で堂々と話す、という奇妙な状態が生まれることになる。

　本書は音声が出ないので、この違和感を味わっていただくことには限界があるが（画像を見ても単なる美少女アバターでしかない！）、身体と魂の性別が一致せず、しかもそれが両立するという不思議な世界をぜひ一度体験していただきたい。

　また、芸能大手のジャニーズ事務所と大手ライブ配信サービスSHOWROOMによる「ヴァーチャルジャニーズプロジェクト」として、

---

*40　「受肉」とは、本来キリスト教で神の子であるイエス・キリストが人の肉体を得て生まれたことを指すが、現在ファンたちの間では「魂が電脳空間での肉体にあたるアバターを得てVTuberなどとして活動すること」を指す。

関西ジャニーズ Jr. のメンバー 2 人がヴァーチャルな「海堂飛鳥」「苺谷星空」としてデビューしているという例もある。

　ただし、こちらは動画中にも「CV（キャラクターボイス）は」と説明があり、魂ではなく声優としてキャラクターの声をあてるという位置づけのようだ。また、演歌歌手小林幸子も、本人役（？）で VTuber デビューし、キズナアイとデュエットした動画を公表している。

―――――――――

　このように、外見も魂も変更も入れ替えも可能であり、時には性別すら違う別の人でも、AI が務めるのでもよいヴァーチャルヒューマンにおける身体と魂の関係は、実在の人間よりもはるかに複雑だ。そんな中で生まれたのが企業のブランドがその魂として宿る、というケースだ。

　「魂の器としての肉体を用意し純粋な形で受肉させる」というと、剣と魔法の世界のようだが、その役割から考えれば、同じくブランドのシンボルとして用いられる企業ロゴやマスコットの発展形ととらえることもできる。

　「ブランド」という言葉は北欧で話されていた古ノルド語で「brandr（焼き印をつける）」という言葉を語源として、放牧している自分の牛と他人の牛を取り違えないようにつけた印から派生したのだという。

　現代のマーケティングにおいても、「ブランド」という言葉は「ある販売者の商品もしくはサービスを他の販売者のそれと区別せしめる名称、用語、デザイン、シンボル（記号）もしくはその他の意匠」と定義[41]されている。

　名称であれデザインであれ、それらは元々そのモノ自身、あるいは焼

---

*41 "A brand is a name, term, design, symbol or any other feature that identifies one seller's goods or service as distinct from those of other sellers."American Marketing Association(https://www.ama.org/topics/branding/)

き印のようにあとからつけられた特徴（＝シンボル）であり、見られて（聞かれて）はじめて差異が伝わる、言わば受け身の存在だった。

　しかし、いつの頃からか、このシンボルは本体である商品から独立し、能動的に流通していくようになる。そして、流通の際の「乗り物」であるメディアの技術的進化によって、シンボルもまた白黒がカラーになったり音が出るようになったりと、含有できる情報量が増え、リッチな形へと姿を変えていく。

　シンボルを創る手法のひとつであるマスコットキャラクターは1894年、世界初と言われるミシュランマン（別名ビバンダムとも呼ばれる）からはじまり、200年以上の歴史を持つ、ある種の定番手法だ。

　メディアの発達によって、この擬人化は単なる親しみの持てる絵でしかなかったマスコットシンボルに動き、話をする能力を与えた。その能力によって、マスコットは新しいストーリーを生み出し、能動的に語りかけることができるようになった。そして、ストーリーはいつでもイメージを伝える最高の方法でもある。

　ブランドをもとに作られたマスコット自身がコンテンツ（ストーリー）を生み、それがブランド自体のイメージにも大きな影響を与えるようになる。その最新版が「企業ブランドを魂として持つヴァーチャルヒューマンKOL」ではないだろうか。

————————

　2019年4月にKFCの公式Instagramアカウント上に現れたのが、マッチョでイケメン、店舗の前でいつも微笑んでいる老人とはまったく違って若々しいカーネル・サンダースだった。

　これは米広告代理店Wieden+Kennedy（W+K）が仕掛けたもので、Instagram上のセレブインフルエンサーのパロディとして生まれたものだ。これが目下、リアル型でブランドの魂を持つヴァーチャルヒューマンの最も成功した例のひとつだろう。

ヴァーチャル・カーネル（左）とその投稿。immaとのコラボも（右）

　氏はフルCGでデザインされており、脇腹には「Secret Recipe for success（成功のための秘密のレシピ）」というフライドチキンに使われるスパイスの配合を暗示するタトゥーが入っている。そして乗馬を楽しむ風景を「馬に乗ることは自然とつながること。つながることは成功のための秘密のレシピ」などという気取った文言とともに、投稿したりジムに通って体を鍛えたりといった、ファストフードの象徴らしからぬ（逆に言えばInstagramにいるセレブっぽい）行動を繰り返し、2週間様々な投稿を行った後に「旅を続けるうちに僕の魂はInstagramがリアルな生活ではないと気づいてしまった。だから僕はサインアウトしてスーパースピリチュアルなヨガ・リトリートに出かける」と言い残して去っていった（ちなみに日本を舞台にした投稿もあり、前述の日本発のバーチャルインフルエンサーimmaとも共演を果たしている）。

　このカーネルもヴァーチャルヒューマンの一種だ。そしてKFCが発信したい若々しさ、クールさ、チキンを食べる楽しさ、その人気などをヒト型アバターと魂の行動、発言（投稿）で表現したものと位置づけることができる。

　このキャンペーンは、言ってしまえば30枚ほどの写真（CG）でしかない。しかし、誰にでも知られているキャラクターであるカーネル・サンダースを（アイコニックな部分は残しながら）大胆にアレンジし、皮

肉の利いたことを話させるというクリエイティビティで1.5億ものインプレッションを稼いだと報じられている。

サントリーのオリジナルVTuber「燦鳥ノム」。ちなみにサントリー創業の年1899年生まれとのこと

デフォルメ系では、飲料大手のサントリーが生み出したVTuberである「燦鳥ノム」の例を挙げたい。2018年8月から活動する彼女は（もちろんサントリーの商品である）飲料を飲むシーンも挿入されるが、基本的には歌ったりゲーム実況をしたりと一般的なVTuberと同じような動画コンテンツを投稿している。

　燦鳥ノムは画像だけだったヴァーチャル・カーネルと違い動き、話をするだけでなく、時には他のVTuberとのコラボも行う。またすでに2年半にわたって活動しており、短期的なキャンペーンのために生み出されたわけでもない。

　この2つの例は、企業のシンボルに人格と動きを与えて発信しているもので、まだ積極的に視聴者と双方向コミュニケーションをするわけではない。しかし、中国ではすでにもっと直接的に「モノを売る」存在としてヴァーチャルヒューマンが活躍している事例がある。

─── 中国で始まっているヴァーチャルヒューマンの ライブコマース活用と課題

　日本のVTuberは「個人勢」によって趣味的に運営されていることも多い。しかし、こうした方面のアマチュア文化の層の厚さは日本独特のもので、海外ではビジネスを前提に資金を投じて作られているものが大半だ。

　ヴァーチャルヒューマンに限らず、中国はIP開発の歴史が全体的にまだ浅く、その水準はまだ他国を追いかけている段階だ。しかし他の業

界同様、よくも悪くも「とりあえず資金を調達して大量に実戦投入し、ダメだったら改善する（か、あきらめる）」という方法論でのクオリティ向上速度には圧倒的なものがある。

　中国の若い世代には ACG（アニメ・コミック・ゲーム）文化がより一般に浸透しており、一説には愛好者はネット人口の半分弱の 4 億人にも上ると言われているほどだ。他国よりは市民権があるとはいえ、日本でもこうした分野はサブカルチャーという意識が強いが、中国の若年層の間ではより一般の人も楽しむマスカルチャーに近い。そうした位置づけもあって、ヴァーチャルヒューマンもリアルよりデフォルメ型が多い。

　最初の例として、その元祖とも言える 2012 年に中国でデビューしたボーカロイド洛天依を紹介しよう。「魂」の項で紹介したように、ボーカロイドという楽器である洛天依は本来魂を持たない。だから理屈の上では人格を持って話すことはないはずだが、中国ではそうした概念にとらわれず、色々なところに登場している（とはいえ、やはり歌手としての活動が大半ではある）。

　歌手としての洛天依が、ACG ファンだけでなく一般的に知られるようになったのは、2016 年の春節（旧正月）の際、人気テレビ局湖南衛視の春節特別番組に出演したことだろう。こうして歌番組への出演で知名度を上げた洛天依がモノを売るようになったきっかけは 2017 年の双 11 期間中、「光明」という乳酸飲料ブランドとのコラボモデルのドリンクの宣

歌番組で人間の歌手と共演する洛天依

---

*42　開発元は初音ミクと同じヤマハで、中国専用に作られた（2019年に逆輸入の形で日本デビュー）。現在中国では大手動画サイト「ビリビリ動画」の出資会社が窓口になっている。

伝のためのライブ配信への参加だ。

　このドリンクのために書き下ろされた新曲を歌ったこの配信は 100 万人が観覧、当日光明の製品は 3,000 万元以上の売上をあげたと言われており、この洛天依の貢献も大きかった。

　ただし、このときはリアルタイムなファンとのやりとりはなく、事前録画した内容をライブ配信にはめ込むというかたちだったようだ。

　その後、中国でライブコマースが流行しはじめ、洛天依もその波に乗っていくことになる。そのデビュー戦が 2020 年 4 月 21 日、トップ KOL の一人、李佳琦の淘宝ライブでの配信にゲスト参加し、歌などのパフォーマンスを披露した。

　続いて 5 月 1 日、他の「ファミリー」たちとともに淘宝に降臨、単に他人の配信に参加して歌うだけではなく、実際に（人間のアシスタントを従えて）商品を紹介し、売りはじめた。270 万人が観覧したと発表されたこの回が、ヴァーチャルヒューマンが主役になった史上初めてのライブコマース配信だった。

　元祖であり、このように幅広く活動することから、中国において洛天依の知名度はずば抜けて高い。

　洛天依は（ヴァーチャルな存在ではあるが）タレントがその知名度のマネタイズのためにライブコマースに参入したというかたちに近い。しかし、最近では販売員になるために生み出されたヴァーチャルヒューマ

光明のための新曲披露ライブの告知(左)、実際の配信画面(中)、李佳琦の配信への参加(右)

元々はアニメだった「我是不白吃(左)」は3D化し現在週2回美食関連のライブ配信を行う(右)

ンも徐々に人気を集めるようになってきた。

　たとえば、抖音で1,600万近いフォロワーを持つグルメアカウントの「我是不白吃」。当初ショートアニメとして抖音に投稿され、その作品が人気になったことで3D化され、ちょうど流行し始めたライブコマースに進出した。4月には1回の配信で866万元（約1.4億円）売り上げたこともニュースになった。

　実は洛天依のライブコマースへの出演料は、他のトップ配信者のさらに3〜5倍と言われる。

　これは必ずしも知名度や話題性、売上への期待というだけでなく、長時間になることが多いライブ配信は技術的な難易度が高く、しかも洛天依1人を動かすために音声、映像、動作など多くの専門スタッフや機材が必要になるため稼働コストが非常に高いことが原因だ。だから単なる話題作りのコラボプロジェクトと思いきや、実際の運営はアリババの先端的な基礎研究を行う部門「達摩院」がスタッフを投入して主導したプロジェクトだったという。

　また、「我不是白吃」が正直あまりカワイイキャラクターと思えない原因のひとつは造形の単純さだが、これもおそらく稼働コストを抑える

目的がある。また、ヴァーチャルな存在である彼らは商品やパッケージに触れられず、使ってみることもできないのも、地味ではあるが大きな問題である。

─── 簡易インターフェイスとして人手を補うヴァーチャル販売員

　一方的な発信でありユーザとのリアルタイムのやりとりは行われていないKFCの「ヴァーチャル・カーネル」やサントリーの「燦鳥ノム」、中国のヴァーチャル販売員としての起用事例から見えるのは、彼らが「ヒトではないのでスキャンダルや事故が少ない」という利点はありつつも、現時点では高い稼働コストと表現の幅に限界があり、まだ主流になるのは難しいといった現在地だ。

　企業ブランドを背負ったヴァーチャルヒューマンは中国ではまだごく少数で、活発とは言えない。
　しかし、ライブコマースの分野で2021年に入って外部のKOLに依頼せずにブランド自らが発信するスタイルが普及し始めていることもあり（第3章のライブコマースのトレンド部分で紹介）、今後数が増えて認知が高まれば、恐らく「ブランドの魂を宿したヴァーチャルヒューマンによるライブコマース配信」を試みる企業が現れるだろう。

中国では珍しいリアル系、ハルビンビールの企業ヴァーチャルヒューマン「哈醬（ハーちゃん）」。2019年の全国交通安全週間のアンバサダーも務めた

別の方向性として、こうした存在は必ずしも人間を完全に代替するものである必要はないとも考えられる。
他分野にも共通するが、現時点で

のAIは複雑な仕事をさせるとコストが人間をはるかに上回る一方、単純な仕事であれば人間よりも低コスト・高速で処理ができる場合が多い。だから、その長所を生かし、人間と組み合わせて運用するというのが現実解になるのではないだろうか。

　実際最近、深夜など人間の稼働が難しい時間帯にヴァーチャル販売員を起用するといった試みも行われはじめている。
　たとえば、天猫の公式スーパー「天猫超市」のアカウントでは2020年9月から天猫のマスコットキャラクターが登場し、商品を紹介している。
　「本当の人と同じようにリアルタイムでやりとりができる」というのがウリではあるが、体験した限りでは備えているのはフォロワーの入室などの行動に対するお礼などのリアクションと簡単なチャットボットのような質問に対する回答機能といったところで、買い物だけなら十分かもしれないが、まだまだ「面白い」というレベルにはほど遠い。

　ただし、こうした運営方式であれば稼働コストもかなり安いはずだ。面白さを求めず販売のインターフェイスとしてのちょっと気の利いたチャットボット機能として割り切れば、こうした方法もアリだと言える。

天猫超市のライブ配信

次章では、こうした KOL の所属する芸能プロダクションと言われる MCN について集中的に紹介する。

　日本では UUUM など数社が知られるのみだが、中国ではすでに 3 万社近く存在するとも言われる MCN は、単なるタレントマネジメントの枠を超えてサプライチェーンを握り、EC での販売を通したマネタイズを助けることで勢力を伸ばしている。

第4章

MCN：EC関与で地位を高める
新世代芸能事務所

前章では様々なタイプの中国の有名KOLを取り上げた。その多くが発信する写真や動画といったコンテンツを発信し、そこで得たトラフィック[43]を広告として、あるいはECに流し込むことでマネタイズしていた。

　マネタイズの手段としてEC利用が普及するにつれ、KOLたちもまた生存のためにそこに深く関与し、場合によっては自らが手がけなくてはならなくなった。

　しかし、ECを取り巻く生産と販売（商品開発、量産工場の選定や素材の手配、物流、サイトの維持運営、顧客へのアフターサービスや返品・クレーム対応など）に必要な機能は多岐にわたり、手間もかかる。こうした作業の専門範囲と量は1人のKOLが処理できる程度をはるかに超えているし、本業以外の部分に時間を取られていては本末転倒でもある。

　その受け皿として存在感を示すのが、本章のテーマであるMCN（Multi Channel Network[44]）だ。EC運営の巧拙がそのままマネタイズの成否につながる以上、特にKOL先進国中国でのMCNの重要性は日増しに高まっている。

　しかし、中国で数万社と急拡大するMCNもまた、成長して発言力を増す所属KOLやそれらをコントロールしようと試みるプラットフォームとの間で微妙な緊張関係にあり、常に自分の存在価値を証明し続けなければならない。

　MCNを説明するときによく「インフルエンサーのための芸能事務所」と表現される。それも間違いではないが、そもそも芸能事務所の役割自体一般的にはあまり知られていないし、その言葉だけでは説明しきれていない部分も多い。かといって、単なるEC運営代行業者でもない。

---

*43　本来は通信において一定時間内に転送される情報の量（例：〜MB／秒）を指すが、現在では訪問者・閲覧者の人数を指すことも多い。この場合も後者。
* 44　そのまま訳せば「複数のチャンネルのネットワーク」、そもそも発祥がYouTubeであるため「チャンネル」というYouTube内のアカウント単位が名称となっているが、「複数のKOLの」と理解したほうがわかりやすい。

　昔からタレント（才能）の複製は芸能事務所の夢だった。だが、人気の要因は因数分解しづらく、歌や踊りなどの技術が高ければ必ず人気者になれるわけではない。どうすればヒットをつくれるのかはよほどの熟練者でないかぎり設計できなかった。

　しかし、情報の時代を迎え、宣伝から物販まで関連するビジネス環境が大きく変わる。可視化されたデータも増え、それらを活用することで徐々に成功の複製可能性は上がっているようにも見える。

　MCN は新しい業態である上に、世界的に見ても上場している会社が少なく公開情報も少ないため、ビジネスモデルを把握しづらい。本章ではそもそも MCN とはどのように生まれ、どのように発展してきた存在なのかを追いながら、限られた公開情報や関係者へのヒアリングを通して日本・中国を比較し、サプライチェーンを掌握することで KOL に対する発言力を高める MCN の姿を紹介する。

　人々を引きつけるコンテンツを創ることは、才能ある KOL にしかできない。しかし、それをどのようにビジネスとして成立させスケールさせるかは、組織としての MCN の力が欠かせない。中国でそうした新しい消費の原動力のプロデューサーとしての役割を担い発展する MCN の実態を知ることは、ライブコマースのように今後どんどんエンタテインメント化する EC の今後を考える上での参考になるはずだ。

4−1 「MCN先進国」中国のビジネスモデル

　日本のMCNといえば、「UUUM」や「VAZ」が代表格だ。特に2013年に創業されたUUUMは、HIKAKINやはじめしゃちょーといった有名YouTuberを擁し、2017年に東証マザーズに上場したことで話題になった。

　また前章後半に登場したVTuberは、運営手法や必要なサポートに特有のノウハウが必要なので、VTuber専門MCNに所属している場合が多く、「にじさんじ」「ホロライブ」といった会社の規模が大きい。

　日本の2020年の市場規模は、YouTube、Instagram、TwitterなどSNSでのインフルエンサーマーケティング全体で317億円とされる。

　一方、YouTube発祥の地・米国では、2010年頃からその流行とともにMCNが急速に拡大し、そのトップだったMaker Studiosが2014年にディズニーに5億ドルで買収されるなど話題を集めた。

　現在では少し流行がピークアウトした感もあるが、料理動画を中心とした傘下のチャンネル全体で月間2.5億人以上の視聴者を抱えるTastemadeなど大規模なMCNが複数存在し、ビジネスとしても定着している。

図表4-1　中国におけるMCN事業者数推移（社）

2015	2016	2017	2018	2019	2020E
160	420	1,700	5,800	14,500	28,000

出典:鋭観諮詢

　中国では2018年頃から急速にその数が増え、今や3万社近くものMCNが存在するという調査結果もある（図表4-1）。トップのMCNであれば所属KOL合計でのべ7〜8億フォロワーほど、市場全体で245億

元（約4,000億円、2020
年予測）規模とされ、他
国と比べても桁違いの規
模だ。

　中国のEC化率が他国
と比べて高く、そのEC
を使ってモノを売るため
に影響力を広げる販売員
KOLというジャンルが
成立していて、中には1
回の配信で350億円も売
るようなカリスマがいる

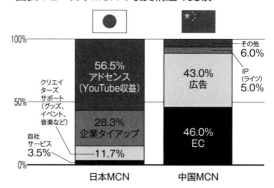

図表4-2　日中MCNの収支構造の比較

出典：「UUUM 2020年5月期決算説明資料より21/5期4Q（日本）」「2020年中国MCN行業発展研究白皮書（中国）」

という状況については前章で紹介した。そして、それぞれの紹介の中で
少しだけ触れたように、どのKOLの背後にもMCNが控えていた。

　本節では、まずこうした中国と日本のMCNのビジネスがどう違うの
かについて、その収入構成を比較することを通してみてみよう（図表
4-2）。

　日本の例としては上場企業であり財務状況が開示されているUUUM
の2021年5月期第4四半期を、中国については2020年にMCN512社
を対象に行われた調査を利用する（出典が違うため、同じような項目で
も含まれる内容が異なるなど厳密な比較でない点はご容赦願いたい）。

　すぐに目につく違いは、EC収益の比重だろう。

　日本ではYouTubeからのアドセンス収入が圧倒的で、まだECから
の収益は非常に限られている。対して中国では、すでにEC（ここには
商品紹介だけでなく自らのブランドを売ることも含まれる）が収入の約
半分を占めるまでになっており、広告収入を越えている。実は、中国で

---

*45　出典とした資料には「広告」の詳細は明確に記されていないが、業界慣例から恐らく日本の「企業タイアップ」と同じで、自分の配信やSNSアカウント上でクライアントの商品を紹介することに対する報酬。

も設立が古い MCN ほど広告の比率が高い傾向があり、逆に設立1年以内の MCN は6割近くが EC と、5年以上の会社の2倍ほどの比率になっていることから、近年収益構造が大きく変わっていることが読み取れる。

では、次に組織構成から日中の MCN を比較してみよう（図表4-3）。

図表4-3　UUUMの組織構成

バディ・プランニングユニット	クリエイターズサポートを行うバディと、クライアントに提案するプランニングが所属
アライアンスユニット	アライアンスクリエイターをサポートするバディ、プランニングが所属
メディアユニット	動画編集や自社運営チャンネルのチャンネル運営を担当するスタッフが所属
ライブ・エンタテインメントユニット	グッズやイベントの企画・制作、音楽制作、EC運営、ゲーム企画などを担当するスタッフが所属
システムユニット	技術面からUUUMを支えるシステムエンジニアが所属
コーポレートユニット	バックオフィス（法務、経理、財務、人事、業務管理、総務など）のスタッフが所属
社長室	新規事業や社長サポート（秘書）や事業部門のサポートを行うスタッフが所属
内部監査室	多部署から独立して組織内での業務遂行を検査する、内部監査スタッフが所属

出典:採用サイト会社紹介資料

UUUM の場合、顧客と接する部門は4つに分かれる。大まかにはバディ（一般的な芸能事務所で「マネージャー」と呼ばれる職種）と企業案件対応のためのプランナーが所属する部署が2つ。そして、動画編集や運営の担当、グッズ・イベント・音楽・EC・ゲームなどの企画制作運営部門だ。その他にシステムや法務・人事などのいわゆるバックオフィス部門が存在する。それぞれの部門の所属人数までは公開されていないが、4部門中グッズイベント関連を除いた3部門がYouTube関連であり、その重視度がわかる。

その他多くの事業があるにもかかわらず、それらが「ユニット」として独立していないのは、これらが新規事業であり、まだ採算性において軌道に乗っていないか、または単純に事業規模が小さいと判断できる（なお、UUUM は「MUUU」という自社 EC を運営している）。

対して、中国の MCN の場合（千差万別ではあるが）、大手であればEC やコンテンツ制作部門のほか、品質管理を担当する仕入れ・購買部

門が独立して存在している場合が多い。

　このように収支と組織のどちらから見ても、日本の MCN の YouTube への依存度（あるいは重視度）が高いことは事実だ。

　だが、2020 年 4 月に米アマゾンが一部カテゴリのアフィリエイト報酬を一方的に引き下げたことからもわかるように、1 つのプラットフォームからの収入に頼ることは本質的にリスクであり、自らの身を守るためにも収益源の多様化は必須だ。

　実際、UUUM も新規事業への投資を拡大させている。インスタグラマーと企業のマッチングサービスを提供するレモネード社を吸収合併したような別プラットフォームへの水平展開に加えて、今後は恐らく垂直方向、川上にあたる KOL 育成と川下のマネタイズの拡大へも進出するのではないだろうか。そして、KOL による EC はその核として打ち出されている。

　では、MCN は EC にどのように関わるのか。

　その話に入る前に、そもそも MCN とはどのように生まれ、どのような機能を担いながら発展してきた組織なのかを紹介しておきたい。とかく華やかなイメージを持たれがちなこうした世界だが、実態を知る方は少ないはずだ。

　私は広告業界に移る前の 4 年間ほど、音楽事務所に勤務していたことがある。音楽といってもクラシック音楽が専門であり、ポップスやロックとはかなり違う世界であることは確かだが、業界内ではそれなりに大きな会社であったし、「所属アーティスト（演奏家）の各種活動を助け、その収益の一部をいただく」というビジネスとしての骨格は共通している。

　ここでは当時の経験などを利用しながら、旧来の芸能ビジネスと MCN の共通点と相違点を整理することから出発し、その歴史と進化をたどってみよう。そこから、現時点の最新である中国 MCN のさらに先の業界の様子も見えてくる。

4−2 MCNの生い立ち、そしてKOLとの
絶えざるシーソーゲーム

　MCN（または芸能事務所）のようなマネジメントのための組織は、KOL（アーティスト）より先には存在しない。こうした業態はあくまでKOLが先に有名になり、市場規模も一定以上になってはじめて成立する。

　クリエイターであるKOLはコンテンツ制作に集中したい。しかし、現実には有名になればなるほど様々な雑務が発生する。
　初期のMCNは、それぞれが個人の実力と運で有名になった複数のKOLが集まり、共同でマネージャーを雇ってこうした事務処理を委託し、手間とコストを圧縮することから始まっていると言っていい。

　私のいた事務所は、クラシック音楽という著作権が切れていることが多い商材を主に扱っていたが、それでも演奏会の企画やステージ裏でアーティストに付き従うといった一般的に想像されるような業務以外に、楽譜や演奏した音源の管理、売り込むためのプロフィール写真の撮影手配、コンサートチラシに載せるそれぞれの規定文字数ごとのプロフィールの提供、ウェブサイトの制作管理、コンサートツアーのためのホテルや移動から楽器運搬にまつわる運輸会社との折衝など、多くの細々した仕事を請け負っていた。それらに加えて、アーティスト個人が締結する契約書へのアドバイス、外国人の場合なら入国管理局へのビザ申請代行や今後のアーティスト活動の方針から私生活の悩みまで、関わる範囲は広い。
　社ごと、個人ごとに違いはあるが、MCNはKOLの売上の20％前後をフィーとして徴収する場合が多いと言われている。これはこうした雑事を一括して引き受け、KOLにはコンテンツを創ることに集中してもらう環境を提供する対価だ。
　当初はこうした雑事の処理が主だったマネジメントは、その後KOL

ビジネスが一定の規模になったこと、そしてメディアの発達と拡大によって流通するコンテンツが高度化・複雑化した影響もあって、専門性を高めるとともに個人から組織へと発展したという歴史がある。

　そもそもKOLがインターネット勃興期から存在したにもかかわらず、MCNが注目されたのが動画の時代以降だったことには理由がある。

　それは、コンテンツの中心がまだテキストや写真だった時代は、アイディア、才能、芸といったKOL本人のみが備えたものが魅力の中核だった、ということだ。コンテンツは本人でないとつくれなかったし、複数のKOLがまとまることのメリットやマネージャーの専門性への要求はさほどなく、有名になれたら自分でスタッフを雇えば問題の大半は解決していた。私がいた音楽事務所もまた、アーティストの演奏の才能と能力がすべてという意味ではこの段階にあったと言える。

　しかし、動画は企画・脚本執筆や撮影、その後の編集・加工など必要とされる専門性の種類が多く、競争が激しくなって要求されるレベルが上がれば、一部の天才的なクリエイターを除けば必然的に分業が進む。

　また動画の場合、膨大な素材の管理、字幕のフォントやBGMの権利処理など細かい雑用も増える。プロジェクトメンバーが増えれば、組織を運営するスタッフも必要になる。影響力が上がればコンプライアンスにも気を遣わなければならない。同時にこうした制作に関わる様々な設備やアセット（動画素材や撮影機材）もまた複数で共同購入する原価低減にも貢献していた。一般的なイメージとして、芸能事務所は所属タレントよりも発言力が強い、と思われがちだ。それは番組などへのキャスティングやライブ制作など、アーティスト本人ではできない専門的な機能を担っているからだ、とも言えるだろう。

　また、メディアプラットフォームとの関わりも複雑化しており、自らのコンテンツを管理することに加え、プラットフォームの仕掛けるイベントへの参加やプロモーションでの協働など、こちらも多岐にわたる。

　マネジメントのもう1つの大きな機能が、トップライン（売上高）の

拡大だ。MCN で言えば「企業案件（または単に案件）」などと呼ばれる企業製品やサービスへの宣伝協力機会の創出が最もわかりやすい。

　企業側としても、名前が売れているとしてもよくわからない個人より、一定の規模と信用がある企業と取引するほうが、リスクが少ない。また、複数の KOL を起用する大型キャンペーンの場合、MCN 側の担当営業がそれを取りまとめてくれれば、やりとりの手間を節減することができる。KOL 本人に代わって、企業や広告代理店を回って営業し、案件をつくるといったこともできる。

　音楽事務所の場合も同じようにスポンサー案件があり、私自身その担当者として関係者向けコンサートなどをよく企画・提案していた。アーティスト本人に直接企業の要望を伝えても、それを器用にパフォーマンスに反映させることは難しいことが多い。

　しかし、中間に芸術とビジネスの両方の「言葉」をわかる仲介者がいれば、話は格段にスムーズに進む。作品としてのレベルや面白さとスポンサーの意向を両立させることは簡単ではないが、そのぶん一般的に利益率は高い。

　また、各種メディアへの出演キャスティングも、知名度向上のための大きな仕事だ。所属アーティスト・タレントを TV や雑誌などで紹介してもらえるように働きかける、または MCN の場合は、プラットフォームと交渉し、そのプラットフォームを利用して成功したモデルケースとして一緒にメディア露出を狙う。もちろん CM などに出演できれば理想的と言えるだろう。

　芸能事務所もまた個人から始まり、マネタイズにとって欠かせない専門的な機能を持つことで発言を強めた。KOL と MCN の関係も今のところ同様の道を歩んでいる。

─── 上下から板挟みになる MCN

このような機能を担うことで、一定以上の規模の KOL は MCN に所属することが一般的になってきている。

しかし、この段階の MCN は、まだ KOL にとって「なくてはならないパートナー」ではない。それどころか不満を持たれ潜在的な離反のリスクがある場合すらある。

たとえばよく聞くのが、サポートの限界だ。従来型エンタテインメントのようにある程度「マス」になることを志向するならば、TV 出演や武道館での公演など、共通した成長のためのハードルがあり、マネジメントがそれを越える手助けができた。

しかし、成長のためにマスメディアを頼らない YouTuber の世界は、いまだにこうした定石が定まっていない。また、YouTuber の中でもすでに先行者が一定の地位を築いてしまっており、後発で人気になれるのは、際立った個性や高い専門性を持つニッチになる。そうなると、KOL 本人とファンの求める表現したいものを、MCN のマネージャーが消化できないことも多く、「伴走」が難しいことも多いのだ。

たとえば、私がもし4 時間微動だにせずただ微笑んでいるだけの動画を 300 本以上上げ続ける YouTuber の再生数を伸ばす戦略を一緒に考えてくれと言われたら困惑し、すぐに音を上げるだろう（これはベンジャミン・ベネットという実在の YouTuber で、その動

ベネット氏は2014年の活動開始以来、時には4時間にもわたる長編の微笑むだけ動画を300本以上公開

画は頻繁に 10 万回以上再生されている）。

　それでも MCN は収入の一定割合をフィーとして徴収する。となれば、KOL から「何もしてくれないのに」という不満が生まれることも理解できる。ややこしい権利処理なども、売れるまでは事実上あまり問題にされないのであればなおさらだ。

　また、KOL の人気は上下に大きな開きがあり、トップとそれ以下の稼ぐ額は文字どおりゼロの数が違う。
　1 万以上のチャンネル（≒クリエイター）を抱える UUUM とて、従業員は 500 人に満たない。経営側としては現実問題として、稼げるトップ数人に限られた時間とリソースを割り当てたほうが合理的で、その他大勢の KOL が「あまり構ってくれない」と感じてしまうのは、現実的には仕方のない面もある。

　そうした状況の打開のために、UUUM では「CREAS」と「palette」という所属クリエイター向けのイントラネットのようなシステム上で、企業からのコラボ案件や YouTube のトレンドの情報共有や素材、撮影場所情報の提供を行い、所属クリエイターには制作用のツールが通常より安価に提供されるなどの便宜も図られている。これは人手が及ばない部分をシステムの力で解決しようという試みだろう。

　他方、トップ KOL は別の理由から MCN を必要としなくなりがちだ。まず知名度が一定以上になると、MCN が営業を頑張らなくてもメディア露出や企業案件の引き合いが自分を指名で来るようになる。マネージャーの売り込みの手間が減っているにもかかわらず売上は増えるから、歩合で MCN に支払うフィーの金額も高くなり、独立して自分でスタッフを雇ったほうが安くなることも多い。
　また、芸能ビジネスは構造的に、少数の売れっ子が多数の食えない所属タレントを事実上「食わせる」ことで成り立つ場合も多い（そして、その中からまた次のスターが生まれる）が、特に「自分で道を切り開い

てきた」という自負が強い（＝必ずしも育ててもらったわけでない）初期から活躍する KOL たちにとって、こうした「恩返し」にあまり納得がいかないケースもある。

このように理由こそ違えど、MCN は一定以下と以上規模の KOL 双方から必要とされなくなりがちで、逆にそれを打開し存在感を示す方法を探さなければならない。これは UUUM が現在まさに直面する課題だろう。その答えのひとつが EC だった。

─── ECにとって欠かせない存在になる

EC とライブコマースの普及は、中国の KOL ビジネスに大きく分けて 2 つの変化をもたらした。

1 つは、販売員としての露出機会の増加、およびそこでの販売成績の歩合という新しい収益源を得たこと。そして、もう 1 つは自らのサプライチェーンを整備し、独自商品を開発、ブランドを打ち立てて販売することのハードルが、以前に比べて大きく下がったことだ。

まず、前者の代表ライブコマースに関わる収入について紹介する。

現在主流とされるプラットフォームは、淘宝ライブ、抖音、快手の 3 つで、それぞれ収益還元のルールが異なる。また、コミッションの比率には商品カテゴリや単価によって幅があり、配信者と MCN の配分率もまた時価で変動する上、非公開の場合も多い。

ここではそうした限界は認識した上で、なるべくシンプルに紹介した。

発注側として考えた場合、費用は以下の数種類から構成されている。

まず配信の枠代がかかる場合がある。これは 1 人の KOL が 1 日に紹介できる商品の時間枠が限られているため、その枠を確保するための基本料金のようなものだ。次にかかるのが、商品ごとの実際の売上に対するコミッションで、20％程度が多い。ただし、2020 年からは大手の MCN はこの枠代を徴収せず、次に挙げる売上の一定比率だけを請求す

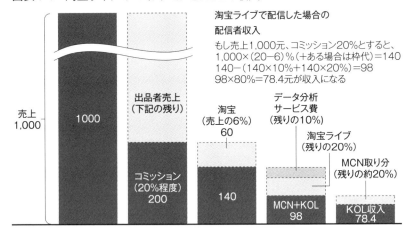

図表4-4　淘宝ライブのコミッションとKOLの収入

淘宝ライブで配信した場合の
配信者収入

もし売上1,000元、コミッション20%とすると、
1,000×（20－6）％（＋ある場合は枠代）＝140
140－（140×10％＋140×20％）＝98
98×80％＝78.4元が収入になる

売上
1,000

出品者売上
（下記の残り）

淘宝
（売上の6%）
60

データ分析
サービス費
（残りの10%）

淘宝ライブ
（残りの20%）

MCN取り分
（残りの約20%）

1000

コミッション
（20%程度）
200

140

MCN+KOL
98

KOL収入
78.4

出典：「六問六答，一文看懂MCN与直播帯貨（国盛証券）」

る、他業種でいう「フルコミッション型」が増えてきている。

　広告主が支払う「枠＋コミッション」代金がすべてKOLの収入になるわけではなく、そこからさらにプラットフォームが手数料を徴収する。
　淘宝ライブの場合、別組織のECである淘宝の商品を売るので、そこへ納める手数料、配信プラットフォームとしての淘宝ライブへの手数料、購入者データの分析・提供を行う「阿里媽媽」というプラットフォームにまた手数料……と、アリババ内の様々な部門に手数料を収める必要がある（アリババの場合、部門ごとの独立性が高く、この傾向が顕著）。
　配信で1,000元分の商品が売れたと仮定すると、最終的に100元程度がMCNの収入になり、それを配信者と分けることになる（図表4-4）。

　1回の配信は数時間行われるのが普通で、1つの商品だけを紹介するわけではない。では、配信ごとにどれくらいの商品と金額が動くのだろうか。
　ここでは連続起業家であり、スマホブランドSmartisan創業者として知名度も高い羅永浩が2020年4月、抖音で初めての配信を行った際の

配信予告の広告の一例（左）、事後1.1億元の売上だったことが公表された（右）

*46
例を紹介しよう。

　この羅永浩の配信では、枠代金が60万元／枠（合計25枠）、これが放送前に売り切れていたので、すでに1,500万元の収入が確約されていた。加えてコミッションとして商品の種類によって違うが、売上の20〜30％を要求したとされる。

　この配信の総売上は1.1億元だったことから、仮に25％で計算するならば、コミッション総額は2,750万元、たった3時間の配信で、1,500+2,750=4,250万元（約7.2億円）を手にしたことになる。

　ただし、これでは1.1億元とされる総売上の約40％が羅永浩（の所属するMCN。ただし個人事務所であり、本人との配分比率は不明）に渡ったことになり、売上の10％という一般的な報酬水準と比べればだいぶ高い。

　これは抖音が羅永浩の配信をプラットフォームとしての自らのEC参戦宣言キャンペーンとして位置づけ、事前の露出や誘導広告枠を有利な条件で大量に与えてバックアップしたためで、元々2,000万人が見ることが保証されているということが大きな原因だった（結果的に累計4,800

*46　ここで紹介する金額は公式に発表されているものではないが、複数のメディアなどで取り上げられ、業界関係者へもヒアリングを行い妥当だと認めているため、信憑性は高いと判断した。

万人が視聴と発表)。

　ライブコマースは、コンバージョン（視聴者数に占める購入者の割合）が通常の EC の訪問者よりも格段に高いとされ、視聴者数の保証は間接的に売上を保証することにつながる。また、メディアによる報道などで宣伝効果も大いに見込める。だから、依頼者にとって通常より不利なこの条件でさえも 2,500 社もの引き合いがあり、応募倍率は 100 倍に達したという。

　このようなプラットフォームやスポンサーの思惑を探り、所属 KOL にとって有利な条件を取りまとめるのも、MCN の重要な仕事だ。

　実は羅永浩に引き合いがあったのは、初回配信のたった 3 週間前だった。まったく経験のない彼がチームを編成しスタジオをセットアップし、何を売るかとその条件を決め……とそもそもスケジュールに無理があったこともあり、事後には様々な不手際も報じられた。

　とはいえ、配信自体が成功したのは、同じく MCN のスタッフの働きによるものだろう。

図表4-5　羅永浩ライブコマース視聴者数推移（万人）

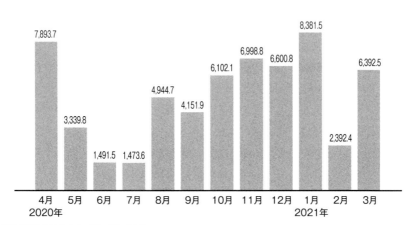

配信開始後は落ちた成績は再び上昇
出典:電商報

　いわばご祝儀的だった初回は例外として、2回目の配信からは彼の枠代も3分の1程度、その頃の他のトップKOLと同様の水準の20万元まで落ちた。しかし、ライブコマース自体は彼の性に合っていたようで、その後もコツコツと努力を続けて盛り返し（図表4-5）、2020年の双11期間中のライブコマース売上トップ10に、抖音出身者として唯一ランクインしている（他の9人は、前章でも登場した薇婭や辛巴など、淘宝と快手のKOL）。

　ほとんどの上位配信者が化粧品や雑貨を売る中で、羅永浩は元々スマホメーカーの創業者ということもあり、「電化製品を扱う」という特徴がはっきりしている。また放送事故が極めて少なく、業界平均30％程度と言われる返品率も8％と非常に低いことも広告主からの評価が高い理由だ。

　彼は2020年4月からの約1年間で30億元以上のGMVをあげ、事業の失敗によって背負った6億元の債務を2021年中に完済できる予定だという。

　このように、KOLは、ECと深く結びついていくことによって、新たな収入源を獲得した。同時にMCNは、ライブコマースにおいても企画から商品選定、撮影や視聴者とのコミュニケーションやプラットフォームと交渉して有利な宣伝リソースを獲得することをサポートすることでKOLに対して価値を示し、欠かせないパートナーであると意識づけることもできるようになった。

　しかし、MCNがその本領をより発揮したのは、次章で詳しく触れる独自商品の企画生産に関わる業務だ。中国の生産力は強大であるとともに、慢性的な供給力過剰でもあり、生産ラインに空きがある工場は安価かつ低ロットでOEM生産を引き受ける。

　動画以前の一般的なECの全盛期には「淘品牌（淘ブランド）」と呼ばれる淘宝ショップ発のKOLプライベートブランド商品が多く出回った。第3章でも触れたKOL張大奕（ジャンダーイー）とそのMCNルーハンは初期の成功

例と言える。

　これらはある意味で、日本でも売られる芸能人のファングッズと似たようなものではあるが、その商品の多くは KOL の顔や名前がついているわけではなく、彼らのキュレートした（選んだ）、世界観を反映したものだ。

　グッズの原料仕入れから量産、販売なども専門家が必要な分野で、KOL が自ら行うのは現実的ではない。MCN はこうした業務を担うことでマネタイズの選択肢を広げるとともに、KOL に対する支配力を強めていった。

─────　**KOL を超える制作能力は得られるのか?**

　MCN が存在感を示すもう 1 つの（であり、本来の）方法は、コンテンツ制作に関するサポートチームの提供価値を上げることか、さらに踏み込んでゼロから KOL 自身を育成することだ。ただし、この方向の成功例はまだあまり多くはない。

　MCN 自身の運営チャンネルや番組といった「ハコ」をつくってブランド力を蓄積し、KOL はそこへの出演者として招待するということが行われている。TV 番組のような考え方で、もちろんゲストを見たくてその回だけ見る視聴者もいるが、ファンは基本的にはその番組のファンとして見続けることが期待できる。モノを売るにせよ広告収益を狙うにせよ、結局トラフィックを持っていることが力につながる。

　米 Tastemade の "Tiny Talk" というシリーズは、この MCN 発の「番組」の例のひとつだ。

　元々 2017 年から "Tiny Kitchen" というミニチュアの料理を作る人気シリーズがあった。"Tiny Talk" は同じコンセプトのもと、俳優などを出演させ、話しながらミニチュア料理をつくってもらうという番組だ。

　開始から 1 年ほどで不定期に 5 本だけと目下作品数は多くはないが、

元々人気だった番組フレームのブランド力の水平展開事例として挙げられる。

　こうした既存フレーム利用以外では、単独の KOL では難しい制作設備の提供や大型スポンサーの獲得による制作予算規模拡大という方法も考えられる。
　同じく Tastemade の事例では、韓国の自動車大手のヒュンダイのスポンサーによる『The Grill Iron』は評価が高く、テレビ版も制作された。

　「この成功例はまだ多くない」と書いた。この手法の難しさは、「ハコ」である番組が大物 KOL を出演者として使うためには、番組自体が KOL 以上の影響力を有していなければならないからだ。つまり、「1 つの KOL のような存在でなければならない」という矛盾にある（第 1 章の発信型 KOL がまさに「番組」だったことを思い出していただきたい）。
　MCN が自ら都合よく影響力を持った KOL を生み出せるなら、そもそもこのような悩みは生じない。また、スポンサーがついて高額の撮影機材を使用し、海外ロケを行ったからそれが決定打になって視聴者が増えるというわけでもない。クオリティが低ければ話にならないが、高いからといって、それだけで人気になれる保証などどこにもない。

　マスメディアが主な舞台であった時代には、タレント独自の発信力と大きな差があり、それが最も大きな価値だったが、KOL は元々自身が強い発信力を持っている。スポンサーがつけば、その資金と引き換えに表現には制約も生まれる。それでもあえて「MCN の番組」に出演したいと思わせることは簡単ではない、ということなのだろう。

Tastemadeの人気シリーズ"Tiny Kitchen"

とはいえ、第1章最後で予想したように、現在は生のままでの配信に徐々に収録が入り編集されるようになると、KOL個人に比べて資金力に勝るMCNの優位性は増す。長期的にはこの方向性による成功例も生まれてくるかもしれない。

─── **KOLの育成と課題**

もう1つの方法が、KOLそのものをゼロから育成することだ。先に結論を言ってしまえば、こちらもまた需要はあり、様々な試みが行われている最中であるが、理想的な答えはまだないのが現状だと感じる。

KOLビジネスはまだ業界として若く、MCNは自力で有名になった大物KOL主導でつくられることは先述した。その初期には新しくMCNに加入（もしくは創業）するのも即戦力、すでに一定の人気があるKOLである場合が多い。当初は投資をしてゼロから新人を育成するよりは、現在の人気を伸ばすことが優先されるのは自然なことでもある。

業界としての歴史が長い芸能プロダクションや音楽事務所の場合、ある程度将来性を見越してオーディションなりスカウトを行い、投資をしてスターに育て回収することは一般的に行われている。

大手であればスクールを運営し、そこで優秀だった生徒をデビューさせるという育成の仕組みをつくっている場合もある。これには大きな投資が必要な反面、ここから成功したタレントが簡単に離反しないというメリットもある。

MCNが有名KOLの個人マネージャーから抜け出して組織となり、その長期的な安定と継続性を考えた場合、当然同じように複製・育成を考えるようになる。とはいえ、前述したカリスマKOL張大奕とアリババ幹部との不倫疑惑のように、特に個人の魅力や技術を中核に据えたKOLはいくら人気があってもスキャンダルなどによって一瞬でそれが

消し飛ぶリスクからは逃げられない。投資にはリスクがある以上、分散が必要だ。

　ゼロからの育成だけでなく、すでに人気がある KOL をリクルートすることも選択肢ではある。しかし、これは同業他社との競争になって、有利な条件が引き出しにくいことに加え、特有のリスクがある。

　それはその KOL が MCN 加入後に出した成果の「何が MCN の貢献で、何が KOL 自身の MCN 加入前から影響力なのか」を完全に切り分けることはほぼ不可能である、ということだ。具体的には、契約を打ち切る場合に SNS アカウントの権利や収益配分を巡ってトラブルになりやすい。

　こうした背景から、最近では、離脱後もアカウント利用の継続を認める代わりに、所属期間中に増えたフォロワーを金銭換算して弁償する、といった条項があらかじめ所属契約に盛り込まれる場合も多い。

　幸い私が知る限り、日本ではこうした SNS アカウントの所有権を巡る大きな訴訟は起きていないようだが、ビジネスの規模も大きくなってきており、（望ましいことではないが）おそらく今後こうした移籍に伴うトラブルは発生するはずだ。

　逆に自社でデビューさせた KOL であれば、それらのアカウントの権利は基本的に 100％事務所に帰属させることができる。人気になった KOL が雇用条件に多少の不満を持ったとしても、名前もアカウントも全部使えない状況でフォロワー数ゼロからやり直す勇気はなかなか持てない。そこには「恩」や「義理・人情」だけでない、具体的な抑止効果があることになる。

　しかし、先の無言で微笑み続けるベンジャミン氏の例は少し極端にしても、育成は簡単なことではない。

　中国ではライブ配信が盛り上がった一時期、アパートなどに数十人の KOL 候補を住み込みで雇って毎日配信させ、成績のいい者だけを残す「インフルエンサー工場」の存在がメディアに取り上げられた。だが、

結局、数だけを集めても成果は出なかったようだ（前章のロレアル出身のKOL 李佳琦（リージャーチー）は多数の候補者から頭角を現したという意味では、これに該当すると言ってもいいかもしれない）。

　また、地方の専門学校の中にはインフルエンサー養成コースを開設している場合もあるが、ここからスターが生まれたという話も同じく聞いたことがない。

　韓国や日本の芸能事務所の中には、質の高い育成プログラムを提供し、そこからデビューするタレントも一定数存在する。

　中国の場合、エンタテインメントに限らず多くの分野において蠱毒型（こどく）（とにかく大量の挑戦者を集めて競わせ、生き残った者を採用する多産多死のアプローチ）の選別が行われがちだが、もともと芸能ビジネスにおける打率は適切に育成を行ってさえも非常に低く、こうした大雑把なやり方ではさらに確率が下がり、いつまでたってもヒットが生まれないということなのだろう。

　とはいえ、状況は少しずつマシになってきているのかもしれない。たとえば、第3章で紹介した元祖動画KOLのPapi醤は、中国大手芸能プロダクションの創業者とともにMCNのpapitubeを立ち上げ、比較的成功している。

　日本でも2020年4月にUUUMと吉本興業の資本提携が発表されている。これ自体は吉本が出資し、UUUMがその対価として吉本の芸人にYouTube活用ノウハウを提供することを念頭に置いているようだが、今後こうした相互乗り入れが進めば、中国と同じように芸能界側から育成に関するノウハウの注入もあるのではないだろうか。

　また、SNSを利用して人気になること自体の歴史もすでに短いとは言えない。今後メディアやプラットフォームとのタイアップやコンテンツコラボ、広告投下などの経験の蓄積により、従来型の芸能ビジネスとは違った定石を見出しつくり上げることができれば、それこそがMCN

に所属する本質的な価値になるだろう。

　才能ある KOL を $\overset{ゼロ}{0}$ から大量生産することは難しいのが現実だが、1を 100 にする規模化の支援は（特にデジタル的手法であれば）大量に試行すればそこから学び、どんどんその精度を上げることができる。組織である MCN こそが可能な育成方法だ。

　こうしたことから導き出される MCN の今後の合理的な育成のための打ち手を考え、図表 4-6 のようにまとめてみた。どのように才能の種を集め、開花させ、それを持続させていくかは、通常の小売とはまた違った難しさと面白さがある。

　またベクトルは違うが、特に日本では個人による金融機関からの資金調達が難しい。近年プラットフォームもクリエイター向けファンドを設定している場合もあるが、よりクリエイターに近い立場でのコンテンツ制作原資の融通など、MCN には資金面での支援という役割もあるだろう。

図表4-6　MCNビジネスのバリューチェーンと打ち手

小売	研究開発・仕入れ先発掘	量産・供給安定化	マーケティング・宣伝	物流	販売	アフターサービス・再購入・再訪促進

MCN	スカウト	トレーニング・育成	マーケティング・宣伝・コンテンツ拡散	マネタイズ	再訪・再購入・拡散促進
課題	・所属メリットの明確化 ・将来性のあるタレントの選別・勧誘	・育成ノウハウが業界全体で存在しない(初級) ・特性上、何を伸ばせば結果につながるのかMCN側にも把握できない(中級) ・所属メリットを感じづらい(トップ級)	・特定プラットフォーム(P/F)への依存 　・宣伝・展開経路の依存 　・収入の依存 ・KOLを育てたいが育ちすぎると離反する。管理下に置きたいジレンマ ・トラフィックをカネに変える		・ファンの属性・要望情報の不足 ・ファンの「自分事感」の醸成不足 ・見て終わり、消費して終わり
打ち手の方向性	・会社のブランドを上げ、指名で選ばれるMCNに ・低コストで候補者を大量発掘、囲い込む	・隣接業界からのノウハウ導入 ・低コストでのトライ&エラー ・見極め(そもそも従来の考え方による「育成」が必要なのか?) ・契約による離脱防止	・他P/Fへの進出 　・同カテゴリ(例:1位のYouTube→動画業界2位)への進出と、他カテゴリSNS(例:YouTube→Instagram)。 　・前者は成功の複製率は高いが既存取引先との衝突が懸念。後者はその逆で、問題は起きづらいが成功率が低い ・多様な収益化手段の開発 ・クリエイターズファンド提供など、一定の自由度を与えつつ、MCNなしでは存続できないような依存関係をつくる		・ファンコミュニティの組織化 ・情熱の一層の把握 ・熱量の自己生成・自走へ ・参加感、承認欲求の充足
打ち手の具体例	・メディア露出、有名KOL勧誘などで第一想起率が高い企業ブランドに ・充実したサポートを訴求など ・簡便な登録システム整備	・芸能プロとの提携による学習 ・eラーニングなど低コストなシステム導入 ・自力成長を促す資金的なサポートや環境整備	・既存KOLの多P/F展開支援 ・他P/Fを手がける同業買収・提携による新規参入・規模化 ・KOLのIP化とグッズ販売経路の確保 　・コンテンツ展開P/Fと収益源を切り離す ・資金力を活かしたファンド・設備・システム導入		・会員制オンラインコミュニティ設立→意見を聞き、運営に活かすなど ・自社EC導入で顧客情報を増加 ・ファン参加型のイベントやプロモーションの実施

公開資料より筆者整理

4-3　MCNの将来像

　このように、中国の MCN は KOL のマネージャー的存在として雑務をこなす存在から出発し、手広いサポートや育成、そして KOL が 1 人ではこなせない EC に関わる生産・販売領域を手がけることによって、マネタイズを支え、対等の存在になった。また、（まだ確立はされていないとはいえ）KOL を育成し、囲い込むための試みも行われている。

　では、今後どのように発展していくのだろうか。

　足元の傾向として私は「ブランド・IP の育成運営」においては、「自社リソースの育成への集中」という意味で当事者だった MCN が外部へそのノウハウを提供する代理業へ進出し、「バリューチェーンの管理」という面では、逆に従来外注していた様々な業務機能を内製化していくと予想している。

　MCN は芸能事務所の発展形の一部と言ってもよいだろう。しかし、伝統的な芸能事務所が人を育てており、イメージはそこに副次的要素としてついてきたことに対し、MCN はイメージの育成が主であり、KOLなりタレントはいわばそのイメージを投影する対象でしかない。

　実際に第 3 章で紹介したように、米 Tastemade による "Tiny Talk"、「一人食」「一条」のような番組型やヴァーチャルヒューマンが出現するなど、KOL もまた必ずしもヒトには限らなくなってきている。日本の大手芸能プロダクションのジャニーズが「バーチャルジャニーズプロジェクト」を、ホリプロが「伊達あやの」などを扱い始めたことの背景には、必ずこのような考えがあるはずだ。

　さらに言えば、その対象は KOL に限られる必要すらないし、自社所属とも限らない。KOL の IP は、企業やその商品がまとうオーラとしてのブランドや背負う世界観と同じ性質のものだ。したがって、MCN の

中にはモノやサービス、企業などのブランディング領域に進出するケースが生まれてくるのではないだろうか。

　最も手っ取り早いのは、対象がすでに持つイメージや世界観を具体化したKOLを創り、運営を支援することだろう。つまり、これまで紹介してきたような企業ヴァーチャルヒューマンKOLの育成だ。

　これは自らタレントを育てる立場から、クライアントのブランドイメージの具現化をサポートする領域に進出する、ということでもある。

　イメージを具現化したキャラクターづくりと運用の業務は多領域に及ぶ。だから「ヴァーチャル・カーネル」をW+Kという広告代理店が、「燦鳥ノム」をニコニコ動画を運営するドワンゴが運営しているように、今MCNと呼ばれている企業だけでなく様々な業種から参入者が現れる可能性があるだろう。

　他にもロゴやマスコットの延長と考えれば、企業のCI（コーポレート・アイデンティティ）分野を専門とするブランディングエージェンシー、コンテンツ制作力という意味では、TV局やその制作会社がノウハウを持ち込むこともあるだろう。

　また、日本は元々「Suicaペンギン」「ルミ姉」「ドコモダケ」「たれぱんだ」など、他国に比べてキャラクターIPが飛び抜けて多い。これらを担ってきたキャラクター開発専門の会社や作家たちにも大きな可能性がある。個人的にも非常に可能性を感じる分野だ。

————————

　成熟したMCNのもう1つの柱が、ECサプライチェーンへの関与だった。この面では、MCNはサプライチェーン管理能力を生かし、今後PB（プライベートブランド）を増やすとともに、一旦内製化の方向に向かい最終的にはファブレス化していくのではないだろうか、と考えている。

　ライブコマース前のカリスマ KOL 張大奕（ジャンダーイー）の時代から、中国の持つ高い OEM 能力を生かした自分の PB 展開は KOL の通る道だった。PB は自ら生産も行うため利益率が高く、またファンが望むものを臨機応変につくれるというメリットがある。

　ただし、元々企業の商品を販売することから出発しているライブコマースを中心とした現在の KOL にとって、自らの得意分野はすなわちすでにたくさんの取引先を抱えている分野でもあり、PB という競合商品を出すことは事実上難しい。薇婭（ウェイヤ）など有力 KOL が PB を持たないか、つくっても失敗する理由はこうしたところにある。

　おそらく今後は、MCN が蓄積したノウハウを利用して先に商品企画を行い、その PB を前提とした専属の販売員としての KOL を後からデビューさせる、といったことも起きてくるだろう。それはたとえば、ブランドの理念を魂としてインストールしてゼロから創られるヴァーチャルヒューマンかもしれないし、無名のタレントがそのように仕立て上げられるのかもしれない。

　たびたび参照する UUUM も、2021 年になって「P2C（People to Consumer）」という新しい概念を掲げた事業を立ち上げた。

　ここでいう People とは、UUUM 所属の KOL のことで、人を前面に押し出した D2C[47] の一種だ。KOL が打ち出すコンセプトをもとに商品企画を行い、OEM 先のパートナーが生産した商品を KOL 自身がその影響力で宣伝し、自社 EC で販売する計画だろう。

　2020 年末に開始された他ブランドとのマッチング・コラボ商品開発支援サービスとあわせて、KOL の持つ影響力を物を通したマネタイズに転化させる試みに注力していくのだろう。中国で起こった現象が数年経ってほぼ同じようなかたちで日本で起こり始めているということになる。

---

*47　D2Cに関しては次章参照。

タレントの複製は難しいが、サプライチェーンマネジメントの経験は転用することができる。MCNの経営の安定にとっても、こうしたビジネスは必要とされるだろう。これは前項とは逆、元々外部に委託していた業務を自社のコアコンピタンスとして内部に取り込む流れだと言える。

─────────

　次に、将来的なMCNの組織像だ。MCNの業務範囲が広がると会社が備える機能が増え、大きくなる。たとえば、第3章に登場した辛巴の会社の従業員は3,000人規模と報じられている。単純比較はできないが、ジャニーズ事務所は170人、UUUMは前述のように500人弱であることを考えると、所属タレント数の割に相当大規模と言っていいだろう（辛巴ファミリーは固定的ではないため具体的に誰が正式にMCNに所属しているかは不明だが、一定以上の人気があるKOLの数は10人を超えないものと予想される）。

　これは組織図の項でも説明したように、中国のMCNの事業内容が幅広く、芸能のマネジメントを中心とした日本の芸能事務所に比べ、社内に多くの機能を備えていることが原因だ。特に元々「辛有志厳選」というPBを持つ辛巴の場合、このようなサプライチェーン機能が他の中国MCNに比べても整っていると思われ、それが社員数の多さにつながっているものと思われる。

　中国までの規模にはならないにせよ、日本でも今後予想どおりECが事業の柱として成長すれば、今までとは専門性が違うスタッフが数多く必要になることは確かだろう。

　しかし私は、このような膨張は事業成長の過程で起こる一過性のものと考えている。最終的には多くのリソースが外注されるのではないだろうか。

　製造業でも、発展の過程において多くの事業部門や機能を内製化する垂直統合か、外部の事業パートナーと連携する水平分業のどちらかの道を選ぶ。そのどちらが適しているかは、企業のコアコンピタンス（核心的な強み）がどこにあるか、またビジネス環境の変化の速さによって判断する、とされる。

　ビジネス環境が安定し変化が少ない場合は、内部に経験を蓄積し時間をかけてサプライヤーとの関係を密にしていく（または内製化する）垂直統合が有利となる。逆に変化が速い場合はそうした経験や関係の蓄積があまり生きないので、むしろ一部を状況に合わせて着脱することで環境に対して最適なかたちに変身したほうがよく水平分業が有利とされる。

　産業全体が一定の規模になると、製造工程の一部を専門に扱うことがビジネスとして成立するようになる（こうして生まれる OEM 企業については次章で紹介する）。アウトソースの受け皿となるこうした企業の存在によって、水平分業が可能になる。

　価値の源泉となる部分は社内に残しながら、それ以外の工程の多くを専門の会社に任せ、自らはその管理を行うようになった業態は「ファブレス」*48 と呼ばれる。
　この考え方は、1980 年代にライフサイクルが短い半導体と一定の設備投資が必要な生産工場というジレンマを、設計と製造に分離したことが発祥とされる。
　MCN にとって、製造や EC 販売のための倉庫・物流・アフターサービスといった機能は、そのものが競争優位を持つわけではない。また、こうしたものは規模が大きくなると単価を下げることができる。したがって、内製し続ける必然性は薄く、それ専業の業者に委託したほうが

---

*48　"Fabrication facilities"(=製造設備)が"less"(=ない)ため「ファブレス」と呼ばれる。

効率よい。

　MCN がサプライチェーンマネジメントの力で KOL を管理するようになり、KOL より先に PB 商品を企画するようになると、これはもはやファブレスメーカーが強力な宣伝機能を社内に有しているのとあまり変わらないことになる。であれば業界が一定規模に達した時点で、製造業で起こってきたような変化と同様のサプライチェーンのデコンストラクション（再構築）が起こるだろう。

　実際、すでに量産は一般的に外部の OEM 企業に委託されているし、EC の注文受付から配送までを担うフルフィルメントサービスを提供する事業者も数多い。
　辛巴がたどり着いたのが「辛選幇」という KOL 向けサプライチェーンを提供するプラットフォームだったことも、こうした流れを察知していると言える。

　次の最終章では、その「委託されるもの」としての黒子生産者の発展の方向性を取り上げる。

第 5 章

メーカー：価値を生み出す新時代の モノづくり

多くのモノがコモディティ化し工業の時代が終焉を迎えたからといって、モノが生産されなくなったわけでも、消費されなくなったわけでもない。むしろ華やかに見える情緒的価値を生かすためには、実体を持つモノを介する必要がある。だからこそ前章で取り上げたようにMCNがサプライチェーンを握ることで、時に価値を生み出す主体であるはずのKOLを超えるほど復権を果たしたとも言える。

　しかしその一方、世界的に生産・供給は余剰傾向にあり、ただ「つくれる」だけでは誰にも振り向いてもらえない。

　媒介としてのモノは確かに必要とされている。されど黙っていてはそこに価値は認められない。そんなデータの時代に生まれた「新消費」という激変によって、前時代の覇者であった生産者たちはどのように変わりつつあるのか。それが本書最終章のテーマだ。

　「YouTuberは投げ銭（スーパーチャット）で稼いでいる。あれはまさにモノを介さない純粋な情緒的価値への報酬ではないか」と思う読者もいるかもしれない。

　しかし、YouTubeに関する様々なデータを公開しているサイト「Playboard」によれば、2020年世界トップの桐生ココ（VTuber）でさえ、投げ銭で獲得した金額は年間で1億6,000万円、300位になると800万円を切る。その上、この金額の一定割合はYouTubeや課金プラットフォームに徴収され、本人がすべてを受け取るわけではない。世界上位が貰う金額として大きいとは言えないだろう。

　ライブ配信によるファンエコノミーの規模の大きさがよく語られる中国も、規模こそ違えど傾向は同じだ。

　2020年に有名ライブ配信プラットフォーム5社合計で20万元以上の投げ銭収入があった配信者が5,463人。ここには2,000万元（約3.4億円）以上の収益を上げた3人が含まれている……というとスゴそうな気もしてくるが、モノを売るライブコマースのトップ、たとえば、第2章で登場した薇婭の同じ2020年のGMVは310.9億元（約5285億円）、配信者とMCNの収入になるのは前述の計算どおりこの約10％と考えても、

トッププレイヤー同士の期待収益の天井は 100 倍以上違うことになる。やはりモノを介するビジネスのほうが圧倒的に「カネになる」のだ。

では、生産者たちはどうすれば「カネになるモノづくり」ができるのか。ここでも、いくつかのタイプに分けて代表的なケースを紹介する。

まず最もオーソドックスだが最も道のりが険しいのが、生産の規模を追求し、コモディティ量産のためのリソースを独占することだ。需要は依然として存在するのだから、最も安く・最も幅広く・最も速く供給さえできれば、下請けとして「選ばれる」のではなく、パートナーとして仕事を「選ぶ」側に回ることができる。技術を磨き投資を行うことで「自社でしかつくれないモノをつくる」というのもここに含まれる。

ただ、そのためには絶え間ない規模の拡大競争に勝ち抜く必要がある。供給側発想のこのアプローチはひとことで言えば、「プロダクトアウト型」だ。その例として世界的に発展するアパレル SPA と表裏一体の関係にある中国の知られざる巨大 OEM 企業の例を取り上げる。

2 つめの方法が、供給ではなく需要を軸足に発想することだ。嗜好品のようにニッチ向け高単価商品を提供するといったマーケットの絞り込みもそうだし、受注生産は究極のニッチ、1 人の顧客が望むモノそのものをカスタマイズして提供することでさらに単価を上げる仕組みだ。

これらロングテール市場を狙うアプローチは、世界のどこかにいるそれを欲しがる人に存在が伝わらないと商売として成り立たない。リーチを最大化して低い出現率を補うという意味で、プラットフォーム型ビジネスと相性がよい。

ただし、自らの企画生産ではなく顧客の需要に立脚したものづくりは、OEM と正反対の「選ばれる」立場をとことん突き詰める方法でもあり、一歩間違えれば競合との同質化による果てしない価格競争に巻き込まれる大きなリスクがある。こちらは「マーケットイン型」と呼ばれるものだろう。例として「C2M」と呼ばれるデジタルを活用した新しい生産方式を 4 種に分類し、それぞれケースとともに紹介している。

ここまでの二者は、生産またはリーチの最大化、つまり「集中」による規模化を志したものだった。それに対して、最後は「分散」、つまり他と異なるブランドを築き、その付加価値提供を目指すものだ。

　ブランド構築の例として最初に紹介するのは、既存の強力な世界観やブランドを借用する方法だ。中国の伝統文化を現代風にアレンジした「国風」トレンドは故宮などの歴史的建造物や漢服と呼ばれる民族服、文化財をモチーフに取り入れた雑貨など多岐にわたる大きな流行だ。ここでは国風を大胆に取り入れて成功した例として、元五輪選手が設立し、近年ではパリ・コレクションなどにも出品するスポーツアパレル「李寧」、そして誰でも知っているが古くさくてダサいと思われている昔のブランドを再生させるEC大手、天猫のプロジェクトを取り上げる。

　最後に紹介するのは、つくったモノを自分で売ることで、自力でブランドをつくり上げる例だ。
　つくった後小売に卸すだけでは、どう・どこで・いくらで売るかを決められず、買うときの体験が重要となる現代において強固なブランドをつくることは難しい。川上となる商品に独自性があるだけでなく、川下である売り場づくりや宣伝にも識別性がある必要があるということで、製造卸から小売領域への進出は従来から起こっていた流れだった。
　その後供給過多による需要側への「選ぶ」権力の移行によって、逆に販売側がその需要に応じたモノをつくるために生産に進出するというケースも増えた。そして、そうした生産と販売の相互乗り入れ・融合は、デジタル的技術の発展・浸透によってより一層緊密になっていく。
　ここでは、その融合の最新の例としてのD2Cを2種類に整理し、サブスクリプション、そしてSNSやアプリを駆使したコミュニティづくりなどを通したブランドづくりについて紹介する。そこでは改めて、顧客接点としての実店舗の重要性と役割が再確認される。

　大量生産能力、顧客の細やかな要望に応じるカスタマイズ力、そして世界観でファンを魅了し囲い込むブランド力。この３分類はあくまで便宜的なものだ。これらはすべてグラデーションのようにつながっており、現実の企業活動はこれらが混ざり、同時に試行されながら進んでいる。

　「世界の工場」であった中国は、その生産能力を保ったまま今や「世界の市場」にもなった。つくることと売ることを兼ね備えた国で起こりつつある「『欲しい』と思わせるモノづくり」の潮流は、他国にもすでに広がりつつある。

5−1 「フォックスコン[*49]の5倍稼ぐ」アパレルOEM大手の プロダクトアウト

　前世紀に冠せられた「世界の工場」の名前のとおり、中国はOEM（量産代行、中国語で「代工（ダイゴン）」）という産業が非常に発達している。B2Bであることも手伝い、大手企業でも一般に知名度が高いとは言えないが、これはまさに自らのブランドを持たない代わりに、生産規模が生む機能的価値を徹底的に突き詰める業態だと言える。

　たとえば、アパレルSPA[*50]では、インディティックス（ZARA）、H＆M、ファーストリテイリング（ユニクロ／ジーユー）が売上高2兆円を超える世界三強だが、これらの発展もまた、中国のOEM企業に支えられている。

　ここではまず、アジア最大のニットウェア製造OEM「申洲国際集団（Shenzhou International Group）」の沿革を通して、量産を請け負う典型的な下請けにすぎなかった工場が技術力を生かして生産の主導権を握り、今度は自らのコスト競争力と差別化のために国外に移転し、自分のブランドを立ち上げ販売にも乗り出すという、OEMビジネスの様々な方向への拡大を見ていきたい。

　この申洲国際の成り立ちと発展は、実は日本ともゆかりが深い。

　その前身となった寧波申洲繊造有限公司は1988年に寧波の地元政府、国営の上海ニット第20工場、そして地元出身でオーストラリアに移民して富を成した華僑・葉立培（イエリーペイ）の三者で共同投資して設立したもので、そこに上海ニットから副総経理として送り込まれたのが、現在のトップ馬建栄（マージェンロン）の父、馬宝興（マーバオシン）だった。社名の「申」は上海の古名、「州」は「五州（五大陸、すなわち世界中）に広まるように」という願いからつけられたという。

---

*49　台湾に本社を置く世界最大のEMS（電子機器受託生産）企業。中国語名:鴻海（ホンハイ）科技集団。
*50　「Specialty store retailer of Private label Apparel」の略。日本語では「製造小売業」と訳され、企画から製造、小売までを一貫して行うビジネスモデルを指す。

馬宝興は 1970 年代か
ら技術者として頭角を現
していた業界の有名人
で、自身も上海から寧波
に移住するとともに、自
分のコネで様々な専門家
を招聘し、この会社の技
術向上に尽力した。

1990年2月、初めての日本の顧客が申洲の工場を視察に来訪した

　当時すでに中国の国内
向け低価格市場は飽和状
態で、新しく立ち上げた工場が参入することは難しかった。

　馬宝興は、その優秀さを買われて日本での研修の機会を与えられ滞在
した経験があり、当時の日本製品の品質の高さと購買力、そして何より
「良い品質のものは日本という市場で高く売れる」ことを知っていた。
だから「日本企業と取引できるクオリティの製品をつくろう！」という
ことで、あえて困難も多い中高価格帯の製造をはじめる。特に日本向け
のベビーウェアは、大人向けの服よりも高い値段がついたので、それを
専門とした。勉強より工場での作業が好きだった息子の馬建栄は、13
歳の頃からその父に従って仕事をしていたという。

　1997 年に起こったいくつかの出来事が、申州を大きく発展させるきっ
かけになった。

　まず、アジア通貨危機の発生などもあって会社の株を買い取り、雇わ
れ経営者からオーナーになったこと。そして、ユニクロからの初めての
35 万件という大量注文をわずか 20 日で完遂、信頼を勝ち取ってビジネ
スパートナーとしての関係が始まったことだ。ユニクロとの取引は申州
にとってとても大きく、業界トップになった 2001 年頃には、売上の 8
割を占めていたこともあるという。

　これをきっかけに、イトキンやイトーヨーカ堂など多くの日本企業と

申洲国際の本社(左)、2代目にして現トップの馬建栄(右)

の取引も生まれ、現在でも中国国内を除いた国別売上では日本がいまだにトップを占める。そして、この年、馬建栄が父・宝興より正式に経営を引き継いだ。

　これはちょうど、アパレルの生産がまさに中国に向かっていた時代の流れと合致していた。

　たとえば、同じくユニクロの OEM を手がけることで知られる日系大手のマツオカコーポレーションは、1986 年に中国で生産を開始し、1993 年には中国が主要な生産拠点になり、1998 年には日本国内の工場を閉鎖し、生産を中国へ完全移管している。申洲はこのような需要変動の大波に乗って、一気に業界トップの座に駆け上がった。

　しかし、日本側のこうした中国へののめり込みは、21 世紀に入ると一転した。

　2003 年の SARS（重症急性呼吸器症候群）や 2005 年の反日デモによって操業停止に追い込まれた日系工場が出たことなどから、中国固有のリスクを分散するための「チャイナプラスワン」として、東南アジア進出が叫ばれるようになる。

　日本と取引していた中国企業にとって、問題はより複雑だった。

　顧客取引面では腰が引けつつある日本企業への依存を減らすために欧米の顧客を開拓する必要に迫られる一方、生産面では国内の人件費高騰

などにより主要顧客である日本企業同様、より低コストの海外移転先を探す必要があった。新たな候補地である東南アジアは、人件費こそ中国よりさらに安かったものの、インフラや労働者の熟練度には大きな開きがあり、多くの問題が発生した。

——— 企画力と機能性素材量産成功で存在感を増す

このような多岐にわたる国際化の必要性もあり、申洲は 2005 年の香港上場とともに、企業名を「申洲国際」と変える。同時に Nike や adidas など重要顧客向けにはわざわざ専用工場をつくって企業秘密の保護を徹底することなどを通じて信頼を勝ち取った。現在でも生産に高い技術が必要とされる Nike の機能性素材「フライニット」量産の 7 割以上を請け負っている。1 社に偏らず取引先を増やすことで顧客の地域分散も成功させた（図表5-1）。

「設備狂」のあだ名を持つ馬建栄の口癖は「儲ける前に使え！」で、とにかく設備投資に多額の資金を投じた。

ユニクロとの関係が始まった 1997 年に 3,000 万元を投じて汚水処理施設をいち早く導入したほか、上場後も毎年利益の半分以上は設備投資に使い、上場で得た 9 億香港ドルをすべて古い染色機などを最新型に入れ替えるために使ってしまったという。

図表5-1　申洲国際の2020年地域別売上

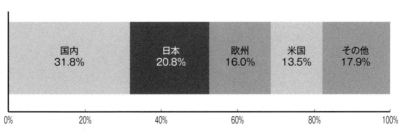

日本向け売上はいまだ国外トップであるものの、特定地域に依存しない構成
出典：決算資料

図表5-2　OEMとODMの役割分担の違い

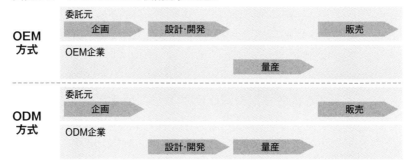

　しかし、そうした投資が生産効率を上げるとともに、後に工場の環境汚染や従業員の労働環境が社会問題となり、多くのメーカーがサプライヤーへの基準を上げて調達先を絞り込んだ際に会社を守ることにもつながった。ここ数年で世界的に重要視されるようになったSDGs[*51]やESG投資[*52]といった考え方を随分先取りしていたことになる。

　成長とともにノウハウを蓄積した申洲国際は、顧客が引いた設計を元に量産のみを代行するOEMだけでなく、上流の設計から請け負うODMにも進出していく。ODMは受注側が生産に関するすべてを行うため、もはや「下請け」ではなく、発注者と対等なパートナーだと言える（図表5-2）。

　国外進出も上場と同じ時期から始まっている。2005年にカンボジア、2013年にベトナムに大規模な投資を行い、生産の一部を移転。最大の理由はもちろん、中国国内の人件費高騰の影響を避けることだった。それだけでなく、2006年から紡績品や衣服に関するEUの途上国向け特

---

*51　「Sustainable Development Goals（持続可能な開発目標）」の略。2015年9月の国連サミットで採択されたアジェンダに記載された、2030年までに持続可能でよりよい世界を目指す国際目標。
*52　従来の財務情報だけでなく、「環境（Environment）」「社会（Social）」「ガバナンス（Governance）」要素も考慮した投資を指す。

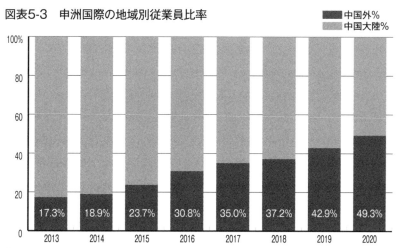

図表5-3 申洲国際の地域別従業員比率

中国外%
中国大陸%

17.3% 18.9% 23.7% 30.8% 35.0% 37.2% 42.9% 49.3%

2013 2014 2015 2016 2017 2018 2019 2020

申洲国際の従業員の国内外比率。すでに半数近くが国外拠点所属
出典:決算資料

恵関税（GSP）の対象から外れたことによる輸出コストの上昇や人民元の通貨リスクの分散といった目的もあった。

　現在では進出した２カ国とも１万人の従業員を超え、グループ従業員の半数近くが海外拠点所属だ（図表5-3）。カンボジアでは主に完成品としての衣服の量産を、後から立ち上げたベトナムでは生地生産を行い、ともに１万人以上の従業員を抱える。

　この生地生産能力は、OEM 生産者にとって、単なる便利で取り換えの利く下請けに堕さないための大きな差別化点だ。

　申洲国際は生地を仕入れて服をつくるだけでなく、ユニクロからエアリズム、Nike からフライニット、テックフリースなどいわゆる機能性素材の量産を受託する。量産に高度な技術を要する素材であっても請け負えることが競争力となり、受注単価を上げることができるのだ。

　それだけでなく、近年では５億元と 1,000 人以上の人材を投資して研究開発センターを設立し、そこで独自開発した「咖啡碳（ヒートテックと似た素材だが、申洲はヒートテック生産には関与していない）」も生産している。また、OEM 企業としては珍しく、素材関連の特許も多数

保有する。

　生地生産の半数はすでにベトナムで行われ、今後外国顧客向けは東南アジア2カ国で完結させ、増えつつある国内のアパレルメーカーからの受注は国内工場を使うという棲み分けを行っていくとする。

　中枢である寧波工場が自動化などの恩恵で最速で同業他社の6倍程度の15日で量産できるという超高効率には及ばないものの、こうした東南アジアの拠点も単なる「そこそこの品質のものを安くつくる」場所ではなくなってきている。

─── テンセントに並ぶ高収益体質

　独自の素材があり安価な量産の設備とノウハウを持っていれば、自分のブランドを立ち上げて自分で販売することも考えるのも自然な流れだろう（後に述べるように、これはまさにSPAという業態のはじまりでもある）。

　申洲も2010年に自社ブランド「馬威（MAXWIN）」を立ち上げ、地元寧波を中心に店舗も複数オープンさせた。しかし、こちらはあまりうまくいかず、黒字化させることのないまま、同郷の起業家・丁磊率いる

馬威（MAXWIN）の店舗

大手ネット企業・網易（NetEase）に半数近くの株を売却し事実上撤退した。売却の際の公告では、理由として「核心業務であるOEMに経営リソースを集中する」と記している。

　申洲国際は同じOEMであることから、しばしば「アパレル業界のフォックスコン」と呼ばれる。しかし、大きく違うのは収益だ。

　そもそもOEMは典型的な薄利多売とされ、利益率は非常に低いのが当た

り前とされる。iPhone をはじめ幅広い電子機器を製造する世界的な企業であるフォックスコンにしても同様で、当期純利益率は 4 〜 5％程度でしかない。

　しかし、申洲国際のそれは 24％程度で、最も利益率水準が高いと言われる IT 業界の雄テンセント（26％）に比肩する水準にまで達している。

――――――――

　馬建栄は、あるインタビューで「高科技（ハイテク）は見てわからないものではなく、必ず工業生産と消費者の需要が結びついてできるものだ。材料と加工技術を低コストで組み合わせ、さらに高い価値を生むことこそが、本当のハイテクに違いない」と述べている。この言葉は、申洲国際の強さが「設備投資による規模と効率の徹底的な追求」、そして「研究開発にも投資を行うことで、競合が提供できない商品を最も速く、最も大量に、最も幅広く、最も安く提供できる力であること」を表している。そして、その機能的価値における優位を得ることができれば、薄利多売なはずの OEM 業態ですら IT 企業にも劣らない利益率を出すこともできる。

　そこにはわかりやすいイノベーションや驚きの発想といった派手さがあるわけではないのかもしれない。しかし、こうした当たり前のことを徹底的にやり抜くことも同じか、それ以上に大きな価値と言えるだろう。
　そして、そこに至る難しさと引き換えに、いったん築いた地位の堅牢さは、移ろいやすい情緒的な価値に基づくそれとは比べ物にならない。だが、王座は 1 つの競争に 1 つしか用意されておらず、2 位以下は言ってしまえば 1 位の代替品としてしか扱われることはない。それが機能的価値の競争の厳しさであり、やりがいであるのかもしれない。

5−2　アイデンティティ不要、
究極のマーケットイン、C2Mの実際

　申洲国際は、中高価格帯のマスプロダクトを徹底的に量産することで、つくり手としてビジネス全体の主導権を握った。そして、派生的に自社ブランドを立ち上げたが成功せず、結局OEMという本業の中での強みを追求することになった。

　大量生産を前提としたアパレルOEMのビジネスモデルは、大量の、そしてある程度画一的な需要と対になって初めて成り立つ。そして、実はこの「需要」とは、小売業者の予測でしかなく、消費者が実際に欲しいと手を上げたものではない。

　衣料品は元々流行に強く影響されるにもかかわらず、企画・調達・量産までのリードタイムを確保する必要性から、従来は1年ほど前に企画を決めた上でシーズン前に展示会を開き、そこでの受注数を基に事前に見込み生産してそれを売り減らしていくという、いわば投機的なビジネスだった。

　そして小売はその中で需要の予測を行い在庫消化のリスクをとり、それと引き換えに予測が当たったときの収益を、OEMはリスクをとらない代わりに最低価格での納入を求められる存在だと整理できる。

　「投機」の成功率を上げるためには、コントロール可能なリスクを最小化することが必要だ。元々自社で生産し小売店に卸す製造卸が一般的だったアパレル業界で、「SPA」という業態の利点の1つは、この需要予測の精緻化によるリスク低減だった。SPAは垂直統合型業態であり、企画から販売までを自社で主体的に行う。だから顧客や販売現場のデータ・意見をすばやく取り入れ反復的にPDCAを行い、「はずさない」商品づくりに生かすことができる。

　SPAのもう1つの利点が、ブランドを築き価格競争を免れることだ。

生産者が黒子としての卸ではなく、自らのタグをつけた商品を自らのロゴを配した店舗で売ることで、消費者はそのブランドを識別し、気に入れば再度そのブランドを探して買い求めるようになる。

　SPA の第二世代とも言うべきユニクロやジーユーを展開するファーストリテイリングに代表される「小売店がプライベートブランドを企画・販売するべく生産に進出する」方式も、第一世代の真逆の小売から出発しているものの、「独自商品開発によるブランドの差別化を狙った」という意味で、同様の生産と販売の融合という流れの中にある。

　SPA が発展したのは、先進国が工業の時代から人々がブランドを求める情報の時代に足を踏み入れた 1980 年代後半から 1990 年代であったこともまた、同じ意味合いを持つ。

　しかし、業界に大きな変革をもたらした SPA は、裏を返すと川上から川下までの垂直統合によって、すべてのリスクを丸呑みするビジネスモデルであるとも言える。需要予測の精度を上げることでロスの幅を減らすことはできたとはいえ、依然「売り減らす」ことの根源的なリスクと無駄を抱えたビジネスモデルであることには変わりなかった。

　日本では 2019 年時点で、衣料品の供給に対する消費が半分以下（つまり過半数が売れ残る）という状況で、売れ残れば在庫費用もかかるし、持ち越せば割引販売するしかなくなり、結局利益を毀損しアパレル各社の経営を圧迫するようになっていった。

　また、申洲国際のような巨大な OEM が企画力を持つようになり主導権を握られると、ブランドと差別化のための SPA だったはずが、実際に店舗に並ぶのは同じ OEM 生産者から供給される似たような商品といった状況も生まれた。

　そうした状況を抜本的に変えられると期待されたのが、別名「マス・カスタマイゼーション」とも呼ばれる C2M（Customer to Manufactory）という考え方だ。

　これまでの生産はどこまで精緻化されたとしても、中間者である小売

の予想に基づく見込み生産だったが、C2Mはいわゆる受注生産の一種なので、生産より発注が先にあり、論理的にロスが発生し得ない。また、客が欲しいものを自分で考えて注文するので、そもそもつくり手が企画を行う必要がない。

　逆につくり手としてのアイデンティティや個性は求められず、ブランドも必要とされないという意味でも、SPAと正反対のベクトルだと言っていいだろう。

　しかしその一方、従来の小ロット受注生産は非常にコストが高く、今までは単価が高い商品でしか成立しなかった。そのコストを生産プロセスのデジタル化によって大幅に削減しハードルを下げたのがC2Mだ。

　中国では、2019年12月アリババ傘下の淘宝事業群内にC2M事業部が発足するなど、近年ビジネスとしての規模が急速に拡大してきている。

———————

　C2Mも、新しい言葉の宿命として、定義が一定しない。現時点でそう名乗るビジネスには、実際には様々なかたちがある。どの程度カスタマイズ可能かで分類した場合、以下の4種類に分けることができるだろう（図表5-4）。

図表5-4　4つのC2M

	量産数量	カスタマイズ度
	小	大
①個人からのオーダーメイドの受注生産		
②グループ購買による受注生産		
③未顕在需要の先取り量産		
④工場直販		
	大	小

後述するが、「受注」生産という本来の意味で言えば、①ないし②までが C2M と呼ばれるはずだが、④までを含むのが現時点では一般的だ。

ただし、「C2M は『生産』方式にまつわる革新である」という点では共通している。対して次項で紹介する D2C（Direct to Consumer）は新しい『販売』方式である点が違う。似たような時期に出てきたこと、そして両方アルファベットの羅列で語感が似ており、しかも登場するプレイヤーも時に重複していることから混同されることもあるが、まったく別個のものだ。

たとえば、近年日本のオーダーメイドスーツブランド Fabric Tokyo が D2C ビジネスの成功例としてよく取り上げられる。直販なので販売面から見れば D2C であることは間違いないが、むしろ採寸データを工場に送信して裁断縫製まで全工程一貫したシステムで行うデジタル化で高速化し、生産コストも抑えることで低価格でのオーダーメイドスーツを実現するという、C2M 式生産の例として紹介するのがより適切ではないかと感じる（実際に公式サイトにもその特徴として「マスカスタマイゼーション」が D2C と並んで書かれている）。このように、C2M 式生産と D2C 式販売は両立することもある。

——— 錯綜する 4 種の C2M

図表5-4 を上から順番に見ていこう。①はいわゆるオーダーメイドだが、プロセスがデジタル化されて速いといった場合、C2M に含められる。服のオーダーメイドには「サイズフィット」と「好きなデザインの実現」という 2 つの目的がある。前者が特に重視されるのがスーツで、「既製品→パターンオーダー→セミオーダー→フルオーダー」の 4 段階に分かれ、当然後ろになるにつれて自分の身体に合うようになるが、個別対応が必要なので価格も上がる。

オーダーメイドなのでデザインも自由に決められるが、一般人にはゼ

ロから書き起こす能力はない。だからそのほとんどが実際は「サイズや
ディティールについて用意された選択肢の中から選ぶ」というかたちを
とる。また、ロゴなどの画像データを提供しそれを縫いつけるといった
ことも、ここに含まれる。

　結果としてあまりうまくいかなかったが、2017年末に発表された
ZOZOSUIT（スタートトゥデイ・当時）が掲げたのも「究極のフィッ
ト感を実現する」だった。
　無料で配布された専用の水玉ドットのスーツの外観やその配送などに
まつわるトラブルばかりが話題になっていた感もあるが、これは元々デ
ザイン性が少ない代わり一人ひとりの身体にフィットすることをコンセ
プトとしたPB（プライベートブランド）をこのC2M方式で生産・展
開することが最終的な狙いだった。

　現物を手に取らずに買うファッションECでは、サイズ違いによるミ
スマッチが一定の確率で発生する。これはユーザ側が自分の適性サイズ
を把握していない、もしくはメーカーごとにサイズの定義に微妙な違い
があることに起因する。だから双方の正確な寸法データが把握さえでき
れば、こうしたトラブルは起こらない。
　また、サイズフィット訴求のベーシックアイテムを中心に展開するの
であれば、ZOZOTOWN内で売られる他ブランドのデザイン性の高い
商品とも差別化できるので、出店者と利益相反に陥ることはない。それ
でいてターゲットになりそうな服に対する感度が高い層もすでに囲い込
めているなど、ビジネスとしての課題感と狙いどころは妥当なものだっ
たと思うが、測定用のスーツだけでなく、そのデータを使った量産もう
まくいかなかったことが致命的だった。
　担当役員が語った「自分たちはITのプロではあったが、服をつくり、
ブランドをつくることは、考えていたよりはるかに難しかった」という
率直な言葉は、まさにこれを表しているのだろう。

ZOZOTOWN内で展開するMSP。デザインはブランドのもので、身長体重を入力すれば1カ月ほどで自分にぴったりのサイズの服が手に入るとする

　現在では PB は大幅に縮小され、ブランドとタッグを組んで従来より大幅に多い 20 ～ 50 ほどのサイズ展開を提供する MSP（マルチサイズプラットフォーム）事業に方針転換している。製造面から見れば受注生産ではないものの、体型の調整には「スーツ」で得た 100 万人を超えるデータがメーカーに提供され使われているとされており、前記の分類でいえば、③のデータに基づく先取り量産に該当すると言える。

　②のグループ購買に関しては、①の最低生産量が増えたものだと言える。１件ではコスト面から成り立たないものでも、それが数十件、数百件といった数になれば、受注したい工場も多くなる。

　しかし、普通の人にとって、こうした工場を見つけて発注することは現実的ではない。どういう技術や実績があるのか、そもそも信用できるかの判断もできない。このように「需要も供給も存在するのだが、それらが出会う場所がない」というのが長年の問題だった。
　そして、こうした需給のマッチングこそプラットフォームの出番ということで、アリババは C2M 事業部を設立したと言えるだろう。

このグループ購買は「生産前に規定人数を集め、成功したら生産する」という点では、日米などで流行するクラウドファンディング方式[*53]と似ている。

違いもある。クラウドファンディングは主に「新しいものを創りたい人を応援する」という趣旨である場合が多い。出資額によってリターンが異なり、単にでき上がったものが買えるだけでなく、お礼のメッセージが届くなどの「応援の気持ちに対する返礼」がある場合が多い。

しかし、このタイプのC2Mは純粋なモノの発注と生産であり、発注者同士はその利益のために結束するのみで、こうした情緒的要素は介在しない。

「必要」は小規模なオーダーメイド、グループ購買専業プラットフォーム

アリババ系の「淘工廠」以外にも、独立系の「必要」（ビーヤオ）というC2M専業事業者が急成長している。「必要」のシステムは第1章で取り上げたグループ購買の拼多多（ピンドゥオドゥオ）によく似ており、単に最低発注数が決まっているのではなく、「何人かでグループをつくって買うと安くなる」というシステムになっている（これも拼多多同様、少し上乗せした価格で単独で購入することも可能）。

「淘工廠」のほうは、元々「1688」というB2B向けの仕入れマッチングサービスの機能から発展しており、個人向けの「必要」に比べ多少大規模な、たとえば販促グッズなどの小ロットOEM生産を想定している場合が多い。最低発注数が500件といった条件もよ

*53　インターネット経由で不特定多数の人々から資金調達を行い、商品開発や事業などを達成する仕組み。クラウド（crowd 群衆）とファンディング（funding 資金調達）の2つの単語を掛け合わせた造語。

く見かける。

　アパレル SPA の裏側には申洲国際のような OEM がいたが、第 3 章と第 4 章で取り上げた KOL や MCN によるプライベートブランドの裏には、こうしたサービスが存在する、ということになる。

　「③ビッグデータや購買履歴をもとにまだ顕在化していない需要を先取りして量産」は、正確には先述したように受注生産ではなく、従来型の見込み生産の効率化だ。だから本来 C2M と呼ばれないはずであるが、そう名乗る事業者は多い。

　代表的なのが家電 EC 大手の蘇寧易購（第 1 章）が 2019 年に始めた「小biu」という自社家電ブランドで、「自社が保有する膨大なユーザデータをもとに開発した商品」であることがうたわれている。

　ただし、利用者の意見を聞いて商品を開発・改善することは、もちろん昔から行われてきており、それら通常の PB と具体的に何が違うかはよくわからないのが実情だ。カスタマイズの要素もなく、「ビッグデータを使った商品開発」を宣伝のために打ち出しているだけにも見える。具体的にどのようなデータが使われているかが公開されていないため断定的なことは言えないが、もし実際にデータが活用され、機能だけでなく、そこから生み出された売上予測や導き出された適正な生産数が売上の積み増しや在庫の適正化に役に立っているということであれば、意義があるのだろう。

　消費者の行動履歴をもとにした需要の先読みと生産とのデジタルでシームレスなつなぎ込みによる超高速最適化の例として最近よく名前が挙がるのが、中国発のウルトラファストファッションブランド「SHEIN（シーイン）」だ。

　時にはウルトラよりさらに速い「リアルタイムファッション」などとも呼ばれる 2008 年創業の SHEIN は、普通のファストファッションのZARA などよりもさらに速い生産サイクル（ZARA が数週間に対して

SHEIN は最短 3 日、平均でも 5 〜 7 日と言われる）と 10 倍以上の商品点数でアメリカを中心に中国国外で若者から圧倒的な支持を集め、米国でアマゾンを抜いて最もダウンロードされたショッピングアプリになっている。

　SHEIN は日本を含む 220 カ国で販売し、グーグルとマーケティングコンサルティング会社 Kantar が毎年発表している調査「BrandZ」の 2021 年版の中国グローバルブランドトップ 50 において、テンセントを上回って 11 位に食い込んでいる割に、中国国内では販売されていないこともあり、ほぼまったく知られていない。

　南京で創業された SHEIN は、工場に対する支払いを期日どおりに行うとともに（当たり前に聞こえるが、中国では財務担当者が「いかに払わないかが腕の見せ所」と言われるくらい、引き伸ばされることが多い）、サンプル制作費を自社で負担したり補助金を出すなどで多くの工場との信頼関係を築き、代わりに EC アプリ・ウェブサイトと直結した生産管理システムを導入させた。
　それにより、生産のミニマムロット（最小生産単位）を 100 枚（ZARA は 500 枚からだが、それでも H&M の 10 分の 1 と言われる）、企画から商品投入までを 5 日間程度と従来のファストファッションではありえないサイクルで回すことができるようになった（図表 5-5）。
　ウェブ上のユーザの行動と生産工場を ERP システムによって直結させ、アプリ上の閲覧行動の変化に基づき、アルゴリズムが即座に材料と生産ラインの割り当てを自動で調整しているという。

　こうしたサプライチェーンの精度向上によって、超高頻度のトライアルアンドエラーを行い打率を上げることに成功した SHEIN は、自社 EC アプリ内のデータだけでなく、Google Trends やライバルとなる他社 EC サイトの売れ筋や行動データなどを収集し、商品企画に組み込むことも行っている。

図表5-5　ファストファッション各社の企画〜投入所要日数比較

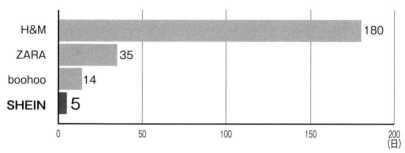

公開資料より筆者整理

　このような科学的手法に基づく超高速反復PDCAは、市場の好みが
それぞれ異なり把握しづらい別の国においても、学習コストが安く同じ
アプローチを横展開でき、SHEINの高速での海外展開を助けている。

　4分類最後の工場直販は、さらに身もフタもない。別名「F2C（Factory
to Consumer）」とも呼ばれるこの方式のウリは「中間マージンがない
工場直販なので『安い』」という点である。
　正確には工場と消費者の仲立ちをするプラットフォームがマージンを
取るわけだが、とくに中国の中間流通は多層構造・複雑かつ不透明で、
メーカーですら最終的な売り上げ状況を完全に把握できていないことも
日常茶飯事と言われる。それよりはプラットフォームが仲立ちしたほう
が明快であるということなのだろう。

　日本でも過去、同じような流通の構造的問題があった。それに立ち向
かったのが、今は亡きダイエーの創業者・中内㓛で、「生産者による流
通支配をはね返し、消費者に価格主導権を確立する」流通革命を提唱し
た。
　これは主にメーカーによる中間の流通構造や最終価格の拘束への対抗
を意図したもので、松下電器産業（現パナソニック）との間で繰り広げ
られた「ダイエー・松下戦争」として有名だ。ここでは現代的なインター

淘特の出品者紹介ページには「この商品は工場直送なので低価格です」という表記がある

ネットプラットフォーマーがその仲介者になっているものの、課題には共通点があると言えるだろう。

この直販型の代表的なサービスが、これもアリババ傘下の「淘特（2021年5月に淘宝特価版から改名）」で、名前のとおり価格が安いことが売りだが、その原動力として「中間流通コストを省いていること」を挙げている。

なぜC2Mを名乗るかといえば、消費者が直接工場を探し発注できること、そして生産者も消費者との直接のやりとりからニーズを知ることができ、プラットフォームからビッグデータを得ることができることが挙げられている。

ここで重要とされているのは「消費者と生産者が直接つながること」から生まれる便益で、商品のカスタマイズ性の有無は問題とされていない。

——— どの方式にも課題が

ここまで見てきたように、昨今のトレンドとされる「C2M」は幅広い定義を含む。またその中で実際に主流になっているのは、当初の理想であった「受注生産の民主化」というより、③④といった「従来型の見込み生産の精度向上版」と言えるものだ。

どんなに技術の発展で高速・効率化されたとしても、受注生産には余計なコストと時間がかかってしまう。また、この仕組みは提供する選択

肢が多ければ多いほど集客しやすい反面、材料や生産設備などの準備負担が重くなる。

　だから千差万別な個人の好みを満足させる商品より、スーツのように共通点も多い上、ある程度パターンを絞り込むことが可能で、その上自分の身体にフィットすることが見栄え（＝満足感）に直結するような商品と相性がいいのだが、すべての商品でその利点が生かせるわけではない。

価格の下に「×××制造商」と表示されている。これは自社がOEMを請け負っているブランドの名前

　また、②④のような工場直送モデルにも課題はある。たとえプラットフォームが仲介して候補を紹介したところで、知識も経験もない多くの人には、結局どの工場が適切なのか判断ができないのだ。「オーダーメイド」というと響きはよいが、裏を返せば、この仕組みは企画を発注（利用者）側に負担させる仕組みでもある。だから発注側に正しい知識や経験がないと、うまくその利点を生かすことができない。

　だから②で紹介した個人向けのC2Mプラットフォーム「必要」などは「どの大ブランドのOEM生産を行っているか」を表示することで工場を選ぶ参考としている。確かに有名ブランドの生産を請け負う工場であることは、何も知らない我々のような普通の人にとっては安心の材料である。

　しかし、工場は一般的にOEM生産を請け負うこと自体、秘密保持のために対外的には公開しないことが多い。特に独自の設備を導入するなどブランド側との関係が深いほどその傾向が強い。また、商品企画能力がないから量産請負を行っているはずの工場が打ち出す「独自ブランド」のデザインが、何を「参考」にしているかは言わずもがなだろう。

そして、そもそも「同じ工場だから同じ品質のものが提供される」というのも、甘すぎる考えではないだろうか。中国人による「爆買い」が日本で流行した頃、多くの中国人が日本のユニクロで服を買っていた。そうした人に「中国にもユニクロの店舗があるのになぜ？」と尋ねると、「同じ国・工場で生産したものでも、国内市場向けと日本をはじめとした国外市場向けでは、品質管理基準が違う」と言っていたのを思い出す。

　それが事実かどうかはともかく、同じような商品でも素人に売る直販とプロの大口顧客に対する基準が違う可能性は否定できない。

　中間流通の存在は、必ずしもすべてが悪ではなく、こうした品質管理とそれに関するリスクなどを引き受けるところに意味がある。また、ハードルが下がれば「業界常識」を持たない素人が参入し、工場と直接やりとりを行う過程でトラブルも起こりがちだ。そのようなコミュニケーションコストもまた、仲介者がいることで緩和される。

　だが、プラットフォームはマッチングまでが自らの仕事であるとして、トラブルには介入しないことが多い。結局のところ、このビジネスモデルはまったく新しいイノベーションというよりは、「工場との直取引」というハイリスク・ハイリターンな選択肢が１つ増えた、と考えるのが妥当だろう。

　また、③のビジネスモデルは言葉を換えれば、自分で何をどれだけつくるかを判断せずに、「すべてユーザのビッグデータによって決める」という極端なマーケットイン型だと言える。具体的な発注者がいるわけではないが、データに基づき確実に売れると思われるものをつくることも広義のC2Mの一種であると言えなくはない。

　しかし、その根拠になるデータは、自社サイトのみならずアマゾンをはじめとしたECサイトなどでのユーザの行動だ。流行商品は研究され模倣されるのが常ではあるが、それらを自動化して勝手に売れ筋を学習、即座に大量生産して売る手法は、悪く言えば自分で考えないハイエナ式であるとも言える。実際、「そのデザインはコピーである」と訴えられ

たりもしており、今後リスクになる可能性はあるだろう。

———————

　C2M による生産効率化の理想形とは、「仮想化」なのではないかと思うことがある。これは IT 業界用語で、ソフトウェアの力で複数ハードウェアのリソース（サーバやストレージなどの CPU、メモリ、ハードディスクなど）を統合して 1 つのものとして運用、または逆に必要な分量だけを使うことを指す。

　平時 1 台のサーバで作業を行っているときも、その多くで 100% のリソースを使っているわけではない。逆にその処理能力の 10% しか使わないとしても、そのために物理的なスペースや電力を用意し、高価なサーバ設備を購入しなければならなかった。

　だが、仮想化ソリューションを導入すれば、今まで実際のサーバの台数単位でしか調整できなかったものが、利用する仕事能力の大小に応じてはるかに柔軟に、利用分だけの料金で必要なだけのリソースを使うことができる。これをインターネット経由で大規模に提供するのが、アマゾンの AWS やマイクロソフトの Azure といった、いわゆるクラウドコンピューティングだ。

　工場の生産能力についても同じように使えるのが理想だろう。ネットワークにより多数の工場をつなぎ、受注量が多ければ多くの工場の生産リソースを統合してあたかも 1 つの工場のように使い、逆に少なければリソースを余らせており安価に稼働できるラインを間借りして生産すればよい。

　需要予測の正確性を高めるためには、小刻みな発注とその消化が欠かせない。現在は稼働のかなり前に生産ラインを予約する必要があり、確保したラインを稼働させないと金がかかるばかりだからと、無駄な生産が行われがちだ。しかし、工場が仮想化され、リソースを無駄なく効率的に使えるようになれば、こうした問題はある程度解決できることが見

込める。

　現在も一部でこうした試みは行われているが、その多くは人力で余剰リソースと発注をマッチングさせており、デジタル化が大幅に進んでいるわけではないというのが実情のようだ。

　マッチングの力を生かすには、受注・発注側それぞれの数が相当多くないといけないという理由以外にも、そもそも入力も出力もデジタルデータで実物が存在しないクラウドコンピューティングに対して、製造業においては原料や素材、でき上がった商品の物流が欠かせず、これはデジタル化できない。多岐にわたるサプライチェーン全体でのデータの連携も難しく、したがって生産工程だけをデジタルによって効率化しても問題がすぐ解決するわけではないので、なかなか進まないという理由もあるように見受けられる。

　また生産だけに絞っても、設備がインターネットに接続できるものでなければ統合ができないこと、もし接続できても同一の業務管理システムを導入するためには、ある程度設備自体の規格が揃っている必要もある。

　そしてハードウェアだけでなく、人員のオペレーションといった可視化・定量化しづらい（＝デジタル化によって解決しづらい）要素の影響も大きいことなど、様々な現実的課題も思いつく。

　しかし、それでも将来的な技術の発展によって、このような問題がいくつかでも解決され、高効率化されていくのではないだろうか。

　SHEIN の例は、現時点でこの「仮想化」に最も近い。デジタル化が進んでいなかった工場などへのシステム導入支援を早期に行ったことで、バラバラの生産リソースを組織し柔軟に使えるようになったということは、中国でよく見られるいわゆる「リープフロッグ現象[*54]」の最たる

---

*54　何かしらの新技術の導入の際、もともとあった技術や設備のせいで導入コストが高くなり結果的に刷進が進まない先進国を、そうしたしがらみのない新興国が一足飛びに追い越すことをこのように呼ぶ。

ものと言える。

　また、前述の素材や完成品の物流などデジタル化できない工程に関しては、提携工場を広東省広州市内の特定地域に集中させることで効率化を図っている（ちなみに ZARA もスペイン・ガリシア州アルテイショの本社周辺に 54％のサプライヤーを集積させている）。

5-3 「国風」世界観を支える
情緒的なメイド・イン・チャイナとブランドづくり

　水平分業化するサプライチェーンの中で、黒子として量産を担い巨大化したOEM。そしてC2Mはインターネットの力で細かい需要を幅広い範囲から集め、直接（実際にはプラットフォームを介して）消費者から注文を請けることで、さらに中間コストを削減することをうたった。

　これらは新しいデジタル的手法が導入されていたものの、結局のところ、考え方においては規模の「集中」によって拡大するという工業の延長線上にある。

　続いて紹介するのは、情報の時代における「分散」、つまりモノに立脚した情緒的価値（＝ブランド）を築くための試みだ。まず自ら創るのではなく外部のブランドを借りる例を、次にゼロから自らのブランドを創る例を紹介したい。

　商品力が圧倒的な差別化要素にならないことが増えてきているのは確かだ。しかし、商品ブランドは一朝一夕に築けるものではないし、外部環境の変化の速度が上がり続けている昨今、一貫したイメージを保つことの難易度は上がり続けている。だから、まずすでに築かれた強固なイメージやブランドを借りることは自然な発想だろう。その超大規模版がここから紹介する愛国心とコラボした「国風」^{グオフォン}[55]だ。

　国単位での共通の価値観であるナショナリズムは、最も規模が大きい「世界観」のひとつと呼んでも間違いではあるまい。ただ、日本を含む現代の多くの先進国でのこの言葉は、経済成長の行き詰まりや隣国への警戒感などから、「自分の国がすごい」よりも「自分以外の国がひどい」

---

*55　「国潮」と表記される場合もあるが、「国風潮流（潮流は中国語で「トレンド」）」の略語なので意味は同じ。日本の歴史にも10世紀ごろに「国風文化」があるが、これは中国（唐）からの渡来文化と対比する意味で用いられた日本独自の文化の意味。両方とも「（自）国風」ということで、指す範囲は当然異なる。

という他者を下げる排他的な行動に結びつきやすく、学術的な場を除けば好意的に使われることは少ない。しかし、中国は一時期に比べればスピードが落ちたとはいえ、いまだ成長が続く国だ。国としての発言力も高まり、「世界に影響を及ぼしている」という実感やプライドは中国人の間に根強い。

こうしたポジティブかつ、ある種内向きな「自分たちの国がすごい」が世界観ビジネスと結びついて生まれた近年の大ヒット作が、商業的ナショナリズムトレンド「国風」だ（図表5-6）。

図表5-6　国産品支持者は拡大

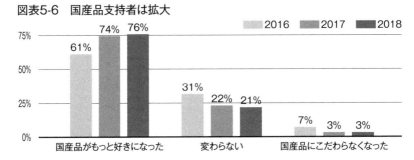

出典:「国潮李寧 上昇進行時(東方証券)」

具体的には、日本でいう和服のような民族服「漢服」の着用や地域の伝統、故宮（紫禁城）や万里の長城など、各地の歴史的な建造物の再評価などが挙げられる。それも昔のモノをそのまま楽しむだけではなく、現代風にアレンジされることが多い。

漢服は元々かなりフィクショナルな存在だが（具体的などこかの時代の様式に厳密に基づいたデザインではない場合が多い）、今では「JK風[*56]」「ロリータ風」といった改造漢服も出回る。日本の和服のような正式なときに着る晴れ着というわけでも、イベントでだけ着るコスプレ衣装というわけでもないらしく、大都市では街中を普通に歩いているのを見かけたりもする。

*56　日本語の女子高生の頭文字「JK」が輸入され使われるようになったもの。

また、故宮はその高い知名度を生かして、EC大手「天猫」[ティエンマオ]などでコラボグッズを数多く販売しており、年間売り上げは2017年時点で15億元にも達している。そこで売られているのは、日本の観光地で売られているようないかにも記念品的お土産だけではなく、口紅やアクセサリー、洋服や茶道具、水筒など幅広い。

　他にも多くの企業がこのような「国風」のトレンドに目をつけ、コラボ商品を開発したり、イベントを行ったりしている。これは当然中国企業との親和性が高いが、外資企業の中でもスターバックスやハーゲンダッツが毎年9月の中秋節に合わせて限定版の月餅を発売したり、ペプシコーラが2020年5月に限定品としてキンモクセイ味を発売したりと、事例は少なくない。

　誰しも共通して持つ愛国心に支えられたこの「国風」の世界観は、とても大きく強固で、支持する人も多い。だが、その強さは取り入れ方を間違えると、モノが元々持っていた個性を上書きしてしまい、本来の個

天猫の故宮博物院公式EC(左)「JK版」チベット族伝統衣装という現代と伝統の奇妙な混合(右)

性をかき消してしまうことにもつながる。

　では、こうした既存の強いブランド（世界観）を借りる際、どのような点に留意し、どのような方法で活用することが考えられるのか。ここからは徹底的に国風を取り込み一体化することによって成功しているスポーツアパレルブランドのケースを見ていきたい。

─── ブランドラインを丸ごと新設したリーニン

　中国人が「国風」と聞いて最初に連想するメーカーといえば、スポーツアパレルブランド「リーニン」を挙げる人がほとんどではないだろうか。リーニンは「国産アパレル」という自社の特徴を高品質、ポジティブなイメージに変換するために、徹底的に国風を取り入れ、自らのブランドアイデンティティに組み込んでいる。

　リーニンは、ロサンゼルス五輪の体操中国代表にして体操7種目のうち6種でトップという偉業を成し遂げた同名の選手・李寧（リーニン）によって1989年に起業された。著名なアスリートとして広く知られた人物が起業したということもあって、当初から五輪中国代表のユニフォームを受注したりNBAとパートナー契約にこぎつけたりと好調だった。しかし、北京五輪後、2010年頃から業績を落とす（図表5-7）。

　その頃はちょうど中国経済が、「世界の工場」から「世界の市場」に転換しつつある頃だった。製造業であるリーニンもその影響を大きく受け、株主だったアメリカの投資ファンドTPGから送り込まれた韓国人経営者の下で、販売チャネルの整理や若者をターゲットにしたブランドの再生、海外展開などを試みた。

リーニンと中国を代表する高級自動車ブランド「紅旗」のコラボパーカー

1994年に広島で行われた第12回アジア競技大会での莫慧蘭のユニフォームより（左）、2012年のロンドン五輪での姚金男のユニフォーム（右）などをモチーフにしたリーニンのコレクションライン

図表5-7　リーニンの売上推移（営業収入）

単位（億元）

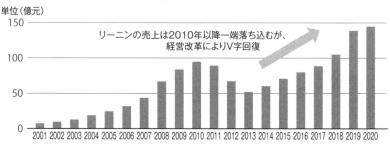

リーニンの売上は2010年以降一端落ち込むが、経営改革によりV字回復

出典：決算資料

図表5-8　コア商品と非コア商品への資源投入の変化

■コア商品
■非コア商品

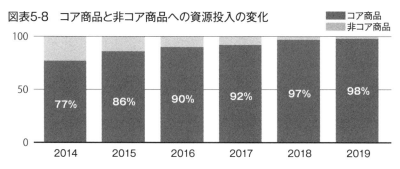

分散していたリソースを整理し、主力商品群に「選択と集中」を実施
出典：「国潮李寧 上昇進行時（東方証券）」

　その方向性は今日から振り返っても間違いではなかったと評価されているが、ファンドに送り込まれた外国人が主導する急激な変化を嫌った幹部の離反を招き、頓挫してしまった。

図表5-9 「中国李寧」ブランドの店舗数

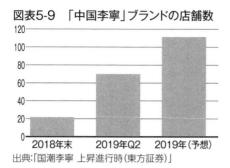

出典：「国潮李寧 上昇進行時（東方証券）」

2018年パリコレのポスター

　2015 年に創業者の李寧が経営に復帰し、タレントや五輪選手を使った派手なマーケティングから一端手を引くとともに改革を継続し経営を立て直した上で打ち出したのが、この国風路線だ。

　特に 2018 年 2 月にニューヨーク、6 月にパリコレクションという世界を代表するファッションショーに出展したことは大きな話題になった。

　現在も続く「中国李寧」が初めて提唱されたパリコレでは、「李寧の選手としてのキャリアを築いた 1990 年代レトロを現代の視点から再解釈」することをテーマにしたコレクションとして披露された。

　ポスターやショーのデコレーションなどで中国レトロの世界観を前面に押し出したランウェイでは、過去オリンピックなどの国際大会で中国の体操代表選手が実際に着ていたユニフォームなどに着想を得たものもあった。

　それまでは自他ともに「安かろう悪かろう」というイメージだった「メイド・イン・チャイナ（中国製造）」の衣服が、世界最高のファッションショーの場に堂々と現れたことは、中国人の自国へのプライドや愛国心を大いに満たした。

　その後、この「中国李寧」を特に国風を強く打ち出す中高級ラインとして天猫に単独でショップを開設したほか、全国各地に通常のリーニン店舗とは違うデザインの別業態店舗を出店して、順調に拡大を続けている（図表 5-9）。

「中国李寧」の店内(左、上海)、ちょうど敦煌博物館とのコラボモデルを紹介していた天猫の中国李寧公式
ショップ(右)

リーニン×国家宝蔵のスニーカー

　この成功を受けて、普及価格帯の
商品にも徐々に「国風」が取り入れ
られはじめる。こちらは体操選手・
李寧ではなく、歴史的な文物とのコ
ラボが多い。

　たとえば、2019年8月に発表さ
れた3種のスニーカーは『国家宝
蔵』という中国の有名博物館の館長
らが自館収蔵の美術品を紹介する
CCTVの人気番組とのコラボ限定
モデルで、それぞれ博物館に収蔵さ
れている国宝などをモチーフに取り
入れている。

　こうした取り組みによって、リー
ニンは「国風」と言われれば誰でも
最初に思いつくブランドになった。

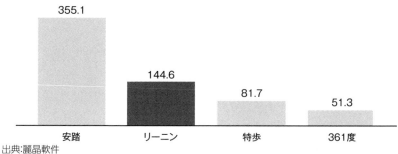

図表5-10　2020年中国主要国産スポーツアパレル営業収入（億元）

出典：麗晶軟件

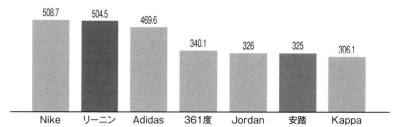

図表5-11　スポーツウェアブランド指数

業界トップのAntaと比べると、売上規模では見劣りする（上）が、ブランドランキングでは第2位と、第6位のAntaを大きく上回る（下）
出典：C-BPI、東方証券研究所

　実は売上や店舗数では、業界第１位の「安踏（Anta）」というブランドに大きく引き離され第２位に甘んじるリーニンだが、ブランド力のランキングでは逆に大きく差をつけ、トップの Nike に僅差の第２位、中国人自身にも「安かろう悪かろう」と思われがちな国産ブランドとしては大健闘と言えるだろう（図表 5-10、5-11）。

─── 老ブランド再生工場としての国風

　「国風」は年老いて輝きを失った中国の伝統的なブランドのリブランディングとしても力を発揮する。こちらはメーカーではなく、プラットフォーム主導の取り組みではあるが、併せて紹介する。

六神×RIO×VOGUE（左）、旺旺（右）、密扇Mukzin ×英国菓子ブランドMaltesers（下）

中国には「老字号」と呼ばれる、古くからある企業やサービスが存在し、知名度自体は高い。

しかし、その多くは国有企業を祖とし、独占的に事業を展開してきたがゆえに、市場競争の洗礼を受けなかった。だから、商品もサービスも洗練からは程遠く、特に若い人にとっては「知ってはいるがダサくて古臭いので、買いたいとは思わない」ものと捉えられている。

アリババ傘下の天猫は、近年この老字号リニューアルを次々に成功させている。

老いたブランドのエネルギーはすでに底をついていて、単にロゴなどを刷新するだけではイメージを大きく変えることは難しい。だ

---

*57　中国政府に認定されたものが正式に「老字号」と呼ぶことを許され、1956年以前に成立していたことなど、いくつかの条件をクリアした約1,100の事業者が認定を受けている。この認定を受けていないものまで含めると、総数は5,000以上とも言われる。

284

から他のクールなイメージがあるが知名度はそこまでではない若いブランドとのコラボ商品開発が常套手段として用いられている。その話題性を借りて EC で販売すれば、プラットフォーマーとしての天猫もうれしい、三方良しの仕掛けというわけだ。

　それが 2017 年に立ち上げられた「天猫国品計画」というプロジェクトで、2019 年には 134 のブランドとコラボ、そのうち 52 は売上 10 億元を突破した。そこには白酒ブランド茅台、月餅の稲香村、台湾系菓子の旺旺、中国医学を取り入れた伝統コスメ（花露水）の六神など、まさに誰もが知る"ダサい"ブランドたちが並ぶ。

　天猫はニューヨークファッションウィークに協賛しており、2018 年から特別イベント「China Day」を設けて、毎回数組の中国発のファッションデザイナーに発表の機会を与えていた。

　このブランド再生プロジェクトでは単にコラボ商品をつくって売るだけでなく、ファッションウィークに登場させるという座組みをつくることで、話題性を高めることにも成功している。「海外で高い評価を得た」で人々の気持ちが動くのは、日本だけではない。

　日本でも 2020 年に「GU ×ケイタマルヤマ×崎陽軒」「Rageblue ×

NYFWの青島ビール×ファッションブランドNPC（2019年2月）（左）、ラー油ブランド老干媽×（2018年9月）（右）

餃子の王将」というアパレルと老舗中華料理店のコラボグッズが発売されて話題になった。考え方が非常に似ており、私は仕掛けた側に天猫のこのプロジェクトを知っていた人がいたのでは、と勝手に思っている。

————————

「国風」がトレンドとなったことの背景には、国力増加による愛国心、つまり情緒的な価値の増大だけでなく、メイド・イン・チャイナ製品の品質が事実として劇的に上がり、信頼を勝ち得たという機能的価値の向上も大きな原因だ。

だから天猫のような国風を使った派手なプロモーションによる"空中戦"ではなく、拼多多のように、出品者支援の一環として今まであまり顧みられなかった廉価な「新国貨（国産品）」の商品開発や品質改善、宣伝をサポートしてブランド力を上げる"地上戦"を行う業者もいる。

拼多多は一般的には「とにかく安さを追求するプラットフォームであり、ブランドなどは二の次」というイメージを持たれている。そうした彼らでさえ参加するほどに、メイド・イン・チャイナを推す機運は強い。

品質の高さの代名詞として世界を席巻した日本の「メイド・イン・ジャパン」は、モノとそのつくり手にフォーカスが当たった工業の時代の言葉でもあった。

それに対して、情報の時代の最中にある中国で生まれた愛国心に基づく「国風」はメイド・イン・チャイナという生産における機能的価値と人々を熱狂させるブランド（＝情緒的価値）を併せ持っている点が大きく異なる。そして、その価値は単に宣伝のみによってつくられるのではなく、製造、販売などとも複雑に絡み合いながらでき上がったものだ。

一方、自然発生的に生まれたIPである「国風」は、その巨大さと自

---

*58　第1章「最後発ユニコーン『拼多多』の選択と集中」で詳しく紹介

由度ゆえに具体性を欠き、表面的にそれを取り入れたブランドが逆に「それに飲み込まれて個性を失い同質化する」といった現象も起きる。

　次に紹介するのが、より絞り込まれた固有の世界観をつくり、そこから独自のブランドを立ち上げる D2C だ。

5-4　サブスクとコミュニティによるブランドづくり「D2C」

　前項で触れたように、C2M の本来の意義は「受注生産の敷居をデジ
タルによって大幅に下げること」だった。ここ数年、日本の一部界隈で
もちょっとした流行語のようになっている D2C（Direct to Consumer）
もまた「EC を利用した製造直販」という古くからある販売方法を、デ
ジタルによって強化すると同時にコストダウンしたものと捉えることが
できる。

　D2C も C2M 同様、定義が混乱している言葉なので、まず少し整理し
よう。
　最もよくある疑問の1つが「従来のメーカー直販 EC とどう違うのか」
だ。ここでは2つの軸で説明を試みたい。
　まず最初の軸として、サプライチェーンの観点から「D2C 企業とは
何か」と説明する。これは前項で触れた SPA の歴史との共通点から考
えると少しわかりやすいのではないだろうか。

　アパレル業界における SPA は元々製造卸だった事業者が自ら販売を
手がけるようになって生まれた。そして、その後現れた「小売が商品企画・
製造に踏み込む」第二世代の SPA が主流になったことはすでに述べた。
　メーカーが EC を運営するのは「製造者による販売領域への進出」と
いう意味で SPA の第一世代と同じ位置づけであり、通常いくら EC 販
売比率が高くても D2C 企業とは呼ばれない。
　対して一般的に D2C と呼ばれるのは、第二世代 SPA に相当する。つ
まり「『製造』直販」と言いながらも、元々は小売業が取扱商品の独自
性を求めて製造に進出したと考えたほうが素直だろう。したがって、製
造は外部の OEM 企業に委託する場合も多い（ただし、これも原則であ
り、たとえばミツカンによる「ZENB」などは、メーカー発でも D2C
と自称しているなど、一概に言い切ることは難しい）。

　次に「通常の EC 直販と手法においてどう違うのか」という軸で考え
てみる。

　こちらも厳密な区別がないのが難点だが、傾向として整理するならば、
D2C は直販による低コスト体質を前提として、以下の 2 点を特徴と定
義づけることができる。

①テック企業のノウハウを持ち込むことで従来の EC より詳細かつ大量
に顧客データを収集・分析し、それをマーケティングや商品企画に生か
すこと
　②顧客の「同志化」や強固な世界観の演出などで情緒的な付加価値を
つくり込み、それに賛同する人たちを巻き込んだコミュニティをずっと
運営することで顧客との長期的な関係づくり（ありていに言えば、何度
も買ってもらうこと）を目指すこと

　より短く「テックによるコスト低減と世界観による付加価値増の利ザ
ヤで稼ぐブランドビジネス」と捉えることもできるだろう。「販売方法
でありながら、ブランディングでもある」という点が、まさに現代的な
品効合一（ブランドと販売の融合）であり、伝統的な「売りは売り、宣
伝は宣伝」という枠組みだけで考えると、より理解しづらくなる。

　「品物ではなく、ターゲット（マーケット）を軸に組み立てている」
という点においては、本質的にライフスタイルショップと似たようなビ
ジネスということもできる。
　ライフスタイルショップは、セレクトショップの一種であり、PB を
販売する D2C と違い、幅広く様々なメーカーの商品を選んで店頭に並
べるが、考え方においては近い。

────────────

　コスト低減と付加価値増のバランスをどう打ち出すかによって、D2C

企業の見た目も大きく変わる。それも「D2C とはひとことで言ってどんなものなのか」がわかりにくくなる原因のひとつでもある。

　コスト低減型の代表が、スーツのオーダーメイドの Fabric Tokyo やマットレスを売る米 Casper のようなブランドだ。直販による中間コストカットに加え、従来方式での生産では余分にかかっていたコストを圧縮することで相対的に安価に提供するもので、元々高単価で耐用年数が長い（＝売り切り型の）商材が多い。

　1 人が何回も同じものを買うことは少ないので、直販によって顧客情報が得られるメリットを生かし、ラインナップを広げて売ることが必要になる（たとえば、マットレス→枕→シーツ）。

　世界観とブランドストーリーは、同じブランドでそろえる必然性を説明するために必要とされる。ただし、元々高かった製造原価がデジタル化によって下がれば利益を確保できるこのタイプにとって、ラインナップ訴求は生死にかかわる問題とまでは言えず、その優先順位は次のサブスクリプション型に比べれば低い。

　一方、付加価値であるブランドや世界観をより重視する傾向があるのが、月額いくらのサブスクリプション（サブスク）型で売る業種だ。元々低単価で薄利のため、製造プロセスの改善を通して低減できるコストも少なく、機能面での差別化点が少ない商品がこのようなサブスク型の商材として選ばれることが多かった（使い捨てカミソリを売ったダラーシェーブクラブが典型例）。

　こうした商品はスイッチングコストが低く、既存顧客流出も激しい。商品自体の機能を差別化要因にできづらいこともあって、情緒的な価値をつくり込むことで、価格に対する敏感性を下げ（単純に価格の高低だけで比較されない個性をつくることで単価を保ち）、ファンをつくって囲い込み流出を減らすことを狙う必要性が高くなる。こちらのほうが

サブスクリプションでカミソリを売るダラーシェーブクラブ（DSC）の公式サイト

D2C の本丸と言えるだろう。

─────「所有から利用へ」サブスクはなぜモノにも広がったか

　D2C ビジネスの核心とは、つくり上げた世界観のファンを作って囲い込み、そのファンに同じブランドの商品を何回も（あるいは何種類も）買ってもらうことだ。

　しかし、利用者側の需要は常に一定なわけではなく、長期的な関係につなぎとめるためには、そのわがままな需要の変動に柔軟に対応する必要がある。そうしたことから必要なときに必要なだけの量を利用できるいわゆる SaaS[*59] のような考え方に基づく料金体系を採用するサービスが増えていく。これは無形のサービス利用権だけでなく、有形のモノの利用に関しても同様だ。

　この変化は、製造業では「サービタイゼーション（servitization ／サー

[*59] "Software as a Service"の略であるSaaSは、その言葉どおり、従来売り切りだったソフトウェアの従量課金モデルを指す。ここで紹介しているのは、厳密にはより広い概念であるXaaS（ソフトに限らない何か＝"X"のサービス化）だが、ここではより一般的なSaaSと表記している。

ビス化）」とも呼ばれ、同じく近年広がっている。背景には①「モノ（機能的価値）消費からコト（情緒的価値）消費への移行」だけでなく、②「所有への課金から利用への課金へ」、③「主要消費群の貧困化」という3つの要因がある。

〈① モノ（機能的価値）消費からコト（情緒的価値）消費への移行〉

コト消費は、本書内の様々な箇所で語られている情緒的価値に基づく消費を指すので、改めて詳しく説明する必要はないだろう。

たとえば、自動車を売る上でも「速くてかっこいい車を持っている」こと自体ではなく、「この車があればどこに行けるか／どんな体験ができるか」といった経験や体験が重視されるようになっていった。そこでは所有しているかどうかに大きな意味はない。

〈② 「所有への課金から利用への課金へ」〉

利用課金が増えたことは、センサーや通信技術の発達などによって商品を引き渡した後の状態もモニタリングできるようになったことの影響が大きい。それにより、これまで売り切ってしまうしかなかったモノを利用状況など、より細かい単位に分割して提供できるようになった。

特に利用状況をモニタリングして使われた分だけ課金するという「富山の薬売り」方式は、利用側にとっても納得感がある方法だろう（「シェア〜」と名乗るサービスには、貸出期間の長短のみを基準に課金を行っているものも多いが、昔からあるレンタルとの境界が曖昧であるため、ここでは取り上げない）。

英ロールスロイス社などが航空機エンジンビジネスで導入している「Power By the Hour（PBH）」方式が、サービタイゼーションの事例としてよく知られる。

従来エンジンは、プリンタメーカーが交換用のインクで利益を出すのと同様、割引してでもまず導入させ、そのあと部品交換やメンテナンス費用で収益を上げる方式が一般的だった。航空機は通常20〜25年ほど

で買い替えられると言われるので、逆に言えば一回導入されれば20年間以上のアフターサービス代金が安定的な収益として見込めたわけだ。

しかしPBH方式では、飛行時間に応じて料金が設定され、個別の整備作業や交換部品に関して追加費用は発生しない。メンテナンス作業自体もメーカーが実施するので、特に自社で整備技術や工場を持たず、立ち上げ時の資金力にも乏しい独立系のLCC（格安航空会社）にとっては利用しやすい支払い形態だったことで、導入が進んだ。

このビジネスモデルが成り立つようになったのは、使用の有無を把握できるようになっただけでなく、技術の発展によりリアルタイムでエンジン内の各部品の不具合状況が確認できるようになったことが大きい（コンディションモニタリングと呼ばれ、現在ではエンジン部品の約90％がこの方式を採用している）。

部品劣化の状況がより細かく把握できるようになればリスクも最小化され、予測も立てやすくなったことで、双方にとって合理的なメンテナンス費用算出が可能になった。

これは非常に大規模な事例だが、より身近なものでもモノのサービス化は導入されはじめている。

たとえば自動車だ。中国の電気自動車メーカー「威馬（Weltmeister）」は2019年11月に発表したEX6 PlusというSUVで、車両の費用として頭金を払った残りの電池の費用について「1カ月の走行距離が1,500km以上か以下か」「購入してからどれくらい時間が経っているか」の2つの要素をもとに月々の支払額が変わるようになっている。ここには充電スタンドの利用料金も含まれている（図表5-12）。

自動車保険の場合、走行距離や運転の癖（ブレーキやアクセルの踏み方など）に応じて料金が変わる「テレマティクス保険」という商品がすでに存在し、日本でも提供されている。

しかし、車両本体
（正確には電池）が
利用量に応じた料金
体系になっている例
はまだ少ないのでは
ないだろうか。中国
ではこの後紹介する
蔚来（NIO）、小鵬
（XPeng）といった
高級 EV メーカーが

図表5-12　威馬EX6のバッテリー利用料金

購入からの経過年数	月間走行距離(km)	基本料金(元)
～2年	～1,500	1,599(約53元／日)
	1,501～	1,999(約66元／日)
3～4年	～1,500	1,399(約47元／日)
	1,501～	1,799(約60元／日)
5～6年	～1,500	1,199(約40元／日)
	1,501～	1,599(約53元／日)

威馬EX6のバッテリー利用料金表。上限の6年に達した後は1元で買い
取りが可能
出典:雷科技

バッテリーのレンタルプラン（BaaS = Battery as a Service と呼ぶ）
を提供しているが、この2社が提供するのは、期間に応じたレンタルで
あり、走行距離とは連動していない。

　なお、トヨタが日本国内で「クルマのサブスク」として展開する
KINTO は頭金0円、月々コミコミ定額としてメンテナンスや保険、税
金などがカバーされたかたちの料金設定になっている。
　費用は期間によって決まる仕組みで、走行距離や運転状態とは関係な
いので、こちらも「利用への課金」というよりは「所有への課金（いわ
ゆるレンタカーの発展）」と理解するほうが素直だろう。

　威馬の料金プランは新しい取り組みということもあってか、現状では
かなりシンプルな料金体系だ。これが今後 KINTO のようにメンテナン
スや保険、税金なども含むかたちで発展していくのか、また競合が参入
するのか、その発展方向は注目に値するだろう。

〈③　主要消費群の貧困化〉
　これについては先進国共通の課題と言える。
　たとえば日本の場合、バブル崩壊後長く続いた不景気によって非正規
労働者が増え、正規労働者でも 30 ～ 40 代の収入は伸びにくくなってい

る（図表5-13、5-14）。また、収入だけでなく親の介護や自身の老後など、将来に対して必ずしも明るい希望を持てない以上、支出をできるだけ抑えて自分の財産を少しでも低リスクで増やそうと考えるのが当然だろう。

　このような環境下では、特に高額なものに関しては積極的に購入を考えず、「使いたいときだけ使う」という考え方が広まるのも当然と言える。

　米国の D2C 流行の背景には、教育水準は高く見る目は肥えているにもかかわらず、リーマン・ショックの影響で就職先が見つからないなどで財務基盤を築けなかった層が利用者の中核になっていることが作用していると言われており、日本と似たような状況にあると言える。

　高齢化が進む中国もまた、将来的には同じような現象が起こるのではないかと思うが、現段階ではまだ若者が消費の主力なので、この項に関しては当てはまらない。

　モノを持つことは、企業であれ個人であれ、資産の流動性が下がることを意味する。

　しかし、予想困難で影響も極端に大きい変化が頻繁に起こるようになった現代では、どんな状況になってもすぐに対応できるよう、多少コ

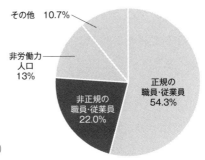

図表5-13　大学・大学院卒正規雇用者の賃金カーブ（男性）

(注)平均年収は、所定内給与額と年間賞与その他特別給与額から推計
出典:厚生労働省「賃金構造基本統計調査」

図表5-14　35〜44歳の20%以上が非正規雇用

その他　10.7%
非労働力人口　13%
非正規の職員・従業員　22.0%
正規の職員・従業員　54.3%

出典:内閣府「就職氷河期世代支援プログラム関連参考資料」、令和元年第3回経済財政諮問会議（2019／6／11）

ストが高かったとしても流動性を高めるほうが合理的になってきたと言えるのではないだろうか。

　ただし所有しないことは、供給側企業のリスクや不確実性が適切に分離されずに利用者に転嫁される、つまり都合によって突然一方的にサービス提供が中止されたり、料金が大きく変わる可能性が常にあることも意味する。

　飛行中に「エンジン会社が倒産したから」といきなり動作が停まるとはさすがに思わないが、とくに個人は交渉力が弱く、運営会社の都合でいきなりサービスが停まったり、逆に生活の中に組み込んでしまった「サブスク」の料金が一方的に上げられて無駄な出費を強いられたりといったことは大いにあるだろう。あくまで「所有していない」ことは忘れてはならない。

─── 中国式ハイブリッドD2Cの「ダイレクト」は　コミュニケーションとコミュニティ

　前項のサブスクリプションは、利用量に応じた柔軟な料金体系を採用することにより、長期的な関係継続を促す仕組みだった。顧客との長期的・安定的で安易に浮気されない関係を築く上でもう１つ重要なのが、自らの提供する世界観、あるいは自身そのものを好きでい続けてもらうファンを育てることだ。

　そのためには、メーカーと利用者がなるべく直接交流できる窓口を用意すること、そしてファン同士の交流の場（コミュニティ）をつくり、適切に運営することで「自走」させることが不可欠になる。

　2014年、当時コカ・コーラの戦略マーケティング部門のトップだったウェンディー・クラーク氏（現・Global CEO, dentsu international, Director and Executive Officer, Dentsu Group Inc.）が「いまやブランドにまつわるコンテンツの85％は消費者によって生み出されている」と発言したことがある。コミュニティは、こうしたユーザ発コンテンツ

（UGC）の本拠地ともなる場所だ。

　ここで熱心なファンが育てば、単に長期間利用してくれる優良顧客であるだけでなく、自発的に紹介や口コミによって新しい顧客候補を連れてきてくれる。自らがその商品に惚れ込んでいるのだから、営業マンとして優秀なのは言うまでもないだろう。

　ファンとの関係やコミュニティづくりとその継続的運営は最近生まれた考え方ではない。しかし、デジタル技術の発展によって緊密で双方向的なコミュニケーションが可能になったことで、新しい手法も生まれはじめている。

　ここではまず、中国式ハイブリッド D2C の成功例としてよく名前の挙がるコスメブランド「パーフェクト・ダイアリー（完美日記）」の紹介を通して、1 対 1 のコミュニケーションを通してブランドのファンを育てる方法論について考えてみたい。

　EC の位置づけが違う中国で生まれたパーフェクト・ダイアリーは、その影響を受けて、D2C とは呼ばれるものの、他国のそれとはかなり異なる。

　D2C はメーカー直販である以上、「自社 EC を通して販売する」ことが絶対条件のように言われることが多い。D2C の "D" はダイレクトを意味し、直販によって中間コストを下げること、そして顧客体験の質を上げることが重要とされるからだ。しかし、パーフェクト・ダイアリーをはじめとした中国の D2C の多くは、大手 EC プラットフォームを通して商品を販売しており、その比率も大きい。

　また、ここでわざわざ「ハイブリッド」D2C と呼んでいるのには理由がある。D2C 企業はオンライン販売専業で始まり、そこでリーチできる客層が上限まで達するタイミングで、いわば継続的な成長のために「仕方なく」相対的にコストが高い店舗販売を始めるのが一般的だ。しかし、パーフェクト・ダイアリーは当初から店舗展開にも非常に積極的であり、EC と店舗小売のハイブリッドであるという点が違う。

しかしその一方、顧客とメーカーとのコミュニケーション、コミュニティづくりについては、SNSを通して顧客と直接向き合い、交流と情報発信を行うユニークな方法が試されている。つまり、商品購買はダイレクトではないものの、その前後のやりとりがダイレクトである、ということになる。

これが既存D2Cモデルの課題を克服する進化なのか、単なる中国特有の事情によって生まれた畸形なのかは、歴史が判断することだろう。だが、ブランドを重視するD2Cは、イメージ強化のために品筋を絞り込んで世界観を作った裏返しとして、プラットフォームビジネス本来の強みである規模化に限界を設けてしまったことはたびたび指摘される。

この中国D2Cの在り様は、そうした限界を突破するための可能性のひとつとも捉えられる。

————

パーフェクト・ダイアリーは、若年女性をターゲットにした中国国産のコスメブランドで、客単価120元（約2,000円）程度と、低中価格帯商品が主力だ。

中国ではほんの10年前ならば大都市でもすっぴんが普通だったが、特にここ数年、Z世代（25歳以下、「95後」とも呼ばれる）の間で、「化粧しないで外を歩くなんて、服を着ないのと同じで恥ずかしい」という意識が定着し、市場が急拡大している中での一番の成長株と言える。

2016年に広東省で創業された運営会社のYatsen（逸仙電商）は、2020年11月に米ナスダック上場を果たした。翌2021年3月11日に発表された上場後初の決算報告によれば、年間売上52億元（約884億円）、

*60　「逸仙(Yat-sen)」とは、広東省出身の「中国革命の父」孫文の号（別名）の1つ。直接はYatsenの創業者が中山大学（「中山」もまた孫文の号で、この大学の英語名がSun Yat-Sen University）出身であることからつけられている。なお、「中山」は孫文が日本滞在時に宿帳に署名を求められ、とっさに近所の中山伯爵邸の表札を思い出して書いたことに由来するという。

「パーフェクト・ダイアリー」のTmallオフィシャルショップ

店舗数は 200 を超えている。そのコア顧客層である Z 世代の特徴の 1 つが、前述した国産品に対する支持（＝国潮）だ。

　コスメは元々圧倒的に外国ブランドが強かったが、パーフェクト・ダイアリーはこの「メイド・イン・チャイナ」のブームにうまく乗って、着実にファンを増やしている。

　ちなみにパーフェクト・ダイアリーも、生産のほとんどは、欧米高級コスメを取り扱う OEM 企業に依頼している。

　すでに述べたように、パーフェクト・ダイアリーは、販売チャネルとして自社 EC よりもプラットフォームを重視している。

　中国では事業者同士の競争が一巡した結果、すでに EC 需要のほとんどが大手数社に集中する構造ができ上がっており、第 1 章でも触れたように全般的に自社 EC の存在感はかなり薄い（図表 5-15）。

　また近年は、買い物をしたいと思ったときにまず検索エンジンで商品名を検索する人は少なく、まず EC アプリを開き、その中で探す場合が多い。

　この行動の変化が大手への集中をさらに加速させており、少なくない

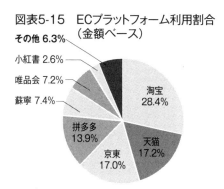

図表5-15　ECプラットフォーム利用割合（金額ベース）

その他 6.3%
小紅書 2.6%
唯品会 7.2%
蘇寧 7.4%
拼多多 13.9%
京東 17.0%
天猫 17.2%
淘宝 28.4%

大手プラットフォーム以外での購買は非常に少ない
出典：極光大数据

額を投資して独自システムの EC を構築しても、顧客を連れてくるのが非常に困難なのだ。

その上、中国の EC プラットフォームは、他国に比べて手数料も半分以下程度が相場となれば、ほとんどがプラットフォーム出店を選ぶことは不思議ではない。

では、肝心の顧客との関係・コミュニティづくりについてはどうなのだろうか。

パーフェクト・ダイアリーの実店舗を訪れる、もしくは EC で商品を買うと、QR コードのスキャンを促す表示が目につく。それをスキャンすると現れるのは、店舗の公式サイトなどではなく、「小完子」「小美子」という名の「友達」の追加画面だ。

この「友達」は、商品の宣伝を行う以外にも、普通の人同様、時折友達と旅行や買い物に行ったりといった様子をモーメンツに投稿する。しかし、これはもちろん実在の人物ではなく、ヴァーチャルなキャラクターだ。

「友達」の名前は店舗経由の場合は「小美子」、EC 経由の場合は「小完子」の２種類だが、ID を見ると実はより細かく分かれている。どのような基準かは公表されていないが、店舗や購入経路・カテゴリなどによってセグメントを切り、配信内容や誘導する先のグループをある程度変えていると言われている。

友達になってしばらくすると、その友達はウィーチャットのグループにあなたを勧誘する。グループでは毎日数時間おきに時限セールやおすすめ商品の紹介、ライブコマース配信の予告などが投稿され、さらに一般人のふりをしたセールス担当のアカウントが「すごい！安い！」などと煽って「雰囲気」を盛り上げ、最終的には EC へ誘導する。

店舗掲示（左1）で友達追加する友達は「小美子」という名前で統一されているが、店舗ごとに投稿内容は違う（右1, 2）

　架空のキャラクターとはいえ、この友達は、商品に関する問い合わせを個別にチャットで送っても答えてくれる。私が実際にやりとりをした感触では、ツールも使われているものの、そうした応対の多くは人力のようだ。膨大な数の「友達（＝顧客）」を管理するためのオンラインセールスと顧客対応担当が目論見書提出時点での総従業員数3,355人の3分の1以上、約1,200人を占める。

　「小美子」「小完子」は第3章で登場したヴァーチャルヒューマンKOLのような動きのあるアバターを持っているわけではない。

　しかし、ウィーチャットという広く使われるSNSをある意味でハックして「友達」として顧客と双方向的なやりとりの場とするこの方法は、裏で多くの人間が待機しているぶん、ライブコマースのコメントを介した1対多のコミュニケーションよりも頻度や情報量のもっと多いやりとりが期待できる。

　パーフェクト・ダイアリーの従業員の大部分は20代前半で占められていると言われ、給与もそこまで高くない。柔軟な対応が必要な顧客と

のコミュニケーションを、低コストの人に担わせることは現実的な解の
ひとつだろう。

　また、この方法は日本でのLINEの利用方法と対比すると興味深い。
LINEはウィーチャット同様、人々のコミュニケーションのインフラに
なっているが、企業が利用する場合は人間が介在しない「様々な情報を
利用した大規模かつ精緻なセグメント配信可能なメルマガ」という位置
づけで使われることが多い。
　人と人の間合いやコミュニケーションの取り方は国によって大きく違
う。コミュニケーションには人の温もりがあったほうがいいのが原則と
はいえ、店頭での接客や声掛けが多いことが必ずしも好感を抱く原因に
ならないのと同様、おそらく日本ではこうしたメルマガ方式のほうが受
け入れられやすいのだろう。

　店舗開業には内装から人件費まで、かなりの初期費用が必要だ。通常
はそれを避けるためにフランチャイズ方式や量販店経由の販売をとるこ
とが多いのだが、このブランドはあくまで直営にこだわる。
　顧客の声を聴くことは何もECがチャットやSNSでだけ行えること
ではない。また、「店舗は“体験”を重視するからこそ、管理が行き届
く直営形式を選ぶ」というのも理屈の上では間違いではないが、資金繰
りにせよ、店舗・接客品質の担保にせよ、難易度が相当高いことは事実
だろう。

　事実、パーフェクト・ダイアリーの2020年の営業費用は、新型コロ
ナの影響もあったとはいえ、34.1億元と売上の約65％と大きな割合を
占める。内訳は様々なSNSで起用する15,000人以上にもおよぶKOL（イ
ンフルエンサー）への広告費の比率も大きいだろうが、店舗関連の費用

---

*61　中国では電子メールが本格的に使われる前にインスタントメッセンジャーのQQが普及したこと
で、メール自体あまり使われず、メルマガの歴史が乏しいということもおそらくこうした違いが生まれる原
因の1つ。

もかなりの割合を占めるだろう。

　それでも果敢に店舗を広げる（図表5-16）のは、「市場が未開拓だから」という中国特有の事情もある。昔と比べればコスメ市場は成長しているとはいえ、メインターゲットとなる若年層でも毎日化粧するのは半分強とまだまだ未利用者が多い。

　また、ある程度GDPと連動すると言われる1人あたりの化粧品支出も見合った伸びを見せていない（図表5-17）。ウェブで集まるのはすでに興味を持っている人が多いが、実店舗ならより広い層にアプローチできる。だから競合ブランドが進出する前に通行量が多いモールなどに店舗を出して「面を取る」ことの妥当性が高いのだろう。

　実際に来店客の65％が新規であるとされるし、店前でBA（美容部員）が熱心に通行人を勧誘している光景をよく見る。

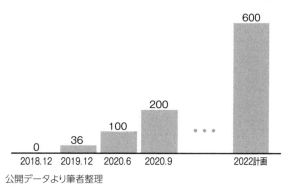

図表5-16　パーフェクト・ダイアリー実店舗数推移と計画

公開データより筆者整理

　コスメという商材の特性上、顧客側から見ても実際に自分の肌で試し、BAと相談できる店舗の必要性は高い。だから最初に店で商品を決め、「以後同じものをリピー

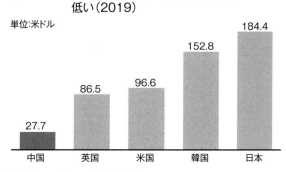

図表5-17　中国の1人あたり年間化粧品支出はまだ低い（2019）

単位:米ドル

出典:Yatsen Group上場目論見書

トするときはECで」というシナリオも十分に描けるのだ。

　第3章で紹介した生鮮ECのフーマーもまた、ECでありながら開業当初から実店舗展開に重点を置いていた。フーマーの場合は物流拠点と生鮮食品への信頼という取扱商品特有の事情によるものだったように、パーフェクト・ダイアリーの場合もまた、発展の余地が大きいという市場要因、相談し体験することで納得感が深まるという商品特有の理由によって一見負担が大きそうな実店舗網の拡大を図っているのだろう。

　冒頭で述べたように、パーフェクト・ダイアリーの店舗はいわゆるOMO業態のようなオンライン／オフラインのシームレスな結合を目指しているわけではない。しかし、「店舗で新規顧客を吸い上げ、ECに送客する」という一体化の目的には共通点があると言える。

——— 高級EV「NIO」はコミュニティづくりで
　　つかんだ客を離さない

　パーフェクト・ダイアリーは、店舗やオンラインのチャネルで取り込んだ顧客をウィーチャットを利用した1対1のコミュニケーションに誘導し、人力によるやりとりを重ねて再度購買へ導くのが特徴だった。

　次に紹介するのは、同じく中国の高級電気自動車（EV）メーカー「蔚来（NIO）」のケースだ。NIOはD2C企業として紹介されることは少ないが自社アプリと店舗、そして、ウィーチャットを併用したコミュニティづくりを行い、成功を収めている。

　まずNIOとはどういう企業なのかを先に紹介しよう。

　中国政府の政策的な後押しもあり一時期乱立した国産EVブランドだが、その多くは投資を集めるための虚業で、「パワポ自動車メーカー（投資を集めるためのパワーポイント資料だけが美しく、工場や生産設備などの実態もノウハウもまったくないという意味）」といった皮肉な言葉が流行したりもした。

　しかし、その中でNIOはトップの李斌（ウィリアム・リー）が、こ

NIOの看板モデルSUV「ES8」

れまでもシェア自転車の Mobike などを成功に導いた実績のある連続起業家だということもあり、テンセントや最大手 EC の一角京東（JD）などから多額の出資を集め、実際に車を生産販売している。中国の独立系 EV メーカーとしては最も成功しているうちの 1 社で、比較的安価な車種の ES6 でも、エントリーモデルで 36 万元（≒ 612 万円）近い価格と決して安くないものの、月に 2,000 台強のペースで売れ続けている。

　自動車として評価した場合でも、単なる走行性能にとどまらず、外観・内観のデザインから扉の開閉時の音、車内空間の快適性など NIO のクオリティは、いずれも従来の中国国産車にはなかった水準に達していると言っていいだろう。

　しかし、オーナーたちはこうした機能的価値だけの理由で買っているわけではない。それよりも、「同じ価値観を持ったオーナー同士でつながれる」という情緒的価値が最も大きい理由だという。あるオーナーはそれを「（人脈をつくるために）ビジネススクールに通うのと似ているが、その提供価値はもっと大きい」と語る。

　NIO の中国語社名は「蔚来」で、「『蔚』藍（紺碧の空）が『来』る」という意味だ。英語でも同じ意味の "Blue sky coming" をブランドのタグラインにしており、EV 車としての社会への提供価値がしっかり打ち

出されたネーミングになっている。また、この「蔚来」の読み方は中国語では「未来」と同じ「ウェイライ」で、韻を踏んでいる。

　同じように国産 EV としてトップクラスの成功を収めている「XPeng（小鵬）」が創始者の何小鵬の名前そのままであるように、中国にはあまりブランド名にこだわらない会社も多い。それらと比較すると、NIO の命名がブランドというものをかなりきちんと考えて行われていることがわかる。

─────　「送客装置」アプリと SNS で創るつながり

　第2章で紹介したように、一般的に自動車ビジネスにおける EC プラットフォームの位置づけは「売る場所」ではなく、「販売店への送客装置」としての意味合いが強い。
　しかし、NIO の場合は直営店舗のみの展開であり、ディーラーとの利害の対立がないこともあって、位置づけが少し異なる。
　大手 EC プラットフォームに出店するのではなく、自社アプリに取り込み、SNS 機能も取り込んで「つながりを創る」ための場のひとつとして活用している。
　NIO に限らず近年誕生した高級新エネ車ブランドは、いずれもオーナーとブランドとのつながりを継続することに非常に力を入れている。NIO の場合、その構造は図表5-18のような三層で構成されている。

図表5-18　高級国産新エネ車NIOのユーザコミュニティの構造

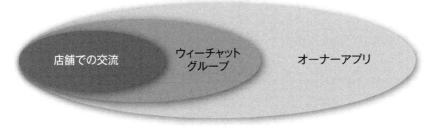

　まず、最も外側、つまり最も関与が薄い人のためにはオーナーアプリがある。「オーナー」と言いながらも、これは誰でもダウンロードすれば使えるアプリで、車種の情報や付近のディーラー、キャンペーンの情報を見ることができるし、EC機能もついている。もちろんオーナー向けの入庫予約機能なども備える。

　しかし、特徴的なのはそれだけではなく、SNSやそこに紐づくコミュニティ機能が用途のかなりの比重を占めることだ。ログインには電話番号認証が必須で、登録後すぐにその番号にセールスがフォローアップの電話をかけて来店を促すとともに、このSNS上で「友達」として追加される（私のところにも来店のお誘いの電話がすぐにかかってきた）。

NIOのアプリのSNS機能。最初は営業担当者が友達になってくれる

　これは誰でも見る「タテマエのコミュニティ」で、公開の場でもあり、あまり深いやりとりがされるわけではない。SNSとはいえ、その多くはコミュニケーションというより、NIOの関係者が発信する情報を閲覧するのが主な使い方だろう。

　それでも創始者のウィリアム・リーと「友達」になれたり、イベント情報が届いたり、また趣味や居住地域などを基にしたコミュニティ機能に関連した通知なども届く。

　二層目がウィーチャットのグループだ。こちらは実際に車を買ったオーナーだけが招かれ、店ごとや車種ごとに設定される。そこにはすでにウィーチャット上で友達になっている営業担当者やメンテナンスの担当技術者なども加わり、自分の車のことでわからないことがあれば、な

んでもすぐにチャットで聞くことができる。こちらは「ホンネのコミュニティ」に近いと言えるだろうか。

みな同じ車を所有しているので、悩みにも共通の点が生まれやすく、その経験からお互いにアドバイスすることも可能になる。また、話が盛り上がれば一緒にどこかに出かけるといったオーナーによる自主的なイベントに発展することもある。

自動車関連の話題だけではない。生活レベルも居住地域も近いので共通項も多く、子供の教育や資産運用などの情報交換にも使われる。ウィーチャットコミュニティの活性化にはノウハウがあり、モデレーションを請け負う専門の会社も存在する。

そして、三層で最も「濃い」のが、実際の店舗を起点にしたコミュニティだ。NIOに限らず新エネ車ブランドは店舗で毎週のようにヨガ教室やハンドドリップのコーヒーの淹れ方、子供と一緒に参加できる工作教室などといった、車と関係のないものも含めたイベントを行い、オーナーは友達や家族を連れて参加できるようになっている。

SNSでのヴァーチャルな付き合いだけでなく、オーナーたちはこうしたリアルの場で交流することで、さらにその結びつきを濃くしていく。こうした店舗イベントのお知らせの多くはアプリだけでなくオーナーグループで発せられるので、知り合った人たちがウィーチャットIDを交換することで、その後もつながり続けることができる。

─── 「多様だから孤独」な中国での「つながり」を提供する意味

中国は広く、住む人も多様だ。それは裏を返せば、何かで偶然知り合った相手とは、同じ中国人でも育った背景や考え方がまったく異なる可能性が高い、とてもローコンテクスト（＝阿吽の呼吸が通じない）な社会ということに通じる。

しかし、こうした「NIOが好き」という価値観でつながっている人同士であれば、すでに一定の共通点が保証されている。

　また、600万円の車を買う余力は、社会的地位や財力の証明にもなる。そうした人同士の人脈から新しいビジネスが生まれることもある。だからビジネススクールと比較されるのだ。

　こうしたSNSグループや店舗イベントでのやりとりを通じて顧客同士の関係が築かれ、NIOはその仲介者・場の提供者として、顧客からの信頼を得ることができる。そして「売って終わり」ではなく、「売ったところからずっと」続く関係が築かれていく。
　また、NIOの車を買うことは、単に「モノを買った」のではなく「同じ価値観を持った大きなグループの一員になる」こと

NIOオーナーによって設立された標泰克の会社紹介

でもある。NIO オーナーの中には、このコロナ渦の際に新しく標泰克（BIOTECH）という医療機器会社を共同で設立した人々もいる。このグループは200名近いオーナーから400万元を集めて寄付するとともに、会社も毎年の利益の20％を社会貢献に充てると宣言している。

　以前、NIOの元従業員を名乗る人物の「オーナーと雑談していれば、1人あたり毎月100元会社からボーナスが出る」という証言がネット上に出回ったことがある。何十台か車を売れば、後はそのボーナスだけでも最低限食べていけるということになる。
　買える層が限られている高級車は、同じくらいの社会階層の人の口コミの効果が高い。だから売った後も常に「この車を買ってよかった」と思わせ続けることが、次の客を紹介してもらうことにつながる。
　真偽は不明だし、毎月100元はさすがに高すぎると感じるが、NIOがいかに既存オーナーのつなぎ止めに熱心なことを考えれば、いかにもありそうな話ではある。

ただし、アプリ上でのつながりや既存オーナーを優遇するやり方は、一般的な中国の自動車販売とは異なる。

　日本では、入庫点検の勧誘などの接点を通して顧客との関係を築き、自社製品への買い替え促進を狙う。だが、中国での車の買われ方はもっとドライで、最初は国産、次は日系かドイツ系、もしさらに仕事上で成功を収めればベンツ、BMW、アウディかレクサスと、収入の増加に従って格上のブランドにどんどん切り替えていくのが通常だ。

　これは旧来からあるメンツ意識の延長で「『ずっと同じところにとどまっている（成長のない）人』と思われたくない」といった気持ちがあること、またメーカーが提供する商品ラインナップの幅が比較的まだ狭く、そうした上昇志向に対して選択肢を提示できていないという事情など、様々な理由がある。現実的にその流れに抗うことは難しいので、売り手側も、自社買い替えより新規に流入する層を狙うのが一般的だ。

　にもかかわらず、NIOはオーナーを重視する。

　これはNIOの製品が自動車としてはかなり高級であること、そして高級品の常として口コミが非常に大きな影響力を持つため、そのオーナーに再び買ってもらうことを期待するだけでなく、こうしたイベントを通してオーナーが発するSNSの投稿などを見た周辺にいる友人（＝潜在的なオーナー）への波及効果を狙ったものと理解することができる。

　NIOの量産車は2018年5月が最初のラインオフ（工場から完成車として出荷されること）だ。つまり、現在市中に出回っている車両も最も長いものでも3年程度しか乗られていないことになる。おそらく向こう5年以内に最初の買い替えのピークが起こると思われ、そのときにこうしたサービスを受けた現在のNIOオーナーが、再度NIOを指名するのかが注目される。

5-5　D2Cの抱える大きな課題と未来

　直販 EC にこうしたコミュニティやサブスクリプション的な考え方を導入した D2C にもいくつかの課題がある。最もよく挙がるのが、「一定以上の売上規模に成長できない」という問題だ。

　モノの消費の理由としての世界観とは、自社サービスが顧客のペインポイント（課題・悩みの種）からの解放を約束することを前提に描かれた「ペインがない理想世界」の描写でもある。だから提示する悩みが具体的であればあるほど、その悩みを持つ人たちの共感は深くなり、熱狂的な支持を生みやすくなる。

　しかし、具体的であればあるほど、それを「我が悩み」と捉える人の母数は少なくなるし、その悩みの解決方法も１つに絞られていく。しかし、企業として売上を伸ばすためには、対象人数が少ない１つの悩みに応えていくだけでは限界がある。

　ファーストリテイリングの柳井正会長が以前、D2C について「完全に趣味の商売」「売上高は 200 ～ 300 億円が限度」と述べているのは、特徴を際立たせるために狭い市場を選ばざるを得ない D2C の構造的な限界を意識した発言だろう。

　米国 D2C の「成功者」は、VC からの投資を得ている場合が多く、そうした状況でもリターンを出すためにさらなる高速成長を求められる。結局手っ取り早くリーチできる母数を膨らませるために、テレビ CM や大手小売チェーンへの商品卸などに手を染め、明確だった自らのブランドアイデンティティはぼやけ、コストも上がった結果、D2C としての切れ味を失って失速することも多い。

このユーザ拡大と市場絞り込みへの二律背反ジレンマへの対策として、参考になりそうなのが米Patternの例だ。

Patternは傘下に複数のD2Cを備えた企業だ。元々GinLaneという名のブランドコンサルティング会社だったPatternは、Everlane、Hims、Harry'sなど多くの名だたるD2Cスタートアップを成功させた会社として知られる。

そして、その豊富な経験を生かして社名を変えて事業の方向性を転換

Pattern公式サイト

し、自らがD2Cを手がける存在に変貌したのだ。しかし、Patternは単なるD2Cブランドではなく、個別課題に応えるD2C群を包摂する上位概念として自らを位置づけている。

Patternは自らを「1つの屋根の下で、1つの目標に向かって進む多種のブランドの消費財を提供する会社」と位置づける。その目標（ヴィジョン／ミッション）が "To help our generation find more enjoyment in daily life（私たちの世代（＝ミレニアル[*62]）が日々の生活の中にもっと

---

*62　1980年代生まれで2000年以降に成人を迎えた、いわゆるデジタルネイティブの第一世代。Y世代（ジェネレーションY）もほぼ同義。中国では同じ頃に生まれた世代を「八〇後（バーリンホウ）」と呼ぶが、国としての状況が異なるため、意味するところは必ずしも一致しない。

楽しみを見つけられるお手伝いをする）"だ。

　このように、親である Pattern は「ミレニアル」というターゲットは規定しているが、そのヴィジョン自体は抽象的なものだ。そして、その下の具体的な課題やシチュエーションごとに、たとえばキッチンウェアの "Equal Parts" は自分の身体の基礎である食べ物に再び注目したい人たちをターゲットに、調理器具と 8 週間の料理コーチングサービスを提供する、といった個別具体的なミッション／ヴィジョンを提示する。

　Pattern とは、各 D2C を覆う傘のような存在であると言える。複数の D2C をこのようなかたちで抱えることで、それぞれの規模は一定以上にならなかったとしても足し合わせれば、1 つの大きなブランドとなることができる。

　Pattern が運営するのは、現状では Equal Parts とインテリア雑貨の Open Spaces の 2 ブランドだけだが、おそらく今後もこの 1 つのヴィジョンの傘の下に衣服や家具、ガーデニングやペット用品といったミレニアムズの好む生活に関わるサブブランドを増やしていくというのが順当な成長ストーリーだろう。

　これはブランドポートフォリオ戦略として考えれば、ユニリーバ（ダヴ、ラックス、ポンズ、リプトンなど）やコカ・コーラ（コカ・コーラ、スプライト、ジョージア、綾鷹など）などが採用するマルチブランド戦略に相当する。[*63]

　もっとも、メーカーがとるマルチブランド戦略は当然、生産者起点の発想だ。だから商品は近接したカテゴリ（たとえば「シャンプー」「炭酸飲料」）の中に複数の商品が展開され、ターゲットをずらすなどで棲

---

*63　1 つの商品カテゴリの中で異なる名前の複数ブランドを展開する戦略。ブランドポートフォリオ戦略においては他に、1 つの企業ブランドの下にすべてを集約するマスターブランド（「ベンツＳクラス」「ミツカン味ぽん」のように企業名と一般名詞に近いような商品名の組み合わせ）、マルチブランドを組み合わせるサブブランド（例：「サントリー　BOSS」のように企業名にブランド名が入る）といった戦略が存在する。

み分けを図ることが多い。しかし、個別のブランドの成長に伴って、同じ客を奪い合うカニバリズムが起こりがち（実際、私自身も喉が渇いたときによくコーラとスプライトで悩むが、両方飲むという選択肢はない）であるという難しさがある。

　しかしPatternのように、ターゲットを起点にして、「彼らが望むものを提供する」ライフスタイルショップ型のD2Cであれば、意図的に幅広いカテゴリを取り扱うことでそれを防ぐこともできる。

　ただし教科書どおりに言えば、商品同士の関連性が薄まれば薄まるほどブランド間の実際のシナジーは限定され、個別に運営しているのと変わらなくなってしまいがちだ。

　ブランド同士の一貫性を担保するのは、Patternのような上位ブランドの世界観だが、それを具体的にしすぎると参加できるブランドが減り、具体性が足りないと関連性が薄まってバラバラに見えるというのは、D2Cブランドが抱えるジレンマと同じ性質のものだ。

　そしてマルチブランドの場合、独立しているかに見える各ブランドの意思決定は、本部の意思（＝全体最適）に制約されるといった弊害もある。複数ブランドの運営に万能の「銀の弾丸」は存在しないのだろう。

——— D2Cブランドが目指す方向はKOL?

　Patternのような複数の子ブランドを1つの上位概念でつなげるという方法以外に、D2Cにはどのように変わっていく可能性があるのだろうか？

　そこで思い出されるのは、第3章で紹介したKOLとの共通点だ。KOLは発信するコンテンツを見たいと集まってきた人に向けてECを利用した物販を行うことでマネタイズしていた。D2Cという販売手法もまた、商品やブランドのファン向けにコンテンツを見せることでコミュニティをつくり、そこでEC経由の物販を行うことがビジネスモデルであり、類似点がある。

D2C ブランドの多くが自らの世界観を練り込んだ雑誌やオウンドメディアを作って運営している。スーツケースの米 AWAY による "HERE" がその代表としてよく紹介される。

HERE は、SNS アカウントやウェブサイトまで独自のものを用意していることに象徴されるように、AWAY のプロダクトからは一定の距離を置いて運営されている。内容も商品カタログではなく、旅行先の魅力や旅そ

AWAYが発行する雑誌"HERE"

のものの楽しみ方など、AWAY の世界観の具現化を目指しているものだと言える。KOL もまた「自らの価値観に応じてライフスタイルをキュレーションする」存在だった。それが SNS アカウントなのか雑誌なのか、また出発点は違うが、行われていることは同じだと言っていいだろう。

こうした出版物（あるいはオウンドメディア）は、本来ブランドの中核であったはずの商品から独立しているにもかかわらず、その世界観を凝縮して作り上げられている。そして、成功すれば IP としても元々のブランドから独立・自走することができるようになる。それは結果として第 3 章に登場した KOL のうち、「一人食」「一条」などの番組型に近い形態になる。

この手法で成功していると言われるのが、日本のクラシコムが運営する「北欧、暮らしの道具店」だ。もともとは北欧のヴィンテージ雑貨を販売する EC ショップだったが、徐々にその世界観にマッチする北欧以外のものや雑貨以外のアパレル、自社ブランドを冠した商品も扱うようになり、次に映像や音声などのコンテンツ制作に足を踏み入れる。

現在では「EC とメディアの 2 つの側面を持った EC メディア」と自らを位置づけており、その世界観を表現したウェブドラマ『青葉家のテーブル』は高い評価を得て 2021 年 6 月に映画化されたほか、本作とコラボしたアニメも YouTube で公開されている。

これらはいずれも「北欧、暮らしの道具店」の名を冠しているわけではないが、すべてのコンテンツが同じ世界観を共有していると明言されている。こうしたコンテンツ事業の収益は「北欧、暮らしの道具店」の取り扱う商品ではなく、「青葉家」のブランド・世界観が稼いだものということになる。

　もはや商品に軸足を置かないこうした方法は、動画 KOL の「一条」が様々なスポンサーの商品を自作の動画と同じように紹介し売ったのと同様、「世界観に共感する」他社の商品を取り込むこともできる。たとえば、前述の「青葉家」も企業タイアップのアナザーストーリーを製作しているし、第3章で紹介したヴァーチャルヒューマンのヤングカーネル氏は、その短い活動期間中に Dr.Pepper やデオドラントの Old Spice、納税申告用ソフトウェア TurboTax、マットレスの D2C ブランド Casper とコラボしている。
　それがさらに進めば、行きつく先はその世界観に応じてキュレーションされた商品が並ぶ EC 版のライフスタイルセレクトショップのような姿ではないだろうか。その世界観を代弁するキュレーターとして人やヴァーチャルヒューマンがいるのか、ショップとしてのブランドだけがあるのか、それは些細な違いにすぎない。

おわりに　〜「集中」の引力に負けない個を築く〜

　本書では EC と店舗（販売）、KOL（プロモーション）、MCN とメーカー（生産）というサプライチェーンを構成するプレイヤーたちが、DX 後の「新消費」の時代に対応すべく、どのように自らを位置づけ、変わりつつあるかを紹介してきた。

　EC やメーカーは機能的価値に基づく需要を総取りする「集中」に限界を迎えて「分散（＝情緒的価値）」に基づく消費に進出し、逆に KOL やそれを束ねる MCN は純粋なコンテンツでのマネタイズに限界があったがゆえに生産や販売といった領域に進出していった。

　ライブコマースが販売と宣伝の融合であったように、そして生鮮 EC であるフーマーが店舗という機能を備えることによって拡大していったように、今後もこうした従来型プロセスの枠組みを越えた融合が起こり続けることは想像に難くない。

　サプライチェーンのグローバル化と最適化が進む中にあって、中国は世界最大の生産者（工場）であると同時に、消費者（市場）でもある。だから、相互の影響を受けた融合が起こりやすく、それが本書で中国の事例を中心に取り上げた理由のひとつでもある。

　また、情緒的価値を生む才能を持った個性的なヒトを狙って生み出すことは困難だ。一定の確率で生まれるのを待つしかないなら、「数（人口）が多ければ生まれる才能の絶対数も多い」というのも、非常に単純だが中国にとっての利点だ。

　これは AI（人工知能）の活用や休眠している労働力の利活用を通した効率化ではどうにもならない。人口に勝る国が同じことを行えない合理的理由がないからだ（むしろ AI などは科学技術への投資額が大きい大国が有利だろう）。

では、中国はこのまま勝ち続けるのか？　あるいは問いを変えるなら、規模化だけが正解なのだろうか。それらを持たない日本のような規模の小さな国はもうだめなのだろうか。

　規模が大きく効率もよい圧倒的な存在がいる世界で、そうなれない存在がどう生きるのか。それは何も国に限るわけではないが、最後にこの課題に対する考え方を提示して筆を置くことにしたい。

――――――――

　設備や投資量が勝敗を分ける「生産」とリーチの規模が求められる「プラットフォーマー」は、ここまで述べてきたように価値を集中させることで成立するビジネスだ。こうした戦いの場で規模に劣る日本のような国が世界的な勝者になることは、現状を見てすでに明らかなように、残念ながら難しいだろう。

　しかし、ブランドづくり（＝分散の確立）において、規模化は必ずしもメリットだけをもたらすわけではない。

　そのもっとも大きなデメリットは、プラットフォーマーの繁栄と表裏一体のものだ。プラットフォーマーが市場を席巻し、それがもたらす合理的なルールが標準になればなるほど、それ以外の（非合理的な）行動をとるコストが高くなっていく。マーケットが大きければ大きいほどプラットフォーマーの合理性は高まるから、そこに帰依させる圧力もさらに強くなる。しかし、合理化とは本質的に単一的で無個性になることでもある。

　プラットフォーム内でも行き過ぎた単一さを防ぐために個性を産む試みが行われるが、そもそも個性とは大勢と違うからこそ個性なのであり、合理性を旨とするプラットフォーマーが自分で育てることは難しい。折衷案としてでき上がるのは、多くの場合、背骨の通らない「マス向け量産型個性派」ばかりだろう。広大でありながら閉じた市場でもある中国では、この問題は今後おそらく早い段階で表面化するのではないだろうか。

　そこへの打ち手としては、外部のコンテンツパートナーを見つけ、そこに資金は提供するが口は出さずにその成果の供給を受ける、という可能性があるだろう。

　国内では有力な MCN が候補になるだろうが、その規模はプラットフォーマーと比べ物にならない。経済規模に大きな差がある主体が同じ市場で取引関係を持つと、結局は一方が他方を実質的に支配する関係になる。自らの生み出す圧力を避けるために意図的に自己の勢力圏外（たとえば国外）のパートナーを探す、ということは充分に考えられるだろう。

　隣り合う中国と日本がどう伍していくか、ということで考えるならば、もうひとつ中国特有の課題として、「一貫性・継続性に欠ける」という点が小国日本にとってポイントになるだろう。

　第4章で触れた KOL（タレント）育成方法同様、中国はどんな分野においても「育てる」というよりは「お互いに競わせて優れたものだけを残す」アプローチをとる傾向が強い。様々な情報の複製コストが限りなく下がっている現在、まずそのような方法で天才を一人選び、それを超高速で複製・規模化していくという方法論は、確かに時流に合っているのかもしれない。

　しかし、この方法では非常に強い天才個体とそのコピーという、これまた単一のものが栄えるが、多様なものが生き残れないのでエコシステム全体のレベルは底上げされない。また穏やかな継承・共有よりもスクラップ＆ビルドによる代替わりが多いことから、身を守るために技術やノウハウを囲い込みがちであることも、業界全体としての成熟に対してプラスにならない。

　時代に合わせた新陳代謝が行われるということは、定評が築きにくいということの裏返しでもある。また過度な単一化は外部環境の変化に対

して弱くなるという一面もある。

　逆に日本は様々な問題を抱えながらも、情緒的価値の再生産システムやエコシステムやその歴史が相対的に豊かであると言える。グローバルマスに大ヒットするメインストリームコンテンツづくりは苦手だが、ちょっと変わったサブカルチャーでの熱く深い支持を得ることは比較的得意だ。

　2000年5月のある週末、原宿の交差点付近を歩いていたとき、SNSの一部で人気の外国人コスプレイヤー Ladybeard さんに似た人物がガードレールにもたれかかって休憩しているのを見かけたことがある（今思うとプライベートのご本人だったのかもしれない）。好むと好まざるとにかかわらず（？）、日本にはこうした変なガイジンがたくさん住んでいるのはご存じだろう。

　とはいえ、もちろん日本社会がすべて外国人やこうした「変な人」たちを温かく受け入れているとはとても言えない。近年高まるアジア系へのヘイトもそうだし、「日本が非常に内向きである」という指摘は今まで数えきれないほどなされている。私が見かけた女装コスプレ白人男性だって、いくら歩いているのが原宿とはいえ、ずいぶんと奇異な目で見られたことだろう。

　しかし、それでも相対的には（あくまで相対的には、だが）日本にはこうした人たちが生きていける空間が多少なりとも残されている。異種を排斥する傾向が強い国であれば、こうした服装での外出は命の危険にもつながりかねない。

　もちろん外国人だけでない。「梨の妖精」として勝手にご当地キャラを名乗って大成功するマスコット、街角でマンガを読み聞かせる漫読家、プロニート、退職代行や殴られ屋、平成文化研究家、レンタルなんもしない人まで、およそ他国では成立しないような（合理性から言えば論外の）生き方や職業（？）が成立するのが日本でもある。

　逆に今の中国に住んで痛感するのは、どの街に行ってもコピペのような街並みが続く、書店で言えば見渡す限り売れ筋の実用書しか置かれていないような単純さ、つまらなさだ。自らの感じる価値をより重んじる「新消費」的な価値観が広がりつつあることは確かだが、それが街をつくり替えるところまでは、まだ至っていない。

　こうした「異人」たちは、自分たちの本来属する社会の求める「最適な」在り様に自分を適応させられなかった人たちなのかもしれない。しかし、どんどん合理化する社会の主流からは程遠い彼らは、見方を変えれば主流の人たちが持たない新しいアイディアや能力、経験を持っている人でもある。たとえば Ladybeard は香港でスタントマンの後、プロレス選手としてデビューしたほか、香港版『ちびまる子ちゃん』のさくら友蔵役の声優をこなしていたほか、英語・日本語以外に合計5カ国語を話せるという。

　2020年に刊行された Yahoo! Japan CSO の安宅和人氏の著作『シン・ニホン（Newspicks Publishing）』でも、こうした異人の重要性を「このような世界ではカギとなる人材像も本質的に変容する。これからは誰もが目指すことで一番になる人よりも、あまり多くの人が目指さない領域あるいはアイディアで何かを仕掛ける人が、圧倒的に重要になる。こういう世界が欲しい、イヤなものはイヤと言える人たちだ（第3章「求められる人材とスキル」）」と述べられているとおり、こうした人たちはゼロからイチを生む創発の種となる可能性がある。

　才能が生まれる数は人口に比例するものでコントロールできないかもしれない。しかしそれを押しつぶさず、育てることは戦略的にできるはずだ。そして、皮肉なことに DX が相対的に進んでいないがゆえに合理化による少数派の淘汰が進んでいない日本だからこそ、彼ら「非合理」的な存在の生存空間が残されているのだとも言える。

デジタルの力による最適化は、1から10,000にスケールアップさせる速度や効率を急激に向上させた。しかし（今のところは）0から1を生むことに関しては得意ではない。だから個性の「0」が集まり「1」に育つ場所＝アサイラム（避難所、治外法権が認められた聖域）としての地位を確立し、そうした人材が持つクリエイティブ力を外部に供給するシステムを築くことができれば、プラットフォームによる均一化と合理化が一層進むだろう将来においても、少数派である日本がそれに隷属せずに生きることができるのではないか、と思う。

　ただしこれは、近代以後の日本が得意としてきた人の標準化と、その標準的な人の集合による組織力、あるいはそうした人々によるカイゼンともまったく違うものだ。むしろ「空気」によって標準化できない異種を排除してきたかのような我々にとって、受け入れがたい転換でもあるのかとも思う。

　しかし、我々の誇ってきた伝統芸は、残念ながらこのDX後の世界において「遅い『1から10,000』」でしかないのかもしれないのかもしれない。であれば、たとえ大きな痛みを伴うものだとしても、今直面する時代を直視し理解した上で、我々一人ひとりが自らの姿を変えていく必要があるだろう。この本が誰かにとってのほんの少しのきっかけのひとつになれば、筆者としてそれにまさる喜びはない。

あとがき

　私は大学在学中、外資系 PR 会社にインターンとして入社して以来、様々な立場からずっとイメージやブランドについて考え、行動することを生業としてきた。

　そのインターン応募時に志望動機についての英語小論文の提出が必要で、そこで「日本全国の寺に収められた仏舎利（お釈迦様の遺骨）を集めると、身長数十メートルの巨人の分量になるらしい」というエピソードに触れた。仏舎利とされているものの大半は実際のところ釈迦の骨ではないが、それを拝む人にとってその「モノ」の真偽は問題ではなく、「拝む対象として祀られている」ことが重要なのだ。

　そしてそうした構図は、いわゆる人々が投影するイメージとしてのブランドとモノ（当時読んでいた『経験経済』（B・J・パイン II、J・H・ギルモア共著／ダイヤモンド社）という本から、スターバックスのコーヒーの原価と売価が大きく違うという例を使った）の関係とほぼ同じものだ、ということを書いた。

　留学経験があるわけでもなく、高校の英語の能力別クラス分けでずっと下から二番めのクラスにいたような私の怪しい英語力でこのようなことを書いたものだから、読んだ方には相当怪しく見えただろう（そもそも意図が伝わったかどうかすらわからない）。それでも面白がって拾ってくれた変わり者の米国人上司には非常に感謝している。

　それから 15 年以上の歳月が流れたわけだが、今回機会をいただき、書籍というかたちで自分の考えを整理し振り返ってみて、その本質的な部分に変わりはないという点に我が事ながら改めて驚いている。

　一時期過ごした音楽業界の経験は（楽しい日々ではあったが）今の仕事で直接生きた、と思うことは多くない。しかし本書流に言えば、それは究極の「機能的な価値のないものを売る」経験だったのだな、と改め

て感じた。新型コロナウイルスは多くの厄災をもたらし、また今ももたらし続けているが、私個人にとってはこうして自らのたどった道を振り返る機会と、それについて考える時間を与えてくれたということも事実だ。その意味では、ほんの少しだけではあるが、感謝の気持ちを抱かぬわけでもない。

　言うまでもなく、本書は多くの方々の力添えをいただいて形になっている。

　本書は新型コロナが世界を覆い尽くす前の2019年末、深圳で中国を専門とする著述家であり、中国のあらゆる事柄に関する先生であり大先輩である高口康太さんに相談し、背中を押していただいたことから始まっている。共に中国国内の様々な所を訪れた。いつも様々なことで助言をいただいていることに感謝するとともに、早く日本との往来が自由になり、また一緒に中国中の面白いもの、変なものを見に行けることを心より願っている。

　上海で知り合い、もう10年近いつきあいになるライターの西谷格さんにも格別の感謝を捧げたい。ときには抗日映画のエキストラやホストクラブへの潜入など体を張ったルポが持ち味の西谷さんはすでに東京に居を移しているが、私が様々なメディアに拙い文章を寄稿するきっかけをつくっていただいた恩人でもあり、事情により一旦宙ぶらりんになった本書の企画を実現するための突破口を開いてくれた先輩でもある。

　コロナの影響もあってなかなか面と向かって友人たちと会えない長く特殊な執筆期間の間、原稿やアイディアについて様々な意見を寄せてくれた、また愚痴を聞いてくれた先輩・後輩、そして大切な友人たちにも改めて感謝したい。特に具体的な原稿の内容については、インターン時代の同期でもある林賢太郎さんの助言と指摘をいただけたことが非常に大きかった。「中国本ではない」と言いつつどうしても偏ってしまう視点を、非常に明確で論理的な指摘で正しい道に引き戻してくれた。初め

ての著書であり、可能な限りの精力を注いだつもりではあるが、それでも残る間違いや論理の甘さについてはもちろん、私自身の責任に帰する。

　中国のメディアやインターネット企業、VC（ベンチャーキャピタル）などで働く友人たちのアドバイスや情報も本書にふんだんに盛り込ませていただいた。中国語が多少わかるとはいえ、圧倒的な量と速度で出回る情報の要点を掴むことは外国人の私には非常に難しい。彼らなしでは事象そのもの、そしてそれに対する多様な意見や視点に気づくことはできなかっただろう。この本が大いに売れて、中国語版が出版される日が来ることを願っている。

2021 年 10 月吉日　北京、胡同の自宅にて

藤井直毅

藤井直毅
N a o k i   F u j i i

●

電通マクギャリーボウエン・チャイナ
Group Account Director
早稲田大学在学中から欧米系 PR 会社に勤務。投資ファンドから消費財まで幅広いクライアントに対する広報コンサルティングを中心としたコミュニケーション＆マーケティング支援に携わる。クラシック音楽事務所にて海外市場を含む新ビジネス開拓、ファンドレイズなどに携わった後、広告業界へ。PR とデジタルを出発としながらマス広告や事業開発の経験も持つ統合型のマーケッター／プランナーとして、メディアや人々のインサイトを捉えた「拡がる」キャンペーン・ビジネスを様々な立場で仕掛けてきた。特に日本からのアウトバウンドマーケティングや新規事業開発など既存の知識や経験をそのまま展開できない分野に強みを発揮する。
近年は中国現地でのマーケティング支援に注力しており、2021 年より二度目の中国生活として北京に居を移す。「日経ビジネス」電子版、「東洋経済オンライン」などに寄稿多数。

新消費　〜デジタルが実現する新時代の価値創造〜

2021 年 10 月 29 日　第 1 刷発行

著　者　藤井直毅
発行者　長坂嘉昭
発行所　株式会社プレジデント社
　　　　〒102-8641　東京都千代田区平河町 2-16-1
　　　　平河町森タワー 13F
　　　　https://www.president.co.jp
　　　　http://presidentstore.jp/
　　　　電話　編集（03）3237-3732
　　　　　　　販売（03）3237-3731

編　集　田所陽一
販　売　桂木栄一　高橋 徹　川井田美景　森田 巌　末吉秀樹
装　丁　川添英昭
本文デザイン& DTP　中西啓一（panix）
制　作　関 結香

印刷・製本　中央精版印刷株式会社